I0067745

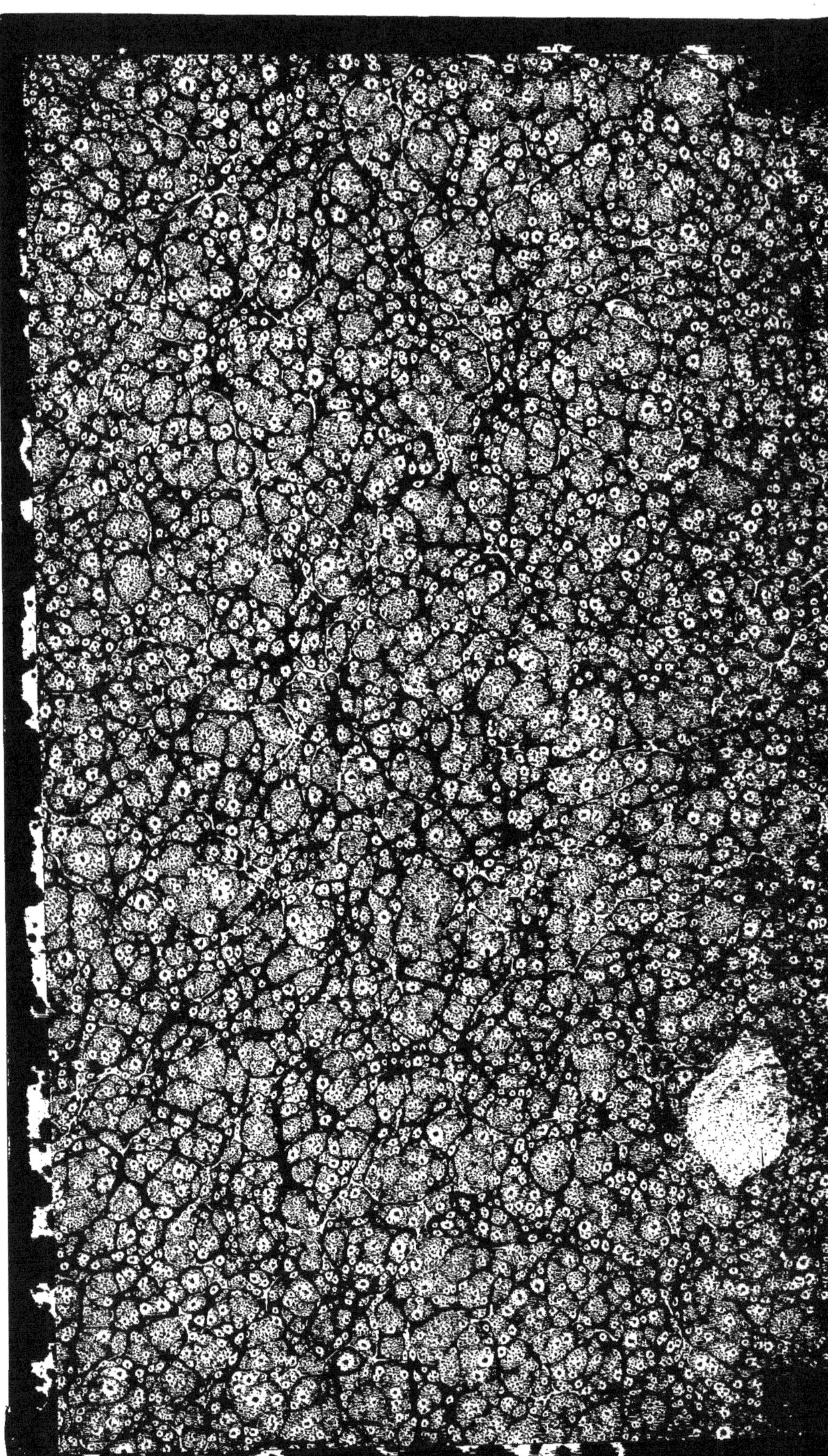

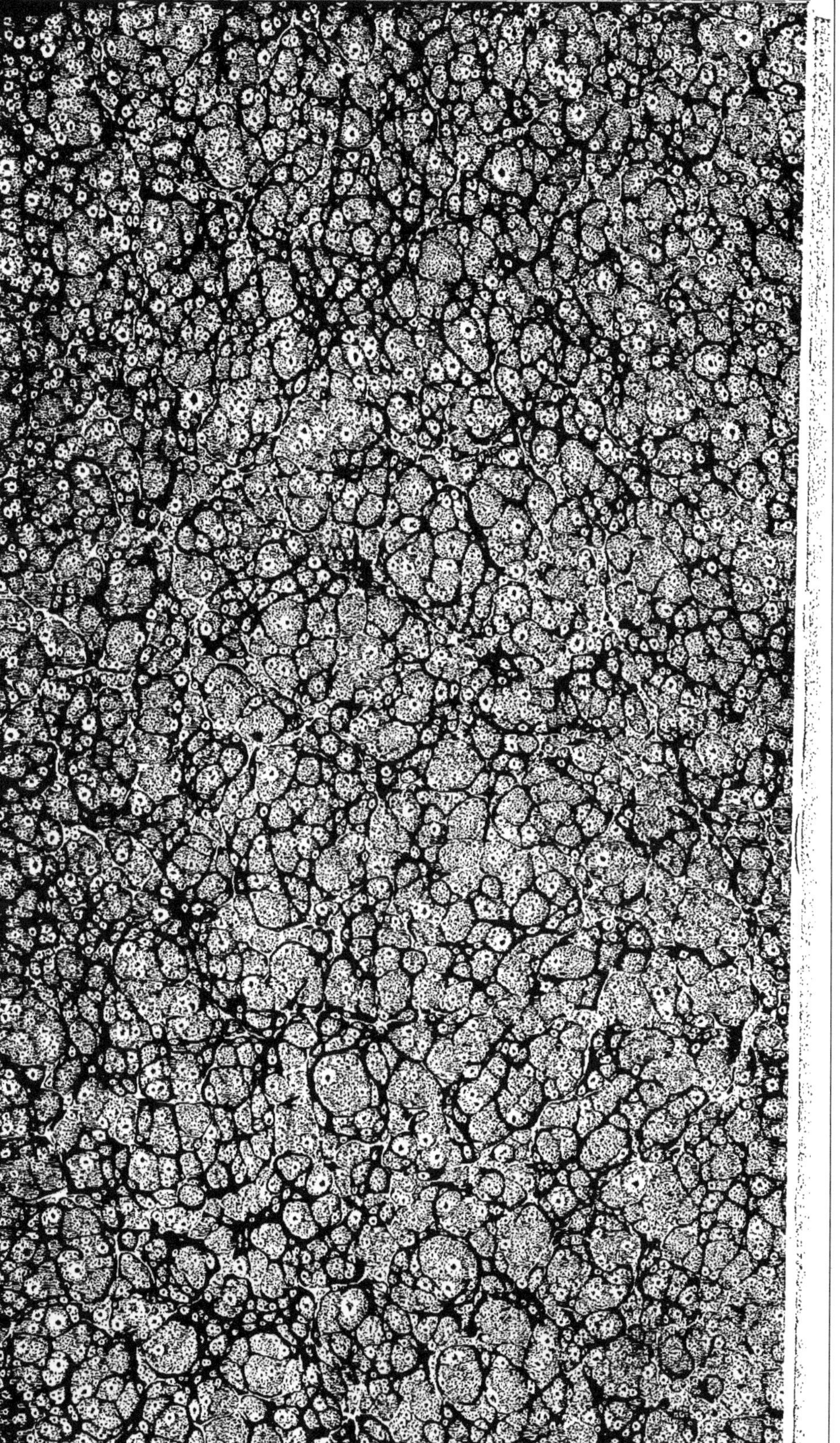

FORMULAIRE

ET MANUEL DE LA PROCÉDURE

DES JUSTICES DE PAIX.

Imprimerie de HENNUYER et Ce, rue Lemercier 24. Batignolles.

FORMULAIRE

ET MANUEL DE LA PROCÉDURE

DES JUSTICES DE PAIX

EN MATIÈRE CIVILE ET CRIMINELLE,

PAR M. J.-L. JAY,

Auteur des Annales et du Répertoire général de la Science des Juges de paix ;
du Traité de la Compétence judiciaire des Juges de paix ;
du Traité des Conseils de famille ;
du Traité des Scellés ; du Manuel des Greffiers ; du Guide des Huissiers ;
et autres ouvrages de droit.

TOME PREMIER.

PARIS

CHEZ L'AUTEUR, RUE DE MULHOUSE, 11,

ET CHEZ VIDECOQ, LIBRAIRE-ÉDITEUR,

PLACE DU PANTHÉON, 1.

1850

FORMULAIRE

ET MANUEL DE LA PROCÉDURE

DES JUSTICES DE PAIX.

NOTIONS PRÉLIMINAIRES.

DE LA PROCÉDURE. — IMPORTANCE. — UTILITÉ DES FORMULES. DIVISION DE L'OUVRAGE.

1. La *procédure* est une des parties les plus essentielles du droit. C'est elle qui forme la principale garantie devant les tribunaux et dans tous les actes judiciaires ou même extrajudiciaires.

Les *formes* ou *formalités* ont souvent été critiquées; mais toujours l'ignorance a eu la plus grande part dans ces critiques; les formes, en effet, sont nécessaires pour fixer les droits de chacun, pour donner à la propriété sa stabilité, à la liberté sa garantie, pour assurer l'exercice de tous les droits.

Loin que la forme ou la procédure soit un moyen d'oppression du faible par le fort, elle est au contraire la sauvegarde du faible, puisqu'elle empêche qu'il ne soit à la merci de la force brutale; puisqu'elle lui assure les moyens, envers et contre tous, de se faire écouter, de se défendre.

2. Toutes les règles de la procédure peuvent se résumer dans ces trois mots : la personne, le lieu, le temps.

La *personne*. Il faut que celui qui est attaqué sache quelle est la personne qui l'attaque, que c'est bien lui qui est sommé ou assigné, que l'acte qui lui est signifié est du ministère d'un officier compétent. Tout ce qui est relatif à l'authenticité vient se rattacher à la personne, car l'authenticité des actes dépend de la personne pardevant laquelle ou par le ministère de laquelle ils sont faits et passés, et du lieu.

Le *lieu*. Quel est le tribunal devant lequel l'assignation doit être donnée? Quel est l'endroit où il devra être procédé à une opération judiciaire ou extrajudiciaire? Dans quels lieux un officier ministériel peut-il agir? Quelles sont les limites territoriales assignées à ces attributions?

Le *temps*. Temps pour assigner, temps pour comparaître, temps pour juger, temps pour relever appel, tout ce qui est relatif aux dates, toutes les règles si nombreuses des délais sont comprises sous ce mot.

3. Nous voulons donc, avant tout, que cet ouvrage soit *pratique*, et qu'il puisse servir de guide et de manuel aux juges de paix, aux greffiers, aux officiers ministériels qui instrumentent près les justices de paix, à tous ceux qui s'occupent du droit des justices de paix. Pour y parvenir, nous joindrons les formules aux règles; ainsi, sur chaque partie du droit, nous donnerons d'abord les règles essentielles; puis, nous appliquerons ces règles à la pratique par des formules.

Le style judiciaire a longtemps mérité le reproche

d'être obscur, redondant, surchargé de termes techniques; on comprend aujourd'hui que la clarté et la précision sont les premières qualités à exiger dans les actes de procédure : c'est à cette clarté et à cette précision que nous nous efforcerons d'arriver.

La *formule* est la mise en pratique de la loi : la plus simple omission peut en entraîner la nullité; cette seule observation fait sentir toute l'importance d'une bonne formule, comme aussi l'utilité.

4. Nous diviserons notre travail en *trois grandes parties*, suivant les diverses fonctions et attributions des juges de paix et des greffiers.

La première partie sera consacrée aux matières civiles : institution du tribunal de paix; juridiction contentieuse des juges de paix; bureau de conciliation; compétence spéciale des juges de paix; douanes; octroi; chemins vicinaux, etc.; commissions rogatoires; juridiction non contentieuse; conseils de famille; émancipation; adoption; tutelle officieuse; scellés et actes de notoriété, etc.; autres actes de la compétence des juges de paix; actes de greffe; transmission des offices de greffiers.

La deuxième partie traitera de la procédure en matière de simple police.

La troisième partie, de la procédure en matière d'instruction criminelle et des attributions du juge de paix comme auxiliaire du procureur de la République et comme juge d'instruction ou comme officier de police judiciaire.

PREMIÈRE PARTIE.

Procédure, fonctions et attributions des juges de paix en matière civile. — Institution et constitution du tribunal de paix. — Juridiction contentieuse des juges de paix. — Bureau de conciliation. — Compétence spéciale des juges de paix. — Douanes, octrois, chemins vicinaux, etc. — Autres actes de la juridiction contentieuse des juges de paix. — Juridiction non contentieuse. — Conseil de famille ; émancipation, adoption, tutelle officieuse, scellés, etc. — Actes de notoriété, etc. — Autres actes de la juridiction non contentieuse des juges de paix. — Actes de greffe. — Transmission des offices de greffiers.

LIVRE PREMIER.

CONSTITUTION ET INSTITUTION DU TRIBUNAL DE PAIX. — JUGE DE PAIX. — GREFFIER. — SERMENT. — INSTALLATION.

TITRE UNIQUE.

CONSTITUTION DU TRIBUNAL DE PAIX. — JUGE DE PAIX. — GREFFIER. — SERMENT. — INSTALLATION.

CHAPITRE Ier. — Nomination, serment et installation des juges de paix. — Suppléants des juges de paix. — Remplacement des juges de paix par les suppléants.

5. Les juges de paix sont nommés par le chef de l'Etat.

6. La présentation est faite par le président du tribunal et le chef du parquet de l'arrondissement, par le président de la Cour d'appel et le procureur général, sur des listes de trois candidats.

7. Les juges de paix ne sont pas inamovibles. Charte de 1814, art. 61 ; Charte de 1830, art. 52; Constitution de 1848, art. 87.

8. Les juges de paix prêtent, avant d'entrer en fonction, serment, sur la réquisition du ministère public, devant le tribunal civil de première instance de l'arrondissement (Décret du 24 messidor an XII, art. 2). Avant la révolution de 1848, ils juraient *fidélité au chef de l'Etat*, *obéissance à la Charte constitutionnelle et aux lois;* mais le serment *politique* a été aboli par le décret du gouvernement provisoire du 1er mars 1848. Depuis, les juges de paix ne prêtent plus que le serment professionnel ainsi conçu :

« En présence de Dieu et devant les hommes, je jure « et promets, en mon âme et conscience, de bien et fi« dèlement remplir mes fonctions, de garder religieuse« ment le secret des délibérations, et de me conduire « en tout comme un digne et loyal magistrat. »

Le greffier du tribunal civil tient un registre sur lequel sont inscrits les arrêtés ou décrets ou ordonnances portant nomination des juges de paix et mention de leur prestation de serment.

La prestation de serment est, en outre, portée sur la feuille d'audience et sur les minutes du tribunal civil. Un extrait de ces minutes est délivré, sur la demande du ministère public, au juge de paix nouvellement constitué, et lui tient lieu de provision. Carré, *Traité de la Compétence*, art. 32.

9. La loi du 29 ventôse an IX, art. 8, qui déterminait le mode d'élection des juges de paix (alors nommés à l'élection), chargeait le sous-préfet d'installer le juge de paix; mais cette loi étant abolie (*Circ. min. intér.* 22 novembre 1824), les juges de paix sont installés aujourd'hui

par un des suppléants tenant l'audience; le greffier donne lecture de l'extrait des minutes du tribunal civil constatant la prestation de serment; il est du tout dressé procès-verbal, qui reste au rang des minutes du greffe.

FORMULE 1re. *Installation du juge de paix.*

L'an... le... en l'auditoire ordinaire de la justice de paix du canton de... département de... situé en la commune de... par-devant M.... (*prénoms et nom du suppléant*), premier suppléant de ladite justice de paix (*si c'était le second suppléant*, *indiquer la cause d'empêchement du premier*), assisté de... greffier ordinaire;

Est comparu en l'audience ordinaire M. (*prénoms, nom et domicile du comparant*), lequel a dit que, par décret du président de la République, rendu à... le... il a été choisi pour remplir la place de juge de paix dudit canton; que le... il a prêté serment en ladite qualité, à l'audience du tribunal civil de première instance, séant à... dans l'arrondissement duquel se trouve ce canton; qu'il remet présentement, sur le bureau, expédition de l'ordonnance de sa nomination, et de son acte de prestation de serment délivré par...; et qu'en conséquence il nous requiert ici de l'installer en qualité de juge de paix du canton.

Sur quoi, pour satisfaire à ladite réquisition, avons ordonné qu'il fût donné lecture desdites pièces par notre greffier. Après laquelle lecture en avons accordé acte audit comparant et l'avons déclaré installé dans les fonctions de juge de paix dudit canton de... département de... pour en exercer toutes les fonctions dès à présent, et qu'en conséquence obéissance lui était due à ce titre.

En foi de quoi nous avons dressé le présent procès-verbal et signé avec ledit S... juge de paix et le S..., greffier, soussigné.

10. Les deux suppléants du juge de paix sont nommés de la même manière que lui, prêtent serment comme lui devant le tribunal civil de l'arrondissement, et sont également amovibles. Un arrêt de la Cour suprême du 12 juin 1809 a cassé un jugement rendu par un suppléant de juge de paix, par le motif que ce suppléant, n'ayant pas prêté serment, n'avait pas acquis le complément du caractère de suppléant, et n'avait pas le pouvoir d'en exercer les fonctions.

11. Les suppléants peuvent remplacer les juges de paix dans toutes leurs fonctions judiciaires ou autres, affaires civiles, affaires de simple police, appositions de scellés, conseils de famille, etc. (Cass. 7 juillet 1809); ils sont même autorisés à recevoir, sans que le juge de paix soit empêché, les affirmations des procès-verbaux des gardes champêtres et forestiers pour les délits commis dans le territoire de la commune où ils résident, lorsqu'elle n'est pas celle de la résidence des juges de paix. Loi du 28 floréal an X, art. 11.

12. Mais le remplacement ne serait autorisé que relativement aux fonctions attribuées par la loi aux juges de paix, et les suppléants seraient sans qualité pour remplacer les juges de paix dans les actes pour lesquels

ceux-ci auraient été délégués par les Cours et tribunaux, aux termes de l'article 1035 du Code de procédure civile, notamment pour procéder à une enquête, à moins que la Cour où le tribunal qui a donné la commission n'eût ordonné que le juge de paix serait, au besoin, remplacé par son suppléant (Cass. 17 mars 1819; Nîmes, 28 avril 1828; Dalloz, 29, 2, 66). Cependant, la Cour de Poitiers a jugé en sens contraire, par arrêt du 10 juin 1831, se fondant sur ce que, si la commission est donnée *au juge de paix de tel canton*, et non pas *nominativement à tel et tel juge de paix*, le suppléant, remplaçant naturel du juge de paix, agit dans le cercle de ses attributions, en procédant à une enquête à la place du juge de paix légalement empêché (Devil., 31, 1, 242). La première opinion est encore soutenue par Bioche et Gouget (*Diction. de procédure*, v° *Enquête*, n°67); la seconde, par M. Chauveau sur Carré, n°984*bis*.

13. Toutes les fois que le suppléant remplace le juge de paix, la cause du remplacement doit être indiquée, ou au moins l'empêchement mentionné; ainsi, les actes faits par un suppléant de juge de paix, bien qu'ils n'indiquent pas la cause de l'empêchement, ne sont pas nuls pour présomption légale de remplacement *sans nécessité*. — La présomption de droit est pour l'empêchement, sauf la preuve contraire. Cass. 6 avril 1819.

CHAPITRE II. — Des greffiers de justice de paix. — Age. — Cautionnement. — Office, droit de présentation (renvoi). — Parenté du juge de paix et du greffier. — Serment du greffier. — Commis-greffier.

14. Le tribunal de la justice de paix se compose du

juge et du greffier : un greffier est attaché à chaque justice de paix. Décret du 6-27 mars 1791.

15. Les greffiers des justices de paix doivent être âgés de vingt-cinq ans accomplis. Loi du 16 ventôse an XI, art. 1er.

16. Les greffiers des justices de paix ont été assujettis au cautionnement par l'art. 3 de la loi du 28 floréal an X. La fixation définitive des cautionnements a été réglée par la loi des finances du 28 avril 1816, art. 88.

D'après l'état n° 9 annexé à cette loi, les cautionnements des greffiers des justices de paix sont déterminés de la manière suivante :

A Paris..................................	10,000 fr.
A Bordeaux, Lyon et Marseille...............	6,000
Dans les communes de 50,001 à 100,000 habitants.	4,000
— 30,001 à 50,000 —	3,000
— 10,001 à 30,000 —	2,400
— 3,001 à 10,000 —	1,800
— 3,000 et au-dessous	1,200

17. Tous les greffiers des justices de paix sont nommés par le chef de l'État. Loi du 28 floréal an X, article 3.

18. La faculté de présenter un successeur à l'agrément du gouvernement leur a été accordée par la susdite loi du 28 avril 1816, art. 91, qui augmentait leur cautionnement ; le motif de cette autorisation fut l'augmentation même du cautionnement. Nous dirons, à la fin de cette première partie, quelles sont les formalités à remplir pour la transmission des offices, et nous donnerons les formules ou modèles des actes y relatifs.

19. L'art. 63 de la loi du 20 avril 1810 porte que « les parents et alliés, jusqu'au degré d'oncle et de ne- « veu inclusivement, ne pourront être simultanément « membres d'un même tribunal, soit comme juges, ou « même comme greffiers, sans une dispense de l'Empe- « reur. Il ne sera accordé aucune dispense pour les tri- « bunaux composés de moins de huit juges. »

Il résulte de cet article que le parent du juge de paix, jusqu'au troisième degré inclusivement, ne peut être nommé son greffier.

20. Les greffiers prêtent, comme le juge de paix et dans la même forme, devant le tribunal civil, le serment *de bien remplir leurs fonctions de greffier.* Lois du 31 août 1830, art. 1er, et du 1er mars 1848.

21. Les greffiers des justices de paix peuvent avoir un commis-greffier dont le traitement est à leur charge (loi du 28 floréal an X, art. 4) ; ils peuvent le révoquer à volonté. *Circ. min. just.* 24 pluviôse an XI.

22. Le commis-greffier tient la plume à l'audience, signe les expéditions, et remplace le greffier dans toutes ses fonctions.

23. Il doit être, comme le greffier, âgé de vingt-cinq ans accomplis.

24. Les commis-greffiers prêtent serment entre les mains du juge de paix. *Circ. min. just.*, 24 pluviôse an XII.

FORMULE 2e. *Prestation de serment du commis-greffier.*

Par-devant nous... juge de paix du canton de... département de... séant au lieu ordinaire de nos audiences, assisté du S... greffier, demeurant à... est comparu le S... (*prénoms, nom, profession et domicile du comparant*), nommé à la place de commis-greffier de la présente justice de paix.

Lequel, avant de commencer ses fonctions, a prêté par-devant nous le serment, en la formule voulue par la loi, de remplir fidèlement ses fonctions de commis-greffier, et ont lesdits... signé avec nous le présent acte pour être mis au rang des minutes du greffe.

A... l'an... le... du mois de...

CHAPITRE III. — De la résidence des juges de paix, des suppléants de juges de paix et des greffiers. — Des congés.

25. Le juge de paix est tenu de résider dans le canton (loi du 28 floréal an X, art. 8); mais cet article ne l'oblige qu'à résider dans le canton, et non dans la commune chef-lieu : « Tout juge de paix, dit cet article, qui, après sa nomination, ne résidera point dans le *canton*, sera averti par le commissaire du gouvernement près le tribunal de première instance, d'y fixer son domicile dans le mois de l'avertissement, passé lequel délai, et après que le commissaire aura dénoncé la non-résidence au sous-préfet, il sera, à la diligence de ce dernier, pourvu, conformément à l'art. 1er, au remplacement du juge de paix, considéré comme démissionnaire. » Il en sera de même des suppléants. Même loi.

On ne pourra considérer comme cessation de résidence d'un juge de paix les absences qui seront autorisées comme il suit : lorsqu'un juge de paix voudra s'absenter de son canton, il se munira d'une autorisation du commissaire du gouvernement près le tribunal civil de son arrondissement. — Lorsque son absence devra durer plus d'un mois, il s'adressera au ministre de la justice pour en obtenir un congé. Même loi.

Dans tous les cas où un juge de paix demandera un congé, il devra justifier d'un certificat du premier suppléant; et, à son défaut, du second, constatant que le service public n'en souffrira point. Même loi.

26. Les suppléants sont donc astreints, pour la résidence, aux mêmes règles que le juge de paix. Il faut aussi qu'ils résident dans le canton.

27. Quant au greffier, gardien du greffe et des minutes y déposées, il doit résider en la commune chef-lieu où le greffe et la justice de paix sont situés.

LIVRE II.

JURIDICTION CONTENTIEUSE DU JUGE DE PAIX. — BUREAU DE CONCILIATION. — COMPÉTENCE SPÉCIALE DES JUGES DE PAIX EN MATIÈRE DE DOUANES, OCTROIS, CHEMINS VICINAUX, ETC.

TITRE Ier.

JURIDICTION CONTENTIEUSE DES JUGES DE PAIX EN MATIÈRE ORDINAIRE, ET PROCÉDURE DEVANT LES TRIBUNAUX DE PAIX.

CHAPITRE Ier. — Billets d'avertissement. — Dans quelles circonstances ils doivent être donnés.— Coût.— Formule.

28. « Dans toutes les causes, excepté celles où il y au-« rait péril en la demeure, et celles dans lesquelles le dé-« fendeur serait domicilié hors du canton ou des cantons « de la même ville, le juge de paix pourra interdire aux « huissiers de sa résidence de donner aucune citation « en justice, sans qu'au préalable il ait appelé, sans frais, « les parties devant lui.» Loi du 25 mai 1838, art. 17.

La défense du juge de paix de citer sans avertissement préalable doit être faite par voie générale et réglementaire; mais l'huissier est-il juge de l'urgence du péril en la demeure? Dans notre nouveau *Traité de la compétence judiciaire*, nous nous prononçons pour l'affirmative. M. Bioche prétend, au contraire, au mot *Citation*, n° 25, qu'aux juges de paix seuls appartient de décider s'il y a urgence; mais cet auteur est forcé de reconnaître que l'huissier n'est tenu de prendre l'avis du juge de paix que si le temps le permet.

MM. Bénech et Chauveau vont plus loin; ils prétendent que le juge de paix doit se faire rendre compte, au préalable, de l'objet et de la nature de toutes les causes qui doivent être portées devant son tribunal, pour, suivant les circonstances, leur appliquer la nécessité de l'avertissement préalable, ou les en dispenser; et qu'un règlement par lequel il défendrait de citer généralement, sans avertissement, serait un excès de pouvoir et une violation de l'art. 5 du Code civil.

Pour nous, nous croyons que l'art. 5 n'a aucun rapport avec une pareille défense, qui ne constitue pas *une disposition générale et réglementaire sur les causes soumises au juge*, c'est-à-dire sur la manière de juger, sur les décisions à prendre par le juge; il nous semble, au contraire, que l'article 17 autorise formellement le juge de paix à une mesure générale, puisque, d'après cet article, il *peut interdire aux huissiers de donner aucune citation en justice, sans qu'au préalable il ait appelé sans frais les parties devant lui.*

29. Et quant à l'urgence, il faut bien en laisser l'huissier juge, puisque son ministère est forcé, puisque l'urgence implique contradiction avec l'avis à demander; puisque, d'ailleurs, il ne paraît pas que, dans le vœu de la loi, on doive déranger le juge de paix pour le consulter d'avance sur chaque cause : l'huissier appréciera lui-même les empêchements à l'avertissement préalable; et les peines portées par l'article 19 de la loi de 1838, ne devront lui être appliquées que s'il y a eu intention formelle de sa part d'enfreindre la défense du juge. Il est, dans l'interprétation et dans l'application des lois, certains tempéraments qu'on ne peut jamais négliger, sous peine de tomber dans des impossibilités;

la question que nous discutons en offre un exemple.

30. Quelques auteurs ont aussi paru croire que les juges de paix doivent prononcer jugement sur billets d'avertissement, lorsqu'ils ne parviennent pas à concilier les parties, sauf pourtant qu'ils ne peuvent juger par défaut : lorsque la partie appelée par billet ne comparaît pas, ajoutent-ils, le greffier note la non-comparution, et l'on fait citer (1). C'est là, à notre avis, une grave erreur; ni la présence du greffier, ni la présence de l'huissier ne sont nécessaires lorsque les parties comparaissent ainsi devant le juge de paix; elles ont été appelées *devant lui*; ce sont les expressions dont se sert la loi, et non pas *à l'audience;* si donc la conciliation ne peut pas avoir lieu, il n'y a pas de jugement à rendre; les parties doivent être renvoyées à l'audience. Si la conciliation a lieu, le juge de paix, au lieu de rendre un jugement pour la constater, fait signer un acte par les parties, ou les renvoie, s'il y a lieu, contracter sur les bases adoptées; ou bien encore, si les

(1) Nous trouvons cette opinion dans un ouvrage nouvellement paru, intitulé *Nouveau Formulaire complet et raisonné des tribunaux de paix et de simple police, par MM. Leignadier, Jules Gauthier et V. Augier.* L'apparition de cet ouvrage nous avait fait hésiter un instant à publier le nôtre; mais nous avons remarqué bien des lacunes dans le *Nouveau Formulaire,* notamment pour tout ce qui tient à la citation; en outre, la comparution et le jugement sur billet d'avertissement ne seront pas les seuls points de doctrine et de pratique sur lesquels nous ne serons point d'accord avec nos devanciers; ils nous paraissent, par exemple, avoir fait, page 15 et suivantes, une confusion complète entre le jugement préparatoire, le jugement interlocutoire, le jugement de sursis, etc., etc.

parties demandent un jugement pour constater leurs conventions, le juge de paix les renvoie à l'audience. Voir ci-après n° 70.

31. On peut adopter pour les billets d'avertissement la formule suivante.

FORMULE 3e. *Billets d'avertissement ou d'invitation.*

Le juge de paix du canton de... invite M... à se présenter devant lui, le... 185... à... heures du matin, en son cabinet, rue... pour répondre à la demande de M...

Ce... à... (*Signature du juge*).

32. Quoique le ministère du greffier ne soit requis, ni pour les billets d'avertissement, ni pour la comparution qui en est la suite, c'est ordinairement lui qui délivre ces billets, et, ordinairement aussi, il assiste le juge; la loi n'a prévu ni comment, ni aux frais de qui le billet serait remis; fort souvent le juge de paix le confie à la partie qui forme la demande; mais celle-ci peut négliger, même avec intention, de le remettre. Il eût été à désirer que cette remise eût été régularisée. Lors de la loi du 21 juin 1845, sur le traitement des juges de paix et des greffiers, il fut question d'un nouveau tarif pour les greffiers, dans lequel les billets d'avertissement devaient être taxés; mais cette partie du projet de loi fut rejetée par la Chambre des députés. Les meilleurs esprits regrettent qu'on n'ait pas permis la perception d'une taxe modique; plusieurs chefs du parquet ont adressé des observations en ce sens au garde des sceaux, dans leurs comptes-rendus de la justice civile. Quoi qu'il en soit, l'usage, généralement établi avant la loi du

25 mai 1838, de recevoir pour les billets d'invitation 10, 15, 20 et 25 centimes, ne devrait plus être toléré, d'après une lettre du ministre de la justice, du 30 août 1838, ainsi motivée : « L'article 17 de la loi du 25 mai 1838, en autorisant les juges de paix à appeler *sans frais* les parties devant eux, a évidemment entendu proscrire l'usage de percevoir un émolument à cette occasion » : on doit d'autant moins hésiter à le décider ainsi, que cette disposition a remplacé celle qui, dans les projets des Commissions législatives de 1835 et 1837, sanctionnait cet usage.

La loi du 10 mai 1838, sur les attributions des Conseils généraux, a d'ailleurs chargé les départements de subvenir aux menues dépenses des justices de paix (art. 12, § 8) ; et parmi ces dépenses se trouvent nécessairement compris les frais de papier et d'impression des avertissements.

Ainsi que nous l'avons dit, le garde des sceaux lui-même demandait, en 1845, que la loi fût modifiée sur ce point ; espérons que l'on comprendra enfin combien il est criant de laisser les greffiers des justices de paix dans la situation précaire où on les oublie, et que des modifications équitables seront apportées au tarif ou à leur traitement.

CHAPITRE II. — Des citations. — Forme. — Mentions que la citation doit contenir. — Délai pour comparaître. — Abréviation du délai. — Cédule. — Par quel huissier la citation doit-elle être donnée ? — Contravention. — Pénalité. — Empêchement de l'huissier. — Signification de la citation. — Citation aux administrations, aux sociétés et aux personnes incapables. — Autorisation de la femme mariée. — Enregistrement. — Formules.

33. « Toute citation devant le juge de paix contien-

« dra la date des jour, mois et an, les noms, profession « et domicile du demandeur, les noms, demeure et im« matricule de l'huissier, le nom et demeure du défen« deur; elle énoncera sommairement l'objet et les « moyens de la demande, et indiquera le juge de paix « qui doit connaître de la demande, et le jour et l'heure « de la comparution. » C. proc. art. 1er.

A la différence des formalités de l'ajournement (C. proc. 61), les formalités de la citation ne sont pas prescrites à peine de nullité; cependant il en est dont l'omission fait perdre à l'acte son caractère légal, comme si elle n'était pas signée de l'huissier, si elle n'appelait point à comparaître; dépourvue de ces mentions essentielles, elle n'aurait aucune valeur et ne servirait pas, par exemple, à interrompre la prescription.

Quant aux mentions exigées par l'article 1er, le défendeur, comparaissant, ne pourrait se prévaloir de leur omission; le fait de sa comparution prouverait qu'il aurait été averti; et ce serait le cas d'appliquer la règle de droit : *Point de nullité sans grief.*

34. En cas de non-comparution, le juge de paix aurait à examiner si la citation est régulière, c'est-à-dire si les mentions ordonnées par l'article 1er du Code de procédure ont été suffisamment remplies.

35. La date des jour, mois et an de la citation est nécessaire pour savoir si le délai pour comparaître a été observé.

36. Le demandeur doit être indiqué par ses nom, profession et domicile; une simple omission sur ce point ne vicierait pas la citation, si d'ailleurs il était impos-

sible de se méprendre sur celui au nom duquel elle est faite.

Il suffit d'indiquer le nom et la demeure du défendeur, la loi dit la *demeure* et non le *domicile.*

37. Les nom, demeure et immatricule de l'huissier, donnant l'authenticité à l'acte, sont également obligatoires.

38. L'article ne parle pas, comme en matière d'ajournement, de la mention du nom de la personne à laquelle la copie est laissée; mais c'est là une formalité essentielle dans tout exploit, puisque par elle seule peut être prouvée la remise.

39. L'énonciation sommaire de l'objet et des moyens de la demande et l'indication du juge de paix qui doit en connaître sont également exigées; il n'est pas nécessaire de désigner le juge de paix par son nom; il suffit de dire *devant M. le juge de paix du canton de... dans le local ordinaire de ses audiences, sis à...*

40. Enfin, plus sévère sur ce point que l'article 61, relatif aux ajournements, l'article 1er exige l'indication du jour et de l'*heure* de la comparution; il ne suffirait donc pas de citer *dans le délai de la loi*; cette expression, généralement adoptée pour les ajournements, serait insuffisante pour une citation. Les parties ne sont pas, devant le juge de paix, représentées par des avoués comme devant le tribunal de première instance; elles ignorent le plus souvent le jour de l'audience; voilà pourquoi la loi exige, dans la citation, la mention du jour de la comparution et même de l'heure.

41. L'élection de domicile n'est pas exigée dans les ci-

tations comme elle l'est dans les ajournements. Code proc. 61.

42. L'article 1er du Code n'exige pas non plus la mention du coût de la citation; mais l'article 67 contient, à cet égard, une règle générale ainsi conçue : « Les huissiers seront tenus de mettre à la fin de l'original et de « la copie de l'exploit, le coût d'icelui, à peine de 5 « francs d'amende, payable à l'instant de l'enregistrement. » Nous n'avons pas besoin d'ajouter que l'omission du coût n'entraînerait aucunement la nullité de la citation, et ne donnerait lieu qu'à une amende contre l'huissier.

43. Telles sont les formalités dont l'accomplissement est nécessaire : si elles n'ont pas été remplies et que la partie assignée ne comparaisse pas, le juge de paix doit ordonner qu'elle sera réassignée; et les frais de la première citation restent à la charge du demandeur. Argument de l'art. 5 C. proc.

44. « Il y aura un jour au moins entre celui de la citation et le jour indiqué pour la comparution, si la « partie citée est domiciliée dans la distance de trois « myriamètres. — Si elle est domiciliée au delà de cette « distance, il sera ajouté un jour par trois myriamètres. « Dans le cas où les délais n'auront point été observés, si le défendeur ne comparaît pas, le juge ordonnera qu'il sera réassigné, et les frais de la première « citation seront à la charge du demandeur. » C. proc. art. 5.

L'inobservation des délais n'entraînerait pas la nullité de la citation si le défendeur comparaissait; mais il pourrait demander une remise, en justifiant que le temps lui a manqué pour préparer sa défense.

45. Le délai d'un jour pour comparaître est franc : cela résulte de l'article 5 même du Code de procédure, et en outre de l'article 1033, d'après lequel « le jour de « la signification ni celui de l'échéance ne sont jamais « comptés pour le délai général fixé pour les ajourne- « ments, les citations, sommations et autres actes faits « à personne ou domicile. »

46. Le délai des distances doit être observé, lors même que l'huissier remet la copie au défendeur dans un rayon de trois myriamètres, si sa demeure est plus éloignée.

47. Chaque fraction de trois myriamètres en sus donne-t-elle lieu à l'allocation d'un jour supplémentaire ? Les auteurs et arrêts sont divisés sur cette question ; la Cour de cassation a décidé, le 14 août 1840, en matière d'ajournement, que la fraction restante ne nécessitait pas l'augmentation d'un jour ; même décision de la Cour de Riom, du 3 janvier 1824 ; mais l'augmentation du délai résulterait d'un arrêt de la Cour de Bordeaux, du 6 juillet 1825 ; elle est soutenue par Pigeau, 2, 45, par Lepage, 118, par Carré, 1, n° 21 ; il est donc prudent de tenir compte d'un jour supplémentaire, par fraction excédant trois myriamètres.

48. Si la partie citée demeurait hors de France, on suivrait la règle de délais de l'article 73 du Code de procédure sur les ajournements.

49. La citation donnée à un délai plus long que celui déterminé par la loi ne serait pas nulle : l'article 5 exprime le délai le plus court, et en autorise expressé-

ment un plus long par cette expression, il y aura un jour *au moins*. Si la longueur du délai nuisait au défendeur, il pourrait l'abréger en citant lui-même le demandeur à un jour plus rapproché.

50. « Dans les cas urgents, le juge donnera une cédule « pour abréger les délais, et pourra permettre de citer « même dans le jour et à l'heure indiqués. » C. proc. art. 6.

L'urgence permet d'autoriser la citation et la comparution même un jour férié, et la nuit (C. proc. 8, 1037), et sur un lieu tout autre que le local ordinaire des audiences, par exemple sur le lieu même du litige; le juge met son permis au bas de l'exposé des faits, sans qu'il soit nécessaire d'une requête formulée.

51. La cédule délivrée pour citer à bref délai un individu dont le décès est ignoré peut être valablement notifiée à ses héritiers, qui sont tenus d'y déférer. Paris, 27 août 1807; Carré, sur l'article 6.

52. Doit-on laisser copie de la cédule au défendeur? Il serait plus régulier de le faire, mais la loi ne l'exige pas: par arrêt du 4 février 1829, la Cour de cassation a jugé qu'il a été suffisamment donné connaissance de la cédule, lorsque la citation est à comparaître sur les lieux contentieux et qu'il est énoncé que le juge de paix s'y trouvera à l'heure indiquée.

53. « Tous les huissiers d'un même canton ont le droit « de donner toutes les citations et de faire tous les ac« tes devant la justice de paix; dans les villes où il y a « plusieurs justices de paix, les huissiers exploitent con« curremment dans le ressort de la juridiction assignée

« à leur résidence. » Loi du 25 mai 1838, art. 16.

L'article 24 du décret sur les huissiers, du 14 juin 1813, donnait à tous les huissiers indistinctement le droit de faire, chacun dans l'étendue du ressort du tribunal civil de première instance de sa résidence, toutes citations, notifications, significations, actes et exploits pour l'instruction des procès, et pour l'exécution des jugements et arrêts; sauf quelques restrictions, au nombre desquelles s'en trouvait une concernant les exploits et actes des justices de paix et des tribunaux de police, lesquels exploits et actes devaient, d'après l'article 28 du même décret, être faits uniquement, près les justices de paix et les tribunaux de police, par les huissiers ordinaires *employés au service des audiences*.

Cette dernière disposition a été entièrement changée par l'article 16 précité, qui attribue, comme on l'a vu ci-dessus, *à tous les huissiers d'un même canton* le droit de donner toutes les citations et de faire tous les actes devant la justice de paix. Cass. 16 janvier 1844.

Il semblerait résulter de ce même article 16 que les huissiers, dans les villes où il y a plusieurs justices de paix, ne peuvent exploiter concurremment *que dans le ressort de la juridiction assignée à leur résidence ;* les termes de la loi sont formels : la résidence des huissiers dans les communes divisées en deux arrondissements de justice de paix ou plus, est fixée par le tribunal de première instance (décret de 1818, article 19) ; chaque justice de paix aurait donc aussi, dans ces villes, ses huissiers. Cependant une circulaire du garde des sceaux, du 6 juin 1838, aux procureurs généraux, se fondant sur ce que, dans l'usage, les tribunaux ne fixent pas la demeure des huissiers des villes où il existe plusieurs justices de paix ; sur ce qu'une pareille distribution entraînerait d'ailleurs l'inconvénient, si elle était prise en considération dans l'exécution de la loi nouvelle, de créer des défauts de qualité, en tire la conséquence que *tous les huissiers qui résident dans ces villes auront le droit d'y exploiter concurremment auprès des divers juges de paix.* »

Les attributions des huissiers, quant aux citations, exploits et actes de justices de paix, se trouvent donc ainsi définies.

54. L'exploit signifié par un huissier autre que celui du canton ne serait pas nul (art. 1030 C. proc.) ; la signification exposerait seulement l'huissier aux peines disciplinaires portées par l'article 19 de la loi de 1838 ; mais le juge de paix ne saurait appliquer à l'huissier d'un canton voisin l'interdiction de citer devant lui ; une pareille interdiction serait complétement illusoire. S'il s'agissait donc d'un huissier d'un canton voisin, le juge de paix devant lequel la citation serait donnée n'aurait d'autre moyen de répression que l'amende de 5 fr. à 100 fr. que l'article 1030 du Code de procédure lui permet d'appliquer.

55. « La citation sera notifiée par l'huissier de la jus-
« tice de paix du domicile du défendeur ; en cas d'em-
« pêchement, par celui qui sera commis par le juge ; co-
« pie en sera laissée à la partie ; s'il ne se trouve per-
« sonne en son domicile, la copie sera laissée au maire
« ou adjoint de la commune, qui visera l'original sans

« frais. — L'huissier de la justice de paix ne pourra in-
« strumenter pour ses parents en ligne directe, ni pour
« ses frères, sœurs, et alliés au même degré. » C. proc. art. 4.

56. En ligne collatérale, la prohibition faite aux huissiers pour les actes de la justice de paix est moins étendue que celle de l'article 16 du Code de procédure pour les ajournements ; l'importance moindre des actes de la justice de paix, et surtout les liens de parenté si communs dans l'étendue restreinte du canton, ont dicté cette différence.

L'alliance n'existe, après la mort de l'époux qui l'a produite, que lorsqu'il existe des enfants issus du mariage. Argument de l'art. 206 du Code civil.

57. C'est au juge de paix du domicile du défendeur qu'il faut s'adresser pour faire commettre un huissier, en cas d'empêchement ; la commission doit être toujours donnée par écrit au moyen d'une cédule.

58. « La signification est faite à personne ou à domicile. » C. proc. 68.

Lorsque l'huissier ne trouve personne au domicile ou en la demeure du défendeur, il n'est pas nécessaire, comme en matière d'ajournement (article 68), qu'il se présente aux voisins avant de remettre la copie au maire ; l'article 4 ne l'ordonne pas ; « s'il ne se trouve personne au domicile du défendeur, dit cet article 4, la copie sera laissée au maire ou adjoint de la commune, qui visera l'original sans frais. »

Si le maire, l'adjoint ou le membre du Conseil municipal qui en remplit les fonctions, refuse de viser l'original de la citation et de recevoir la copie, l'huissier la remet au procureur de la République, qui appose alors son visa. Carré, sur l'art. 4.

59. Les citations à l'État, s'il s'agissait de domaines ou de droits domaniaux, au Trésor, aux administrations ou établissements publics, aux communes, aux sociétés de commerce, aux unions et directions de créanciers, à ceux qui n'ont aucun domicile connu en France, à ceux qui habitent le territoire français hors du continent, à ceux qui sont établis à l'étranger, doivent être faites dans la forme et aux personnes désignées en l'art. 69 du Code de procédure, relatif aux ajournements : seront assignés, dit cet article, l'Etat, lorsqu'il s'agit de domaines et droits domaniaux, en la personne ou au domicile du préfet du département où siége le tribunal devant lequel doit être portée la demande en première instance; le Trésor, en la personne ou au bureau de l'agent ; les administrateurs ou établissements publics, en leurs bureaux, dans le lieu où réside le siége de l'administration; dans les autres lieux, en la personne et au bureau de leurs préposés (1); les communes, en la personne ou au domicile du maire; et à Paris, en la personne ou au domicile du préfet; dans les cas ci-dessus, l'original sera visé de celui à qui copie de l'exploit sera laissée; en cas d'absence ou de refus, le visa sera donné soit par le juge de paix, soit par le procureur de la République près le tribunal de première instance, auquel en ce cas la copie sera laissée ;— les sociétés de commerce tant qu'elles existent, en leur maison sociale; et s'il n'y

(1) Le roi, pour ses domaines, en la personne du procureur du roi de l'arrondissement. (*Même article.*)

en a pas, en la personne ou au domicile de l'un des associés; — les unions et directions de créanciers, en la personne ou au domicile de l'un des syndics ou directeurs; — ceux qui n'ont aucun domicile connu en France, au lieu de leur résidence actuelle; si ce lieu n'est pas connu, l'exploit sera affiché à la principale porte de l'auditoire du tribunal où la demande est portée, une seconde copie sera donnée au procureur de la République, lequel visera l'original; — ceux qui habitent le territoire français hors du continent, et ceux qui sont établis chez l'étranger, au domicile du procureur de la République près le tribunal où sera portée la demande, lequel visera l'original et enverra la copie, pour les premiers, au ministre de la marine, et pour les seconds, à celui des affaires étrangères.

60. Les dispositions de l'art. 4 Code proc. ne sont pas, au reste, seulement applicables aux citations; tous les auteurs s'accordent à dire qu'elles servent de règles à la signification de tous les autres actes des justices de paix, notamment aux citations à témoins, à experts, aux notifications des jugements rendus par un juge de paix, aux citations en conciliation, etc. Carré, 52; Boncenne, 2, 28; Boitard, 1,136.

61. Il y a des personnes qui ne peuvent agir ni ester en justice sans autorisation, comme les mineurs, les femmes mariées, les communes; les citations à donner en leur nom, de même que les citations qui leur sont signifiées, donnent donc lieu à des formalités ou à des mentions particulières.

62. Le mari a seul qualité pour intenter ou soutenir

1° les demandes de toutes sortes concernant les biens de la communauté (C. civ. 1421); 2° les actions mobilières et possessoires, concernant soit les biens personnels de la femme commune (C. civ. 1428), soit ceux de la femme mariée sous le régime exclusif de la communauté. C. civ. 1531.

En ce qui touche les biens dotaux, le mari a aussi seul qualité pour *intenter* les actions, quelles qu'elles soient, qui s'y rapportent. C. civ. 1549; Cass. 21 janv. 1846.

Mais il n'en est pas de même de la *défense* aux actions qui concernent les biens dotaux, surtout aux actions pétitoires; la femme, en pareil cas, doit être mise en cause. C. civ. 2208.

Il a été jugé que le mari commun en biens n'a pas qualité pour intenter seul, et sans le concours de sa femme, une action en bornage des immeubles propres à celle-ci, lorsqu'il s'élève un litige sur la propriété. Rouen, 6 novembre 1835.

Il est d'autres cas où la femme doit être personnellement mise en cause devant le juge de paix, même pour répondre à une action personnelle et mobilière, comme si la réparation d'une injure était poursuivie contre elle.

63. Si une femme se porte demanderesse sans autorisation, sa demande doit être rejetée.

L'autorisation lui est donnée par le mari (C. civ. 215, 217), ou, en certains cas, par les tribunaux C. civ. 218, 219.

64. Celui qui assigne la femme doit assigner aussi le mari pour l'autoriser, sinon comme partie intéressée

dans l'instance, et les mettre ainsi tous deux en cause. C. civ. 818.

65. L'autorisation de plaider est exigée, bien que la femme soit marchande publique, ou non commune, ou séparée de biens (C. civ. 215), ou même séparée de corps. Cass. 8 mars 1827.

66. L'autorisation doit être provoquée par la femme, si elle est demanderesse (Cass. 1er juillet 1828); et par le demandeur, si elle est défenderesse; à cet effet, le demandeur met le mari en cause pour voir dire qu'il autorisera sa femme.

Lorsque le mari consent à autoriser sa femme demanderesse, il donne pouvoir, en cette qualité, à l'officier ministériel, et tous les actes signifiés à la requête de la femme doivent faire mention de cette autorisation. L'autorisation peut être tacite, lorsque le mari plaide conjointement avec sa femme. Cass. 3 juin 1835.

67. Lorsque la femme est défenderesse, le mari est, comme nous l'avons dit plus haut, cité ou assigné avec elle pour l'autoriser; l'autorisation du mari ne résulte, en ce cas, que de sa comparution; s'il laissait défaut, l'autorisation devrait être poursuivie. Cass. 18 novembre 1828.

68. Mais si la citation a été donnée en justice de paix, l'autorisation pourra-t-elle être, en pareil cas, poursuivie devant le juge de paix? En d'autres termes, si, après avoir laissé défaut, le mari réassigné refuse de nouveau de comparaître, le juge de paix pourra-t-il autoriser la femme sur les conclusions du demandeur, sans renvoyer devant le tribunal civil? L'affirmative est soutenue par

MM. Favard de Langlade, t. Ier p. 255; Berriat Saint-Prix, p. 666, not. 8; Duranton, t. XI, p. 426; par Carré et par Chauveau sur Carré, n° 2910 *bis*, et par les Cours de Colmar, 31 juillet 1810; Bruxelles, 26 août 1811, et de Cass. 17 août 1813, sur le motif que l'autorisation, quand la femme est défenderesse, n'est plus qu'une simple formalité, et qu'enlever aux juges saisis de la contestation le pouvoir de l'ordonner, serait multiplier inutilement les formalités et prolonger une procédure sans importance; nulle contradiction sérieuse ne s'est élevée contre cette doctrine, que l'on peut considérer aujourd'hui comme définitivement fixée.

Les arrêts et auteurs ci-dessus se sont occupés bien plus de la compétence du tribunal de commerce, relativement à l'autorisation de la femme défenderesse, que de la compétence des juges de paix; mais, comme la question est en définitive la même, comme les tribunaux de commerce n'ont, pas plus que les juges de paix, la plénitude de juridiction; comme ils forment même une juridiction plus spéciale et plus exceptionnelle, on peut dire que ce qui a été jugé sur ce point à l'égard des tribunaux de commerce s'applique, à plus forte raison, aux justices de paix.

Cependant il ne faudrait pas étendre jusqu'aux demandes en conciliation le droit qu'aurait le juge de paix d'autoriser la femme défenderesse à ester devant lui; le juge de paix remplissant les fonctions de conciliateur, en vertu des règles fournies par les articles 48 et suivants du Code de procédure civile, n'est plus juge; la procédure de conciliation est le commencement d'une instance du ressort des tribunaux civils: or, le juge de paix commettrait évidemment un excès de pouvoir en autorisant la femme à plaider en première instance; cette permission serait, par conséquent, de nul effet, et n'empêcherait pas de demander la nullité des actes postérieurs.

69. Si la femme est personnellement demanderesse, les exploits sont signifiés *à sa requête, et aussi à celle de son mari comme autorisant la femme et pour validité de la procédure;* dans ce cas, comme aussi si la femme est *personnellement* défenderesse, les exploits signifiés aux deux époux le sont par copies *séparées*, à peine de nullité des significations (Cass. 29 avril 1839, et 24 mars 1841). Il est prudent de remettre une copie séparée à la femme chaque fois que ses droits personnels, même mobiliers ou possessoires, sont en cause, de peur qu'à l'insu du requérant les époux ne soient séparés de biens, auquel cas les deux copies sont exigées, auraient-ils même élu domicile chez un mandataire commun. Cass. 15 mai 1844.

70. Quant aux communes, elles ne peuvent plaider, soit en demandant, soit en défendant, sans une autorisation du Conseil de préfecture, à moins qu'il ne s'agisse d'une action possessoire, d'un acte conservatoire ou interruptif de déchéance. Loi du 18 juillet 1837, art. 49 et 55.

Si la commune est défenderesse, le défendeur est tenu d'adresser au préfet un mémoire exposant les motifs de la réclamation; il lui en est donné récépissé; la présentation du mémoire interrompt la prescription de toutes les déchéances; le Conseil municipal, convoqué par le préfet, donne son avis; le Conseil de préfecture doit statuer dans les deux mois de la remise du mémoire; à défaut de décision dans ce délai, ou en cas de refus d'autorisation, le demandeur peut prendre un jugement par défaut. Même loi, art. 51, 52, 54.

Nous donnerons, dans les formules ci-après, des exemples de tous ces cas divers.

71. A partir du 1er juin 1846, le droit d'enregistrement d'un franc, établi par l'article 68, § 1er, n° 30, de la loi du 22 frimaire an VII, pour les exploits relatifs aux procédures en matière civile devant les juges de paix, jusques et y compris les significations des jugements définitifs, sera porté à 1 franc 50 centimes en principal.

72. La citation, comme tout exploit, doit être soumise, dans les quatre jours de sa date, à la formalité de l'enregistrement (loi du 22 frimaire an VII, art. 20). C'est-à-dire que, signifiée le 1er octobre, elle doit être enregistrée le 5 au plus tard. Le jugement peut donc intervenir avant l'enregistrement de l'exploit, sauf enregistrement ultérieur. Décis. min. fin. 13 juin 1809.

FORMULE 4e. *Citation. — Action personnelle et mobilière.* C. proc. 1; Tarif, 21.—Original : Paris, 1 fr. 50; villes où il y a tribunal de première instance, 1 fr. 25; autres villes et cantons ruraux, 1 fr. 25; en sus, pour chaque copie, le quart de l'original.

L'an mil huit cent quarante-neuf, le cinq février, à la requête du sieur Louis Buffier, marchand tapissier, patenté (1) pour la présente année, le deux janvier dernier, sous le n° 237, 3e classe, demeurant à Paris, rue Saint-Honoré, n° 399, lequel a fait élection de domicile en sa demeure, j'ai, Louis Bardou, huissier au tribunal de première instance du département de la Seine et de la justice de paix du 1er arrondissement de Paris, demeurant à Paris, rue de l'Arcade, n° 26, soussigné,

Cité le sieur Charles Vimet, rentier, demeurant à Paris, rue de la Madeleine, n° 17 (en son domicile (2), où étant et parlant au sieur Bisset, portier de ladite maison, ainsi qu'il m'a dit être et se nommer), (*ou* trouvé, rue de la Paix, parlant à sa personne, ainsi qu'il m'a déclaré être (3),

A comparaître, le huit février mil huit cent quarante-neuf, à onze heures du matin, devant M. le juge de paix du 1er arrondissement de Paris, dans le local ordinaire de ses audiences, sis à Paris, rue d'Anjou-Saint-Honoré, n° 9,

(1) L'obligation de mentionner la patente résulte de l'art. 37 de la loi du 1er brumaire an VII, et de l'art. 29 de la loi du 25 avril 1844, sur les patentes.

(2) Si le domicile de la partie citée est éloigné de la demeure de l'huissier de plus d'un demi-myriamètre, il le mentionne ainsi : En son domicile, distant de ma demeure de sept kilomètres, où je me suis exprès transporté, et où étant, etc.

(3) En cas d'absence du défendeur, ou de ses parents, ou de ses serviteurs, on met : Où étant et n'ayant trouvé ni le sieur Charles Vimet ni aucun de ses parents et serviteurs, j'ai, sur-le-champ, remis la copie à M. le maire (adjoint, *ou* membre du Conseil municipal) du premier arrondissement, qui a visé le présent original, et auquel j'ai laissé la copie du présent exploit.

Pour, attendu que le requérant est créancier du sieur Vimet d'une somme principale de quatre-vingt-dix-sept francs, pour différentes fournitures de papiers peints qu'il lui a faites, ainsi qu'il en sera justifié en cas de déni, s'entendre condamner mondit sieur Vimet à payer au requérant ladite somme de quatre-vingt-dix-sept francs, et les intérêts tels que de droit, et en outre aux dépens. A ce qu'il n'en ignore, je lui ai, en son domicile susdit, et parlant comme dessus (1), laissé copie, sous toutes réserves, du présent, dont le coût est de trois francs soixante-huit centimes (2).

(*Signature de l'huissier.*)

FORMULE 5e. *Citation en complainte.* C. proc., 23.—Même coût.

L'an mil huit cent quarante-neuf, le trois février, à la requête du sieur Jacques Blanc, cultivateur, demeurant au lieu de Markès, commune de Plougoulm, canton de Saint-Pol-de-Léon, arrondissement de Morlaix, lequel fait élection de domicile en ma demeure, j'ai, Pierre Lucas, huissier au tribunal de première instance de l'arrondissement de Morlaix, et à la justice de paix du canton de Saint-Pol-de-Léon, demeurant à Saint-Paul-de-Léon, place de la Croix-au-Lin, n° 2, soussigné,

(1) Si l'exploit était remis à la personne, et non à domicile, on ne ferait pas mention du domicile; on mettrait seulement : *en parlant comme dessus.*

(2) Original, 1 fr. 50 c.; copie, 38 c.; papier timbré (deux feuilles de 35 cent.), 70 c.; enregistrement, décime compris, 1 fr. 10 c.; total, 3 fr. 68 c.

Cité le sieur Charles Loussot, demeurant à Saint-Pol-de-Léon, Grande-Place, n° 4, en son domicile, en parlant à Marguerite Turin, sa domestique, ainsi qu'elle m'a dit être et se nommer, à comparaître mardi prochain, six février mil huit cent quarante-neuf, dix heures du matin, devant M. le juge de paix du canton de Saint-Pol-de-Léon, département du Finistère, dans le local ordinaire de ses séances, sis Grande-Place, en l'ancien Palais épiscopal.

Pour, et attendu que le requérant est en possession depuis plus d'une année d'une pièce de terre, dite Cleuziou, située en la commune de Plougoulm, au lieu dit Markès, bornée au nord par la propriété du sieur Kariou, au midi, par le champ dit Goarem, au levant, par la propriété du sieur Loussot, au couchant, par le chemin, entourée de ses talus, et que ledit sieur Loussot a usurpé le talus du levant de cette pièce de terre, en coupant l'ajonc et les herbages qui croissent sur ce talus;

Voir donner acte au requérant de ce qu'il prend pour trouble à sa possession ladite usurpation, et l'autoriser à reprendre possession dudit talus; — Voir ordonner qu'il sera fait défense au sieur Loussot de ne plus troubler sa possession à l'avenir; et, attendu le préjudice causé au requérant, s'entendre condamner le dit sieur Loussot à payer au requérant la somme de vingt-cinq francs, à titre de dommages-intérêts; et pour, en outre, répondre et procéder, comme de raison, à fin de dépens.

Et j'ai au sus-nommé, en parlant comme dessus,

laissé, sous toutes réserves, copie du présent exploit, dont le coût est de...

(*Signature de l'huissier.*)

Formule 6e. *Citation en réintégrande.* C. proc. 23; loi du 6 juin 1838, art. 6. — Même coût.

L'an, etc. (*comme ci-dessus*).

Pour, et attendu que le sieur Loussot s'est permis, le huit janvier mil huit cent quarante-neuf, d'abattre le talus fermant au levant une pièce de terre, dite Cleuziou, sise au lieu de Markès, commune de Plougoulm, bornée au nord par la propriété du sieur Cariou, au midi par le champ dit Goarem, au levant par la propriété du sieur Loussot, au couchant par le chemin, et dont le requérant jouissait paisiblement, ainsi que de ses talus, depuis un temps immémorial, par lui et ses auteurs, et notamment depuis an et jour avant ladite époque du huit janvier mil huit cent quarante-neuf;

En conséquence, voir dire et ordonner que le requérant sera remis en possession dudit talus, après qu'il aura été rétabli, aux frais du sieur Loussot, dans l'état où il était avant ladite entreprise; et que, faute de ce faire, le requérant sera, trois jours après la signification du jugement à intervenir, autorisé à faire faire ledit rétablissement aux frais du sieur Loussot; condamner le sieur Loussot en cinquante francs de dommages-intérêts, le tout même par corps (1); le condamner, également, aux dépens; et j'ai, etc.

(1) C. civ. 2060, 2°.

FORMULE 7e. *Citation en dénonciation de nouvel œuvre.* C. proc. 23; loi du 6 juin 1838, art. 6. — Même coût.

L'an, etc. (*comme ci-dessus*), soussigné,

Ai signifié et déclaré au sieur.....

Que c'est à tort qu'il s'est permis d'établir un barrage sur la rivière de Kérellec, dans la partie de cette rivière dont le requérant jouissait depuis plus d'un an et un jour;

Que ce barrage, en arrêtant le cours de la rivière, nuit au mouvement du moulin du requérant, et qu'il porte, d'ailleurs, sur le champ dit Pratijel, dont le requérant a la propriété et jouit depuis un temps immémorial;

Pour quoi j'ai fait sommation, au nom du requérant, audit sus-nommé, de, en vingt-quatre heures pour tout délai, enlever ledit barrage, et rétablir les lieux dans leur ancien état; et, faute de l'avoir fait dans les vingt-quatre heures, j'ai, huissier susdit et soussigné, à la même requête, cité ledit sieur Loussot à comparaître, etc. (*comme ci-dessus*);

Pour, par les motifs ci-dessus déduits, et attendu qu'aucun droit, ni titre, n'a autorisé le défendeur à établir ledit barrage, voir ordonner qu'il sera détruit dans les trois jours du jugement à intervenir, et que, faute de ce faire, le requérant sera autorisé à le faire enlever lui-même aux frais du sieur Loussot, lequel, pour le préjudice par lui causé, sera condamné en 50 fr. de dommages-intérêts et aux dépens, et j'ai, etc.

FORMULE 8ᵉ. *Citation à la requête d'une femme mariée, le mari comparaissant avec elle.*

L'an, etc., à la requête de dame Sophie Libert, épouse du sieur Chapuis, ladite dame demeurant avec son mari à Brest, rue de Siam, n° 9, et dudit sieur Chapuis, pour la validité de la procédure....

FORMULE 9ᵉ. *Citation à la requête d'une femme mariée, le mari ne comparaissant pas dans la cause.*

L'an, etc., à la requête de dame Sophie Libert, épouse du sieur Chapuis, ladite dame demeurant avec son mari, à Brest, rue de Siam, n° 9, de lui autorisée à la poursuite de ses droits et actions, et spécialement à intenter la présente action, aux termes d'un acte passé devant Mᵉ Gillard et son collègue, notaires à Brest, dûment enregistré, et dont il est, avec celle des présentes, donné copie, etc.

FORMULE 10ᵉ. *Citation donnée à la requête d'une femme autorisée par justice.*

L'an, etc., à la requête de dame, etc. (*comme ci-dessus*), ladite dame autorisée à la poursuite de ses droits et actions, et notamment à intenter la présente action, par jugement du tribunal civil de Brest, en date du 20 janvier 1849, dûment enregistré, dont il est, avec celle des présentes, donné copie, etc.

FORMULE 11ᵉ. *Citation à une femme et à son mari pour l'autoriser.*

L'an, etc., cité la dame Sophie Libert, épouse du sieur Auguste Chapuis, ladite dame demeurant avec son mari, à Brest, rue de Siam, n° 9, et le sieur Auguste Chapuis, son mari, pour l'autoriser, etc.

FORMULE 12e. *Citation au nom d'un mineur ou d'un interdit.*

L'an..., à la requête du sieur Emile Camard, demeurant à Morlaix, place de Viarme, n° 9, agissant au nom et en qualité de tuteur de Eugène et Amélie Bareste, enfants mineurs de Jean-Jacques Bareste et d'Eugénie Carlier, son épouse, décédés, je, etc.

FORMULE 13e. *Citation au nom d'un enfant mineur dont la mère tutrice est remariée.* C. civ. 396.

L'an..., à la requête : 1° de dame Virginie Merle, veuve en premières noces de M. Pierre Carles et épouse en secondes noces de M. Joseph Itier; 2° de M. Joseph Itier, tous deux demeurant à Rennes, rue aux Foulons, n° 37, agissant, la première au nom et en qualité de tutrice de Charles et Théodore Carles, ses enfants mineurs, et le second comme cotuteur des mêmes enfants mineurs, et aussi pour autoriser ladite dame son épouse, je, etc.

FORMULE 14e. *Citation à une société en nom collectif.* Cod. com. 20, 21, 22.

L'an, etc., à la requête des sieurs : 1° Charles Fillon; 2° Pierre Martel; 3° Jacques Pabu, demeurant tous trois à Paris, rue Saint-Martin, n° 128, associés sous la raison Fillon, Martel et Pabu, pour l'exploitation d'un commerce de draperie, dont le siége est susdite rue Saint-Martin, n° 128, je, etc.

Même formule pour une société civile : le nom de tous les associés doit y être également indiqué. C. civ. 1862.

FORMULE 15e. *Citation au nom d'une société en commandite.*

L'an..., à la requête de : 1° Joseph Chabut; 2° Marc Chabut, demeurant tous deux à Paris, rue de la Roquette, n° 110, associés-gérants de la société en commandite Chabut frères et compagnie, dont le siége est à Paris, susdite rue de la Roquette, n° 110, je, etc.

FORMULE 16e. *Citation au nom d'une société anonyme.*

L'an..., à la requête de la société d'Assurances générales, dont le siége est établi à Paris, rue Richelieu, n° 97, poursuite et diligences de M. Pierre de Gourcuf, directeur de ladite société, je, etc.

FORMULE 17e. *Citation à la requête des syndics d'une faillite.*

L'an, etc., à la requête du sieur Jean Vatel, demeurant à Paris, rue du Mail, n° 29, et du sieur Charles Masson, demeurant à Paris, rue Montmartre, n° 150, agissant au nom et comme syndics de la faillite du sieur Barthélemy Bornet, nommés à ladite qualité par jugement du tribunal de commerce de la Seine, du 25 octobre 1848, je....

FORMULE 18e. *Citation au nom du domaine de l'État.* C. proc. 169.

L'an, etc., à la requête de M. le préfet du département d'Eure-et-Loir, agissant dans l'intérêt et au nom de l'Etat, je, etc.

FORMULE 19e. *Citation au nom d'une commune.* Loi du 18 juillet 1837, art. 49 et 50.

L'an..., à la requête des habitants de la commune de Versailles, poursuite et diligences de M. Chauvel, maire de ladite commune, y demeurant, rue du Château, n° 27, ladite commune autorisée à la poursuite de ses droits et actions et à ester en justice relativement à la contestation dont est mention ci-après, par arrêté du

Conseil de préfecture du département de Seine-et-Oise, en date du 25 février 1849 (ou par ordonnance du Conseil d'Etat, en date du 1er mars 1849) (1), je, etc.

FORMULE 20°. *Citation au nom d'une fabrique.* Décret du 30 décembre 1809, art. 77.

L'an..., à la requête de MM. les administrateurs de la fabrique de l'église paroissiale de Saint-Pol-de-Léon, poursuite et diligences de M. Victor Macé, demeurant en la même ville, Grand'Rue, trésorier de ladite fabrique, autorisée à la poursuite de ses droits et actions et à ester en justice relativement à la contestation dont est mention ci-après, par arrêté du Conseil de préfecture du département du Finistère, en date du 18 mars 1849, je, etc.

FORMULE 21°. *Citation à un individu qui n'a ni domicile ni résidence connus.* C. proc. 59.

L'an..., j'ai, etc., signifié et laissé copie au sieur Alphonse Bathur, actuellement sans domicile ni résidence connus, au parquet de M. le procureur de la République du tribunal de Melun, où étant et parlant à M. Charles Faure, substitut, lequel a visé l'original du présent exploit, et j'ai à l'instant affiché semblable copie à la porte dudit tribunal.

73. Les formules ci-dessus, concernant les sociétés en nom collectif, en commandite et anonymes, et celles relatives aux syndics de faillite, au domaine de l'Etat, aux

(1) Le Conseil d'État statue sur l'autorisation lorsque la décision du Conseil de préfecture qui l'a refusée est attaquée devant lui. Loi du 18 juillet 1837, art. 50.

communes, aux fabriques, ne sont données que comme faites *à la requête* de ces diverses personnes; si, au lieu d'être demanderesses, elles étaient défenderesses, et qu'il s'agît de citations à leur signifier, ces citations seraient adressées aux mêmes individus qui les représentent.

FORMULE 22e. *Citation à une société en nom collectif.*

J'ai, etc., signifié à MM. Fillon, Martel et Pabu, marchands de draps, en leur maison sociale, établie à Paris, rue, etc.

FORMULE 23e. *Pour une société en commandite.*

A la société Chabut frères et compagnie, en la personne de MM. Joseph et Marc Chabut, associés-gérants, etc.

FORMULE 24e. *Pour une société anonyme.*

A la société anonyme d'Assurances générales, en la personne de M. de Courcuf, directeur, demeurant à Paris, au siége de ladite société, rue, etc.

FORMULE 25e. *Pour les syndics d'une faillite.* C. proc. 69, §§ 7 et 72.

A M. Jean Vatel, demeurant à Paris, rue du Mail, n° 29, et à M. Charles Masson, demeurant à Paris, rue Montmartre, n° 150, syndics de la faillite du sieur Barthélemy Bornet, en la personne de M. Jean Vatel, l'un d'eux, en son domicile, et parlant à....

FORMULE 26e. *Pour le domaine de l'État.*

A M. le préfet du département d'Eure-et-Loir, représentant l'Etat dans les actions relatives à son domaine, en sadite qualité, demeurant à l'hôtel de la Préfecture, sis à Chartres, place de la Cathédrale, où étant et parlant à M. le secrétaire général, auquel j'ai laissé la copie du présent original, sur lequel il a apposé son visa.

N. B. La même formalité du visa est à mentionner dans les citations aux communes, aux établissements publics, etc. C. proc. 69.

FORMULE 27e. *Cédule pour abréger les délais.* C. proc. 6; Tarif, 7; coût, il n'est rien alloué; enregistrement, 1 fr. 10.

Nous, Louis Lozach, juge de paix du canton de Morlaix, arrondissement de Morlaix, département du Finistère, sur ce qui nous a été exposé par le sieur Paulard,

Mandons à l'huissier audiencier de notre justice de paix, de, à la requête dudit sieur Paulard, citer le sieur Riou, voiturier, demeurant ordinairement à Saint-Brieuc, et étant actuellement à l'auberge de la Tour-d'Argent, en cette ville, tenue par ledit sieur Paulard,

A comparaître aujourd'hui, à midi, devant nous, en notre demeure, Grande-Rue, n° 2, pour, et attendu que le sieur Paulard maintient que les chevaux du sieur Riou ont causé un dommage, cette nuit, dans les écuries du sieur Paulard, en brisant et cassant plusieurs meubles et effets, et que ledit sieur Riou, étant sur le point de partir, il est urgent d'obtenir contre lui la réparation du dommage causé, se voir condamner à payer audit sieur Paulard la somme de trente-cinq francs, à laquelle le demandeur évalue le dégât; voir autoriser le demandeur à empêcher la sortie de la voiture et des chevaux jusqu'au payement desdites condamnations ; et pour, en outre, répondre et procéder à fins d'intérêts et de dépens.

Fait et délivré en notre demeure, le cinq juillet mil huit cent quarante-neuf.

(*Signature du juge de paix.*)

FORMULE 28e. *Citation en vertu de la cédule qui précède.*

L'an mil huit cent quarante-neuf, le cinq juillet, à dix heures du matin, en conséquence de la cédule délivrée cejourd'hui par M. le juge de paix du canton de Morlaix, enregistrée (*ou* qui sera enregistrée avec le présent), et dont est, avec ces présentes, donné copie ; et à la requête du sieur Charles-Antoine Paulard, aubergiste, tenant l'hôtel de la Tour-d'Argent, rue Bourette, n° 2, et y demeurant, j'ai, etc... commis par la cédule sus-énoncée pour faire la présente citation, soussigné,

Cité, etc.

Pour répondre et procéder sur et aux fins des conclusions contenues en ladite cédule, et j'ai, au sus-nommé, en son domicile et parlant comme dessus, laissé copie de la cédule et du présent, dont le coût est de...

FORMULE 29e. *Cédule qui commet un huissier par suite de l'empêchement d'un autre huissier commis.* C. proc. art. 4 ; Tarif, art. 7 ; coût, il n'est rien alloué ; enregistrement, 1 fr. 50.

Nous, Louis Lozach, juge de paix du canton de Morlaix, etc. (comme ci-dessus), mandons au sieur Charlot, huissier près le tribunal de première instance de Morlaix, que nous commettons à la place du sieur Hardy, déjà commis par nous, et qui se trouve empêché par cause de maladie, de, à la requête du sieur Paulard, demeurant à Morlaix, etc., comme en la cédule ci-dessus.

N. B. La citation se fait ensuite comme celle du n° 28.

CHAPITRE III. — De la déclaration des parties demandant jugement. — Prorogation de la juridiction des juges de paix. — Renonciation à la faculté d'appeler. — Limites de la prorogation de juridiction. — Personnes qui peuvent proroger. — De l'obligation du juge de paix d'accepter la prorogation. — Jugement d'expédient. — Différence entre la prorogation de juridiction et l'arbitrage.

74. Les parties peuvent se présenter volontairement et sans citation devant le juge de paix, auquel cas il juge leur différend, soit en dernier ressort, si les lois ou les parties l'y autorisent, soit à la charge de l'appel, encore qu'il ne fût le juge naturel des parties ni à raison du domicile du défendeur, ni à raison de la situation de l'objet litigieux. La déclaration des parties qui demanderont jugement sera signée par elles, ou mention sera faite si elles ne peuvent signer. C. proc. 7.

75. Les parties peuvent aussi renoncer devant le juge de paix à la faculté d'appeler de son jugement, qu'elles se présentent volontairement ou non.

76. Mais la prorogation de juridiction ne peut avoir lieu que dans des affaires pour lesquelles les juges de paix sont compétents jusqu'à une certaine somme, et jamais lorsque la contestation est étrangère à leurs attributions; il n'y a lieu à prorogation de juridiction d'un juge d'exception qu'autant qu'il y a en lui principe de juridiction.

Il faut donc, pour que la prorogation de la juridiction du juge de paix soit permise, qu'il s'agisse d'une affaire sur laquelle il aurait pu être appelé à statuer, relativement à l'espèce du litige ; sa juridiction étant exceptionnelle, on ne peut lui conférer aucun pouvoir judiciaire en dehors de ceux qui lui sont attribués par la loi ; on peut seulement étendre ceux qu'il a déjà reçus. C. proc. 7; Cass. 3 frim. an IX, 22 déc. 1806, 10 janvier 1809 ; Merlin, *Rép.*, v° *Hypothèques*, sect. 2, § 2, art. 4, n° 1 ; Favard, v° *Justice de paix*, § 1, n° 4.

Ainsi, sa juridiction peut être prorogée sur toutes les questions personnelles ou mobilières et autres, que la loi a placées dans ses attributions ; et la prorogation, dans ces cas, n'est soumise à aucunes limites, puisque, d'après l'art. 7 du Code, le juge de paix peut, *sur le consentement des parties*, juger leurs différends, *soit en dernier ressort, soit à la charge d'appel.*

Les matières possessoires ne sont pas exclues de cette règle; les parties peuvent donc aussi renoncer à l'appel sur une action possessoire, au moyen de quoi le juge de paix statue souverainement.

77. En prorogeant la juridiction du juge de paix pour être statué en premier ressort seulement, les parties prorogent nécessairement la juridiction du tribunal supérieur ; alors l'appel doit être porté au tribunal civil dont le juge de paix ressortit, quoique ce tribunal, à défaut de prorogation, n'eût été compétent que pour prononcer en dernier ressort. Curasson, 1re partie, section II, n° 22.

78. Il est cependant une autre espèce de prorogation de juridiction permise, c'est celle qui consiste à se présenter devant un juge de paix autre que celui du domicile ou de la situation de l'objet litigieux; c'est-à-

dire que les parties peuvent renoncer au bénéfice des art. 1 et 2 du Code de procédure, qui règlent la compétence du juge de paix par le domicile du défendeur en matière personnelle et mobilière, et par la situation de l'objet litigieux, en matières possessoires et autres matières réelles.

79. La prorogation volontaire ne peut résulter, devant les justices de paix, que du consentement exprès des parties. Elle ne saurait s'induire de leur comparution et de leur plaidoirie, sans protestation devant le juge incompétent. En effet, l'art. 7 du Code de procédure exige formellement que la déclaration des parties soit signée d'elles, ou qu'il soit fait mention qu'elles ne savent signer. Un consentement tacite est donc insuffisant; le juge doit, dans ce cas, se déclarer d'office incompétent. Cass. 22 juin 1808, 20 mai 1829; Henrion, p. 45; Carré, *Lois de la procédure*, art. 7. *Contrà*, req. 12 mars 1829; Favard, v° *Justice de paix*, § 1, n° 5; Merlin, *Questions*, ib. § 1, n° 2.

Cependant serait valable l'acquiescement donné par les parties au jugement rendu, et résultant de l'apposition de leurs signatures au bas de la minute de ce jugement. Pau, 5 août 1809; Carré, *ib.*

80. L'acte contenant prorogation de la juridiction du juge de paix doit indiquer d'une manière précise le différend qui divise les parties.

Néanmoins, est suffisante la déclaration des parties portant *qu'elles ont soumis à la décision du juge de paix le différend existant entre elles au sujet d'une réclamation que le demandeur est dans l'intention de for-*

mer contre le défendeur. Lorsque, du reste, les parties ont immédiatement pris leurs conclusions respectives sur ce différend, il y a relation nécessaire entre l'acte de prorogation et les conclusions. Cass. 2 août 1831 Dall. 31, 252.

81. Lorsque les parties conviennent à l'audience de dispenser le juge de paix d'observer une formalité d'instruction, leur signature n'est pas exigée, comme pour la prorogation de juridiction (Cass. 7 octobre 1808, 27 mars 1832; Carré et Chauveau, n° 32). Il y a contrat judiciaire qui est constaté par le jugement lui-même.

82. Les tuteurs, administrateurs et tous ceux qui n'ont pas droit de transiger peuvent bien, sans citation préalable, se présenter devant un juge de paix, juge naturel de celui qu'ils représentent; mais ils ne sauraient accepter la juridiction d'un autre juge de paix, ni surtout proroger la juridiction de l'un ou de l'autre. Thomine-Desmazures, t. Ier, p. 59; Chauveau sur Carré, n° 30.

83. Un simple fondé de pouvoir ne pourrait non plus proroger la juridiction du juge de paix, ni signer, par conséquent, la déclaration autorisée par l'article 7 du Code de procédure.

84. Il n'en serait pas de même de la renonciation à une simple formalité d'audience, par exemple, à ce que des témoins fussent entendus sur des faits qui n'auraient pas été précisés.

85. Un arrêt de la Cour de Paris, du 28 août 1841 (*Annales de la science des juges de paix*, 1842, p. 66), a décidé qu'on ne peut proroger la juridiction du juge de paix d'avance et par convention extrajudiciaire.

Cela est vrai si la contestation n'est pas encore née (C. proc., 1006), et si les parties ne sont plus d'accord sur la prorogation en se présentant à l'audience; mais si elles persistaient devant le juge de paix, on ne voit pas pourquoi la prorogation arrêtée d'avance le rendrait incompétent.

86. Le jugement d'expédient, rendu par le juge de paix sur prorogation de juridiction, et constatant l'accord des parties, a la même force que s'il avait été rendu sur contestation, et peut, ou produire hypothèque (Poitiers, 30 janvier 1843, *Annales*, 1843, p. 198; et 31 janvier 1843, *eod.*, p. 285; Cass. 6 janvier 1845, *Annales* 1845, p. 90), ou servir de base à une saisie immobilière (Cass. 13 nov. 1843, *Annales*, 1844, p. 5); mais il faut que le jugement d'expédient prononce sur l'objet d'une contestation. S'il s'agissait de dresser acte de conventions des parties, de constater, par exemple, que l'une s'engage à vendre à l'autre un immeuble qui était l'objet d'une contestation entre elles, ou fait telle ou telle concession, le jugement qui en donnerait acte serait nul, le juge de paix n'ayant reçu de la loi le pouvoir de dresser acte des conventions des parties, qu'autant qu'il procède au bureau de conciliation. Bourges, 21 février 1842, *Annales*, 1843, p. 92; Limoges, 1er juin 1847, *Annales*, 1847, p. 292.

87. Le juge de paix est-il tenu d'accepter la mission de juger, sur la demande des parties, au delà des limites et en dehors de sa juridiction? Nous avons répondu négativement, dans notre *Nouveau traité de la compétence*, n° 629; en effet, il importe d'empêcher que des

parties qui ne sont pas justiciables d'un tribunal puissent, en demandant à être jugées par lui, ne le surchargent, et ne retardent par là l'expédition des affaires qui lui sont confiées et l'accomplissement de ses devoirs envers ceux dont il est le juge naturel. Pigeau (*Commentaire*, t. Ier, p. 17) et Thomine-Desmazures (t. Ier, p. 62) soutiennent cette opinion; un arrêt de la Cour de cassation, du 11 mars 1807, a jugé que les autres tribunaux ne peuvent être assujettis à accepter la compétence ou la juridiction qui leur sont imposées par les parties. Carré pense, au contraire, n° 33, que l'article 7 *oblige* le juge de paix à juger le différend qui lui est déféré; il regarde les termes de cet article comme impératifs : M. Boitard (t. II, p. 390) et M. Chauveau sur Carré (n° 33), adoptent l'opinion de Carré.

88. Il ne faut pas confondre la prorogation de juridiction du juge de paix qui se fait suivant les termes de l'art. 7, avec la nomination du juge de paix comme arbitre; le compromis par lequel on déférerait au juge de paix la connaissance d'une contestation ne lui donnerait que les droits d'un arbitre ordinaire; il serait obligé de suivre toutes les formes réglées pour l'arbitrage, par les articles 1003 et suivants du Code de procédure civile, de déposer sa sentence, qui n'aurait force d'exécution que par l'ordonnance d'*exequatur* du président du tribunal civil, etc.; mais le différend, ainsi soumis à son arbitrage, pourrait sortir des limites assignées à la prorogation de sa juridiction.

89. Il doit être tenu minute de la déclaration préalable des parties qui demandent jugement. Cette décla-

ration ne peut être faite qu'en audience publique et devant le juge de paix assisté de son greffier. C'est sur la feuille d'audience qu'elle doit être portée.

FORMULE 30e. *Acte de déclaration des parties qui demandent jugement.* Gratuit; Tarif, 11.

Le juge de paix du canton de..., en son audience tenue publiquement, à l'heure accoutumée, en l'auditoire ordinaire, le... du mois de... an... assisté du sieur... greffier de la justice de paix, a rendu le jugement suivant. (*Cet intitulé n'est autre que celui de la feuille d'audience; il sert pour tous les jugements qui sont portés sur cette feuille.*)

Entre le sieur Jacques Hortis, demeurant à Castel-Sarrazin, demandeur, et le sieur Philippe Mauduit, demeurant également à Castel-Sarrazin, défendeur,

Lesquels se sont présentés volontairement et sans citation devant nous ce jour, et nous ont exposé qu'ils sont en contestation sur l'objet dont il sera parlé ci-après. Ils déclarent vouloir s'en rapporter à notre décision, bien que nous ne soyons leur juge ni à raison du domicile, ni à raison de la situation des lieux, ni à raison de la valeur de la demande, et nous autoriser même à prononcer sur leur différend en dernier ressort.

Nous, juge de paix, vu l'article 7 du Code de procédure civile, avons donné acte aux sieurs Hortis et Mauduit de leur comparution et de leur consentement, avons accepté la prorogation de juridiction qu'ils nous ont conférée, et avons signé la présente déclaration avec eux et le sieur..., notre greffier (*ou bien* et avons signé la présente déclaration avec le sieur... notre greffier, après les avoir interpellés de signer eux-mêmes, ce qu'ils ont déclaré ne savoir faire, après lecture).

(*Signature du juge de paix, du greffier et des parties.*)

FORMULE 31e. *Jugement sur prorogation de juridiction.* (Suit sur la feuille d'audience.)

Et sur-le-champ, par le sieur Hortis, demandeur, a été dit (*Exposé des faits, moyens et conclusions du demandeur*).

Le sieur Mauduit, défendeur, a répondu que...

Nous, juge de paix, prononçant (en premier *ou* en dernier ressort), en vertu des pouvoirs qui nous été conférés par les parties :

Attendu que, etc. (*Motifs et dispositif comme aux jugements ordinaires.*)

Fait, et prononcé en audience publique, en présence des parties (*ou* en l'absence des parties), les jour, mois et an que dessus, et avons signé avec notre greffier.

(*Signature du juge et du greffier.*)

Nota. Si les parties se présentent purement et simplement devant le juge de paix pour éviter la citation, et sans proroger la juridiction, il n'est pas fait, bien entendu, mention de la prorogation.

90. « Dans les matières de peu d'importance, dit Levasseur (édition Toussaint, n° 114), il arrive fréquemment qu'on ne rédige ni la déclaration, ni le jugement ; les parties exécutent de bonne foi, et souvent sur-le-champ, la décision verbale. Il n'y a pas d'inconvénient dans cette marche, qui ménage le temps précieux des

juges de paix très-occupés, surtout dans les villes. Si l'une des parties requiert la rédaction par écrit, le juge de paix ne doit pas s'y refuser. En matière sujette à l'appel, la rédaction par écrit est indispensable, quoique même le jugement soit exécuté sur-le-champ. » Ce mode de procéder serait peu régulier, puisque la comparution volontaire a lieu en audience publique; mais, depuis qu'aux termes de la loi de 1838, les parties sont appelées devant le juge de paix *avant la citation*, il arrive, le plus souvent, que les petites affaires sont arrangées par cette espèce de préliminaire de conciliation; on peut appliquer à cette comparution sur avertissement ce que disait Levasseur, de l'exécution de bonne foi et sur-le-champ de la décision verbale du juge de paix, ou plutôt de l'accord des parties et des conditions d'arrangement telles qu'elles sont acceptées devant lui; car, ainsi que nous l'avons dit, il ne peut y avoir jugement lors de la comparution des parties sur avertissement préalable.

CHAPITRE IV. — Audience du juge de paix. — Huis-clos. — Huissiers audienciers. — Règlements d'ordre intérieur. — Remise des exploits. — Appel des causes. — Comparution des parties devant le tribunal de paix. — Défaut du demandeur ou du défendeur à l'appel des causes. — Mandataire. — Pouvoirs. — Qui peut être mandataire? — Forme du mandat.

91. Les juges de paix doivent indiquer au moins deux audiences par semaine. Ils peuvent juger tous les jours, même ceux de dimanche et de fête, le matin et l'après-midi. Ils peuvent donner audience chez eux en tenant les portes ouvertes. C. proc. 8.

Dans ce cas, il convient d'énoncer dans le jugement

que les portes ont été tenues ouvertes. Toutefois, à défaut de cette énonciation, et jusqu'à preuve contraire, on doit supposer que la loi a été exécutée. Carré et Chauveau, *Question* 39.

Au reste, le vœu de la loi est rempli lorsque la maison du juge est accessible à quiconque voudrait y pénétrer, bien que les portes ne soient pas laissées matériellement ouvertes. Delzers, 1, 96.

92. Mais le juge de paix ne peut indiquer chez lui que des audiences extraordinaires, surtout lorsqu'il ne réside pas au chef-lieu de canton. La loi du 29 ventôse an IX l'obligeait à donner ses audiences au chef-lieu de canton; il ne pouvait juger ailleurs que dans les cas particuliers. Carré pense (*Lois de la procédure*, n° 37) que l'art. 8 du Code de procédure civile n'a pas abrogé la loi du 29 ventôse an IX, et que les juges de paix doivent s'y conformer pour la commodité des justiciables. Cette opinion est appuyée par une circulaire du garde des sceaux du 23 avril 1822.

93. Le juge de paix peut ordonner, par un jugement, le huis-clos, si la discussion publique doit entraîner du scandale ou des inconvénients graves. (Arg. C. proc. 87.) — Ainsi jugé en matière de simple police. Cass. 9 juillet 1825.

Mais il doit en rendre compte au procureur de la République qui est, par rapport aux justices de paix, ce qu'est le procureur général par rapport aux tribunaux d'arrondissement. Pigeau, *Comm.* 1, 20; Carré et Chauveau, n° 41.

94. Le huis-clos peut être ordonné même dans le cas

où le juge de paix donne audience dans sa maison ; la raison de douter viendrait de ce que l'art. 8 C. proc. ne l'autorise à tenir audience chez lui qu'à la condition de laisser les portes ouvertes, mais il en est de même de la salle ordinaire des audiences. Carré et Chauveau, nº 41 *bis*.

95. Tous les huissiers du même canton sont tenus de faire le service des audiences, et d'assister le juge de paix toutes les fois qu'ils en sont requis. Loi du 25 mai 1838, art. 18.

En cas de refus d'un huissier, le juge de paix peut lui défendre de citer devant lui pendant un délai de quinze jours à trois mois. Même loi, art. 19.

Cette décision est sans appel et ne fait pas obstacle à l'action disciplinaire des tribunaux. Même loi, art. 19.

96. Le juge de paix a le droit de faire des règlements d'ordre intérieur pour la police de son audience, et notamment relativement aux huissiers et à l'appel des causes. Décr. 14 juin 1813, art. 23.

S'il a prescrit la remise entre ses mains des originaux des citations la veille de l'audience, il peut, en cas d'inobservation de ce règlement, refuser audience et remettre l'affaire à un autre jour. Mais la citation n'en conserve pas moins ses autres effets; elle sert à interrompre la prescription, à faire courir les intérêts.

Le juge de paix commet un excès de pouvoir s'il prononce une peine disciplinaire contre un huissier pour inobservation de ce règlement. Art. 3172 *J. pr.*, vº *Discipline*, nº 316.

97. Les originaux des exploits sont remis avant l'au-

dience au greffe de la justice de paix pour être enregistrés. La loi des 14-17 octobre 1790, titre X, art. 6, exigeait que les causes fussent appelées suivant l'ordre de date des exploits; cette disposition était applicable lorsqu'un seul huissier instrumentait devant la justice de paix, parce qu'il faisait inscrire date par date; mais, depuis que la loi du 25 mai 1838 a permis à tous les huissiers du canton de donner toutes les citations devant la justice de paix, l'appel des causes ne pourrait se faire sans confusion que suivant l'ordre de la remise des exploits au greffe, suivant les art. 19 et 55 du décret du 30 mars 1808, contenant règlement pour la police et la discipline des cours et tribunaux.

98. Toutes les causes inscrites sur le rôle doivent être appelées à l'audience, afin que les parties sachent qu'elles sont sur le rôle. Celles qui ne peuvent être jugées sont remises pour être appelées les premières à l'audience suivante. Art. 6 ci-dessus cité de la loi de 1790.

99. Si le demandeur est absent à l'appel de la cause, le défendeur peut requérir congé de la demande, qui doit lui être accordé sur-le-champ, sans entrer dans l'examen de la cause, et sauf ensuite au demandeur à former opposition à ce jugement par défaut.

100. Si c'est le défendeur qui ne comparaît pas, le juge de paix ordonnera, dans le cas où les délais n'auraient point été observés, qu'il sera réassigné; et les frais de la première citation seront à la charge du demandeur (C. proc. 5). Dans le cas où les délais ont été observés, le demandeur justifie ses conclusions, et le juge de paix prononce défaut en les adjugeant, si elles parais-

sent justes et raisonnables, sauf, en adjugeant le défaut, à fixer, pour le délai de l'opposition, le temps qui lui paraîtra raisonnable. Nous reviendrons ci-après, n° 132 et suiv., sur les jugements par défaut.

101. Si aucune des parties ne se présentait le jour indiqué pour la comparution, il n'y aurait pas lieu, l'affaire venant surtout en ordre utile, à la remettre à l'audience suivante; la cause serait extraite du rôle, et la citation considérée comme non avenue.

102. Les parties doivent comparaître en personne ou par leur fondé de pouvoirs, sans qu'elles puissent signifier aucune défense. C. proc. 9.

103. Il faut que le mandataire justifie de ses pouvoirs: un pouvoir verbal serait insuffisant; mais la loi n'exige pas un pouvoir par-devant notaire; une procuration sous seing privé suffit dans les cas ordinaires, sauf, si la partie adverse élève quelques doutes sur la signature du mandant, au juge de paix à décider, d'après les circonstances, si le pouvoir représenté est suffisant.

Il en serait de même de la signature d'un pouvoir sous seing privé, non légalisée. L'absence de légalisation ne serait pas un motif de repousser le mandataire. En cas d'opposition, le juge de paix examinerait encore si la fraude est présumable, si le mandataire est dans une position à répondre de son mandat; et il prononcerait en conséquence, soit en donnant défaut, soit en déclarant la partie absente suffisamment représentée.

104. Comme le mandataire répond dans tous les cas de la réalité du pouvoir dont il est porteur, et qu'il contracte cette responsabilité par le seul fait de sa présen-

tation, il importe de bien constater sur la feuille d'audience ses nom, prénoms, profession et demeure.

105. Le pouvoir sous seing privé doit être sur papier timbré, et enregistré, loi du 22 frimaire an VII, art. 12 et 23; le droit d'enregistrement est de 2 fr. 20 c. Loi du 28 avril 1816, art. 43.

106. Le mandat conçu en termes généraux, n'embrassant que les actes d'administration (C. civ. 1988), serait insuffisant pour représenter une partie devant le juge de paix; mais il importerait peu que la procuration fût générale ou spéciale, pourvu qu'elle mentionnât le pouvoir de former toute demande en justice, de citer à comparaître, comme demandeur ou comme défendeur, devant tous tribunaux, d'obtenir tout jugement, etc., etc.

107. L'art. 18 de la loi du 25 mai 1838 porte : « Que dans les causes portées devant la justice de paix, aucun huissier ne pourra ni assister comme conseil, ni représenter les parties en qualité de procureur fondé, à peine d'une amende de 25 à 50 fr., qui sera prononcée sans appel par le juge de paix. Cette prohibition est générale, et s'applique à tous les huissiers, même à ceux qui ne font pas partie des huissiers du canton.

Mais l'art. 18 excepte de la prohibition les huissiers qui se trouvent dans l'un des cas prévus par l'art. 86 du Code de procédure civile, c'est-à-dire qui ont à défendre leur cause personnelle, ou celle de leur femme, parents ou alliés en ligne directe, et de leurs pupilles.

Formule 32e. *Pouvoir pour comparaître devant le juge de paix.* Enregistrement, 2 fr. 20.

Je soussigné, Jean-François Podeur, cultivateur, demeurant à Auteuil, Grande-Rue, n°..., donne pouvoir à M. Auguste Berly, clerc, demeurant à Paris, rue Monthabor, n° 8, de pour moi et en mon nom comparaître devant le tribunal de paix du 10e arrondissement de Paris, sur la citation qui m'a été donnée à la requête du sieur Trochu, par exploit de... huissier à... en date du... ; présenter toutes exceptions et défenses, nommer, s'il y a lieu, tous experts, assister à leurs opérations, composer, traiter, transiger, compromettre, signer tous actes et procès-verbaux, élire domicile, et généralement faire ce qui sera nécessaire, promettant l'avouer.

Fait à Auteuil, le...

(*Signature.*)

Nota. La procuration est régulière, quoique écrite en entier d'une autre main que de la main de celui qui la signe; cependant, en pareil cas, il est d'usage de mettre au-dessus de la signature : *bon pour pouvoirs*. Le mandataire met au bas : *certifié véritable, et accepté le présent pouvoir*, et signe.

CHAPITRE V. — Défense. — Conclusions des parties. — Police de l'audience. — Irrévérence ou insulte envers le juge. — Répression. — Procédure simple sans exceptions dilatoires ou autres et sans jugement interlocutoire.

108. Quoique l'art. 9 du Code de procédure civile défende aux parties de signifier aucune défense, elles peuvent présenter au juge de paix des notes écrites et mémoires : l'art. 9 n'a eu pour but que d'empêcher les

frais qui pourraient retomber à la charge de la partie adverse ; il n'interdit même pas les actes de procédure protestatoires ou conservatoires, dont l'utilité serait reconnue; ces actes entrent même en taxe, et sont compris dans les dépens, suivant les circonstances.

Les conclusions du demandeur sont consignées dans la citation ; mais il peut, à l'audience, ajouter à sa demande, l'augmenter, la diminuer par de nouvelles conclusions, soit écrites, soit verbales, pourvu toutefois qu'il n'ajoute pas une demande toute nouvelle, et d'une autre nature, à celle déjà intentée; car il serait injuste de contraindre le défendeur à répondre à une demande qu'on ne lui aurait pas fait connaître (Arg. C. proc. 1; Carré et Chauveau, n° 5). La demande originaire peut donc seulement être étendue et expliquée; la citation n'a dû l'énoncer que d'une manière sommaire (C. pr. 1). Si les parties se sont présentées volontairement et sans citation, il est nécessaire que le demandeur expose l'objet de la contestation, et prenne ses conclusions.

Le défendeur répond ensuite et conclut aussi, soit verbalement, soit par écrit. Les conclusions ainsi prises à l'audience peuvent être écrites sur papier libre, étant toujours censées prises verbalement.

Le greffier les porte, ainsi que celles de la citation, et l'exposé succinct des faits, sur la feuille d'audience.

109. Les parties sont tenues de s'expliquer avec modération devant le juge, et de garder en tout le respect qui est dû à la justice. Si elles y manquent, le juge les y rappellera d'abord par un avertissement; en cas de récidive, elles pourront être condamnées à une amende

qui n'excédera pas la somme de 10 fr., avec affiches du jugement dont le nombre n'excédera pas celui des communes du canton (C. proc. 10). Dans le cas d'insulte ou irrévérence grave envers le juge, il en dressera procès-verbal et pourra condamner à un emprisonnement de trois jours au plus. C. proc. 11.

110. Les jugements, dans les cas prévus par les précédents articles, seront exécutoires par provision. C. proc. 12.

111. Lorsque le juge de paix ordonne l'affiche du jugement qui condamne une partie irrévérencieuse en cas de récidive, c'est à lui de déterminer les lieux où devra se faire l'apposition. Cette apposition est constatée par procès-verbal d'huissier.

112. Si, au lieu d'une partie, c'était un assistant qui se permît d'interrompre le silence, et de donner des signes d'approbation ou d'improbation, de causer ou d'exciter du tumulte de quelque manière que ce fût, et qu'après avertissement des huissiers, il ne rentrât pas dans l'ordre sur-le-champ, il lui serait enjoint de se retirer; s'il résistait à cet ordre, il serait saisi et déposé à l'instant dans la maison d'arrêt pour vingt-quatre heures, où il serait reçu sur l'exhibition du procès-verbal du juge. C. proc. 88.

113. En cas de tumulte, le délinquant pourrait encore être expulsé sur-le-champ, sans avertissement préalable; et s'il résistait ou rentrait, le juge ordonnerait de l'arrêter et conduire dans la maison d'arrêt pour vingt-quatre heures (C. instr. crim. 504), comme il est dit ci-dessus. Dans tous ces cas, mention du trouble et de

l'ordre d'arrestation doit être faite sur la feuille d'audience.

114. Lorsque le tumulte est accompagné d'injures ou de voies de fait, donnant lieu à l'application de peines correctionnelles ou de police, ces peines peuvent être, séance tenante et immédiatement après que les faits ont été constatés, prononcées par le juge de paix, savoir : celles de simple police sans appel, et celles de police correctionnelle à la charge d'appel. C. instr. crim. 505.

115. S'il s'agit d'un crime commis à l'audience, le juge de paix, après avoir fait arrêter le délinquant et dressé procès-verbal des faits, doit envoyer les pièces et le prévenu devant le juge compétent. C. instr. crim. 506.

116. Ce n'est qu'une faculté que la loi donne au juge de paix de prononcer jugement et d'appliquer la peine en cas de contravention ou délit commis à l'audience ; il peut donc se borner, au lieu de condamner immédiatement et séance tenante, à renvoyer simplement le prévenu devant les juges compétents; et, alors, la contravention ou le délit rentre dans les règles et dans les attributions de la juridiction ordinaire (Cass. 19 mars 1812), sauf à ordonner l'expulsion et même le dépôt pendant vingt-quatre heures dans une maison d'arrêt, suivant les circonstances.

117. Il importe, en outre, de bien distinguer entre les cas de contravention ou délit caractérisé dont parle l'art. 505 du Code d'instruction criminelle, et les cas d'irrévérence persistante ou grave envers le juge de paix, mentionnés dans les art. 10 et 11 du Code de procédure civile; en effet, lorsque les juges de paix prononcent en

vertu de ces art. 10 et 11, leurs jugements sont sujets à l'appel, quelle que soit la peine qu'ils portent, et serait-elle inférieure au taux du dernier ressort des tribunaux de simple police, tel que ce titre est réglé par l'art. 172 du Code d'instruction criminelle. L'art. 12 du Code de procédure civile ne permet que l'exécution provisoire, et laisse ainsi subsister le droit d'appeler, ce qui était dans les convenances; le juge de paix ayant puni l'injure faite à sa personne ou à son autorité, sa sentence devait être soumise à la révision d'un tribunal supérieur.

118. Le délai d'appel est de dix jours; on suit pour l'appel les règles tracées par les art. 174 et 203 du Code d'instruction criminelle, sauf l'exécution provisoire ordonnée par l'art. 12 du Code de procédure civile.

119. Mais ces principes et ces divers articles ne sont applicables que si le juge de paix était dans l'exercice de ses fonctions. Un arrêt de la Cour de Cassation du 16 août 1810 a jugé que le juge de paix est dans l'exercice de ses fonctions lorsqu'il accorde à une partie un entretien relatif à un jugement de la justice de paix; dès lors les insultes et menaces, qui lui sont adressées en ce moment par cette partie, constituent un outrage commis dans l'exercice de ses fonctions.

Il en serait de même si le juge de paix était insulté pendant qu'il présiderait une délibération de famille ou qu'il apposerait les scellés, etc.; car le droit du juge de paix de prononcer *de plano* des condamnations ne se borne pas au cas où il exerce sa juridiction à l'audience; l'art. 504 C. instr. crim. l'en investit toutes les fois qu'il procède publiquement. Carré et Chauveau.

FORMULE 33e. *Procès-verbal et jugement de condamnation d'une partie qui a violé le respect dû à la justice et a récidivé.*

Le demandeur, en développant ses conclusions, au lieu de s'expliquer avec modération, s'est exprimé en termes contraires au respect dû à la justice, en se servant d'expressions grossières et en provoquant le défendeur; il a dit notamment que...

Nous l'avons rappelé d'abord, par un avertissement, à la modération, et nous l'avons engagé à rétracter ses paroles et le défi par lui porté au défendeur. Mais il a persisté et a répété ce qu'il avait dit précédemment.

Sur quoi nous, juge de paix, considérant, etc.;

Vu l'art. 10 du Code de procédure civile ainsi conçu (*rapporter textuellement l'article*), condamnons ledit A... demandeur, en l'amende de cinq francs envers le Trésor public; disons que le présent jugement sera affiché, au nombre de dix exemplaires, à la porte de la mairie des communes de... du présent canton, aux frais dudit A... par le ministère de... notre huissier audiencier, que nous commettons à cef effet; condamnons, en outre, ledit A... aux dépens du présent jugement.

Fait et prononcé en audience publique, en présence dudit A... les jours, mois et an que dessus, et avons signé avec notre greffier.

FORMULE 34e. *Procès-verbal et jugement de condamnation d'une partie, pour irrévérence ou insulte au juge de paix.* (Feuille d'audience.)

Le défendeur, répondant aux conclusions du demandeur, a soutenu qu'il ne pourrait obtenir de nous, juge de paix, bonne et impartiale justice, parce que le demandeur étant représentant du peuple, nous serions porté à le favoriser pour nous attirer les faveurs que pourrait nous procurer son influence.

Sur notre observation que nous regardions ces paroles comme une irrévérence grave et un outrage, le défendeur a persisté, ajoutant que nous étions, comme tous les fonctionnaires publics, vendu au gouvernement. De quoi nous avons dressé à l'instant le présent procès-verbal, et l'avons invité à le signer, ce qu'il a refusé de faire; vu l'art. 11 du Code de procédure civile, ainsi conçu : « Dans le cas d'insulte ou irrévérence grave (*rapporter textuellement l'article*); Attendu que le reproche à nous adressé par ledit défendeur constitue une insulte et irrévérence grave commise en notre audience de ce jour, condamnons ledit sieur Henri Bordeux à vingt-quatre heures d'emprisonnement.

Fait et prononcé en audience publique, en présence dudit Henri Bordeux, les jour, mois et an que dessus, et avons signé avec notre greffier.

(*Signature du juge de paix et du greffier.*)

FORMULE 35e. *Modèle de procès-verbal d'arrestation ou de condamnation de ceux qui troublent l'ordre, excitent du tumulte, ou se livrent à des voies de fait ou injures dans une audience.* (Feuille d'audience.)

Nous, juge de paix du canton de... département de... certifions 1° que, pendant notre audience du jeudi... mars mil huit cent... au moment où nous procédions au jugement de l'action intentée devant nous, par le sieur Alexandre B... contre le sieur Cyriaque A... l'ordre et la tranquillité ont été troublés par Joseph C... marchand boucher, demeurant à..., qui s'est permis de (*signes d'approbation ou d'improbation, propos ou tumulte qui ont eu lieu*); que nous avons ordonné audit C... de se taire et d'observer la tranquillité et la décence dues à la justice, mais qu'il a réitéré ses procédés; qu'alors nous l'avons fait expulser de la salle d'audience par l'huissier de service, qu'il y est entré peu de temps après en disant... (*Nouveaux propos.*)

2° En vertu de l'art. 504 du Code d'instr., nous avons ordonné qu'il fût saisi à l'instant et conduit à la maison d'arrêt de cette ville pour y être détenu pendant vingt-quatre heures.

Enjoignons, en conséquence, au gardien de ladite maison de le recevoir sur le vu de ce procès-verbal, qui a été de suite rédigé en présence dudit C... auquel lecture a été faite par M... huissier de service, qui a été chargé de mettre à exécution la présente ordonnance.

Donné à... le...

En cas d'injures ou de voies de fait pouvant donner lieu à l'application ultérieure de peines de police, dire à la suite du paragraphe 1er, ce qui suit :

« Ces propos formant la contravention prévue par l'art... du Code pénal, qui est ainsi conçu : (*Termes de cet article.*)

Vu, en outre, l'art. 505 du Code d'instruction criminelle, dont les termes suivent : Lorsque le tumulte, etc.

Condamnons ledit sieur C... à l'amende de 5 fr., ainsi jugé.

Il peut se présenter plusieurs autres incidents d'audience, comme une demande de remise de la cause pour fournir des pièces, une demande d'enquête d'expertise, une exception d'incompétence ; ces divers incidents et exceptions seront l'objet des chapitres suivants.

CHAPITRE VI. — Prononcé du jugement. — Feuille d'audience. — Ce que doit contenir le jugement. — Noms des parties, motifs, dispositif, signatures du juge et du greffier. — Vérification, par le juge de paix, des feuilles d'audience. — Dénomination des poids et mesures. — Mention d'enregistrement des actes cités. — Enregistrement des jugements. — Délai. — Droit d'enregistrement. — Rédaction des qualités des jugements. — Grosse. — Formule exécutoire.

120. Après que les deux parties se sont expliquées à l'audience, par elles-mêmes ou par leurs fondés de pouvoirs, et qu'elles ont été entendues contradictoirement, la cause est jugée sur-le-champ ou à la première audience. Le juge, s'il le croit nécessaire, se fait remettre les pièces. C. proc. 13.

Si, après un renvoi à la première audience, pour prononcer le jugement, le juge de paix se trouvait dans l'impossibilité de le rendre, il pourrait ordonner un nouveau renvoi, pourvu qu'il y eût des motifs valables; si, par exemple, il était nécessaire d'accorder un délai pour présenter les pièces dont la production paraîtrait utile au juge de paix, et dont les parties ne se trouveraient pas saisies.

121. Tous ces faits, accidents et incidents sont mentionnés sur la feuille d'audience.

D'après l'art. 3 du décret du 14 octobre 1790, le greffier de la justice de paix devait tenir pour chaque affaire une minute détachée et particulière, en forme de cahier s'il était nécessaire, sur laquelle minute devaient être inscrits successivement, et à l'ordre de leur date, tous les jugements préparatoires et interlocutoires, et, pour les affaires sujettes à appel, tous les actes d'instruction. Ensuite venait le jugement définitif, de manière à ce que la minute présentât, pour chaque affaire, avec le jugement, le tableau de l'instruction qui l'avait précédé.

Ce mode a été changé par l'art. 18 du Code de procédure : d'après cet article, les minutes de tous jugements doivent être portées sur la feuille d'audience, c'est-à-dire sur un cahier tenu par le greffier pour chaque audience, et signées par le juge qui aura tenu l'audience, et par le greffier.

122. Le greffier peut tenir une feuille d'audience particulière pour chaque audience, ou porter successivement, et par ordre, le jugement de plusieurs audiences, à la suite les uns des autres, sans intervalle. Il est tenu de transcrire chaque jugement au rang que sa date lui assigne; l'irrégularité qu'il commettrait à cet égard devrait être signalée au procureur de la République. Déc. min. 26 janvier 1819.

123. La feuille d'audience ne doit pas contenir seulement de simples notes, mais bien les motifs du jugement et le dispositif. (Décision du ministre de la justice, du 26 septembre 1808.) Elle porte en tête les jour, mois et an où le jugement a été rendu, et le nom du juge. Ces feuilles sont réunies en registres à la fin de chaque année. Décret du 30 mars 1808, art. 39.

124. La feuille d'audience est soumise au timbre de

dimension. Décis. du ministre de la justice, des 6, 9 et 22 mars 1808.

125. D'après l'art. 141 C. proc., la rédaction des jugements doit contenir le nom du juge, les noms, professions et demeures des parties, leurs conclusions, l'exposition sommaire des points de fait et de droit, les motifs et le dispositif du jugement.

Quoique ces dispositions se trouvent dans le Code de procédure au nombre de celles relatives aux tribunaux civils, elles sont applicables aux jugements des juges de paix, puisqu'elles ordonnent des formalités essentielles, et même substantielles, l'acte appelé jugement ne pouvant être complet sans toutes ces mentions.

Ainsi, on doit annuler le jugement du juge de paix non motivé (Cass. 1er mess. an VII; Chauveau sur Carré, n° 596; Favard, 3, 180, n° 4); de même que le jugement qui n'énonce pas les points litigieux, les conclusions et les moyens des parties, encore bien que la juridiction du juge de paix ait été prorogée. Paris, 19 août 1841; Rodière, 1, 106.

126. C'est le juge de paix qui doit rédiger lui-même les motifs et le dispositif des jugements, et qui est responsable de la rédaction; le greffier peut bien, lorsque le jugement est prononcé sur-le-champ à l'audience, suivre la parole du juge, et la consigner au moyen de notes sur une feuille séparée, pour établir ensuite le jugement sur la feuille d'audience; mais le juge de paix avant de signer doit lire, et exiger la réparation des omissions, ou les changements nécessaires; car c'est lui qui est le véritable rédacteur; et il est responsable de

la rédaction et même du retard de rédaction. C. proc. 18; décis. min. du 5 février 1828.

127. La feuille d'audience doit être signée par le juge et par le greffier dans les vingt-quatre heures de la prononciation du jugement (Décret du 30 mars 1808, art. 27); le greffier qui délivrerait expédition d'un jugement avant qu'il eût été signé, pourrait être poursuivi comme faussaire. C. proc. 139.

128. Lorsque l'audience a été tenue par le suppléant de la justice de paix, c'est évidemment lui qui doit signer les jugements qu'il a rendus.

129. De même, quand c'est un commis-greffier assermenté qui a remplacé le greffier, les minutes doivent être signées par le commis-greffier.

130. Qu'arriverait-il si un juge de paix, après avoir rendu un jugement, se trouvait dans l'impossibilité de le signer? Suivant les uns, le greffier signerait seul, en déclarant que le juge n'a pu le faire, et pour quelle cause; il préviendrait ensuite le procureur de la République qui s'assurerait du fait au moyen d'une enquête (Carré, *Justices de Paix*, n° 2759). Selon d'autres, la partie qui a gagné devrait s'adresser au tribunal de première instance, qui entendrait l'adversaire, le juge de paix si c'était possible, et son greffier; vérifierait la feuille d'audience, et ordonnerait, s'il y avait lieu, l'expédition du jugement sur la signature qu'y apposerait soit le suppléant du juge de paix, soit le juge de paix du canton le plus voisin (Nîmes, 4 février 1845; Merlin, Rép., v° *Signature*, aux additions, t. XVIII, p. 555; Carré et Chauveau, n° 85 *ter*). Le jugement du tribu-

nal devrait être joint à la sentence du juge de paix, et relaté dans l'expédition qui en serait délivrée. Carré et Chauveau, *eod.*

131. Quel mode devrait-on suivre dans le cas où l'impossibilité de signer serait de la part du greffier? Le commis-greffier assermenté suppléerait de droit la signature du greffier en chef. Mais, comme celui-ci n'est pas obligé d'avoir un commis, qu'il en a seulement la faculté, il faudrait, s'il n'en avait pas, se conformer à la dernière disposition de l'art. 37 du décret du 30 mars 1808, qui porte que, dans le cas où l'impossibilité de signer serait de la part du greffier, il suffira que le président en fasse mention en signant. Ici, l'analogie est frappante : le juge de paix suppléera donc par cette mention à l'absence de la signature du greffier. Carré, *Question* 85 *ter;* Thomine-Desmazures, t. Ier, p. 78.

132. Les juges de paix doivent faire, dans les cinq premiers jours de chaque mois, le récolement des minutes sur le répertoire des greffiers, et constater par un procès-verbal matériel la situation des feuilles d'audience, et de toutes autres minutes d'actes passés et reçus dans leur greffe durant le mois précédent. Ce procès-verbal est transmis, dans les cinq jours suivants, au procureur de la République de l'arrondissement. Ce magistrat peut, en outre, quand il le juge nécessaire, procéder à cette vérification par lui-même ou par l'un de ses substituts. Ord. du 5 nov. 1823, art. 1er.

133. Les juges de paix et les greffiers ne peuvent se servir, dans la rédaction des jugements, que des dénominations en usage pour les mesures métriques, à peine

de 20 francs d'amende (loi du 4 juillet 1837, art. 5). Il est également défendu aux juges de rendre aucun jugement sur des actes, registres ou écrits, dans lesquels les anciennes mesures auraient été insérées, avant que les amendes prononcées par la loi aient été payées. Même loi, art. 6.

134. Il est défendu aux juges et arbitres de rendre jugement, et aux préfets, sous-préfets et maires de prendre aucun arrêté en faveur des particuliers, sur des actes non enregistrés, à peine d'être responsables des droits. Loi du 22 frimaire an VII, art. 47.

Toutes les fois qu'une condamnation est rendue, ou qu'un arrêté est pris sur un acte enregistré, le jugement, la sentence arbitrâle ou l'arrêté, doit en faire mention, et énoncer le montant du droit payé, la date du payement, et le nom du bureau où il a été acquitté; en cas d'omission, le receveur doit exiger le droit si l'acte n'a pas été enregistré dans son bureau, sauf la restitution dans le délai prescrit, s'il est ensuite justifié de l'enregistrement de l'acte sur lequel le payement a été prononcé ou l'arrêté pris. *Eodem*, art. 48.

Souvent, pour éviter les frais, les parties énoncent la convention comme passée verbalement lorsque l'autre partie ne la méconnaît pas. Dans ce cas, le juge, bien qu'il puisse être à sa connaissance qu'il existe un acte écrit, peut ne pas exiger la représentation et encore moins l'enregistrement.

135. Le greffier doit faire enregistrer les actes de la justice de paix au bureau dans l'arrondissement dans lequel il exerce ses fonctions (loi du 22 frimaire an VII, art. 26),

dans les vingt jours, sous peine du double droit (*Eod.*, art. 20 et 35), sauf recours contre la partie pour le simple droit seulement. Quant aux jugements rendus à l'audience, lorsque les parties n'ont pas consigné aux mains du greffier le montant du droit dans le délai ci-dessus, celui-ci les remet, dans les dix jours qui suivent l'expiration du délai, au receveur de l'enregistrement, à peine de 10 francs d'amende par chaque jugement, et du payement du double droit (*Eod.*, art. 37, loi du 28 avril 1816, art. 38, et 16 juin 1824). A l'aide de cet extrait le recouvrement des droits et amendes est poursuivi contre la partie elle-même. Le receveur de l'enregistrement donne au greffier un récépissé sur papier libre de ces extraits; il est fait mention de cette pièce sur le répertoire du greffe. Loi du 28 avril 1816, art. 38; Levasseur, édition Toussaint, art. 361.

Cette obligation de remettre des extraits, imposée aux greffiers, s'étend à tous les jugements.

136. Il doit être fait mention, dans toutes les expéditions, de la quittance des droits perçus par une transcription littérale et entière de la quittance, à peine de 5 francs d'amende. Loi du 22 frimaire an VII, art. 44; loi du 16 juin 1824, art. 10.

137. Les jugements portant remise de cause ou continuation d'audience ne sont assujettis à l'enregistrement que lorsqu'ils sont rendus pour la production de pièces ou de preuves ordonnée (Décision du ministre des finances, 27 février 1822 et 26 janvier 1826), que la remise ait lieu d'office ou sur la demande des parties.

138. Les droits d'enregistrement des jugements sont fixes ou proportionnels.

Sont soumis aux droits fixes : 1° de 1 franc les jugements préparatoires, interlocutoires et d'instruction, des justices de paix, et ceux définitifs dont le droit proportionnel ne s'élève pas à 1 franc. Loi du 22 frimaire an VII, art. 68, § 1, n° 46;

2° De 2 francs, les jugements de justice de paix portant renvoi ou décharge de demande, débouté d'opposition, validité de congé, expulsion, condamnation à réparation d'injures personnelles, et tous ceux qui, contenant des dispositions définitives, ne donnent pas ouverture au droit proportionnel. *Eod.*, § 2, n° 5;

3° De 3 francs, les jugements définitifs des juges de paix, rendus en dernier ressort d'après la volonté des parties, et en dehors de la compétence ordinaire, et lorsqu'ils ne contiennent pas de dispositions donnant ouverture à un droit plus fort. Loi du 28 avril 1816, art. 44, n° 9.

139. Sont soumis au droit proportionnel de 50 centimes par 100 francs, les jugements contradictoires ou par défaut des juges de paix, des tribunaux civils, de commerce ou d'arbitrage, portant condamnation, collocation ou liquidation de sommes et valeurs mobilières, intérêts et dépens entre particuliers. Loi du 22 frimaire an VII, art. 69, § 2, n° 9.

140. Le droit proportionnel sur le montant de la condamnation est indépendant de celui qui est dû pour titre, si la décision a été rendue sur un titre non enregistré. *Eod.*

141. Il se perçoit même quand les actes qui ont servi de base à la condamnation ont été enregistrés, si la relation de leur enregistrement a été omise dans le jugement. Décis. min. du 16 germinal an VII; Cass. 1er ventôse (Voir plus haut).

141 *bis*. Pour la perception, on joint le montant des dépens liquidés à celui des autres condamnations. S'ils ne sont pas liquidés, le droit proportionnel se perçoit sur la somme énoncée en l'exécutoire que la partie se fait délivrer ultérieurement. Solution rég. 22 nivôse an X.

142. Le droit proportionnel n'est jamais inférieur au droit fixe, tel qu'il est réglé ci-dessus pour les différents jugements ou arrêts. Loi frimaire an VII, art. 69; instr. rég., n° 386.

143. Les dommages-intérêts sont assujettis au droit de 2 pour 100. Loi du 22 frimaire an VII, art. 69, § 5, n° 8; loi du 27 ventôse an IX.

Si le jugement comprend plusieurs dispositions indépendantes, il est dû pour chacune d'elles un droit particulier, selon sa nature. Loi du 22 frimaire an VII, art. 4.

144. Si le droit proportionnel a été acquitté lors d'un jugement par défaut, la perception, lors du jugement contradictoire, n'a lieu que sur le supplément des condamnations. S'il n'y a pas de supplément des condamnations, on ne perçoit que le droit fixe. Loi du 22 frimaire an VII, art. 69, § 2, n° 9.

145. L'expédition des jugements se fait sur la feuille d'audience. C'est le greffier de la justice de paix qui ré-

dige ce que l'on appelle les qualités du jugement, c'est-à-dire qui établit les noms, professions et demeures des parties, les conclusions et les points de fait et de droit, et qui transcrit ensuite les motifs et le dispositif. Favard de Langlade, t. III, p. 181, n°6, et Boncenne, t. II, p. 424. Décisions ministérielles 31 octobre 1809 et 14 mai 1831.

146. L'expédition d'un jugement avec les qualités, revêtue de la formule exécutoire, se nomme *grosse*.

147. Un arrêté du 13 mars 1848, du ministre de la justice, membre du gouvernement provisoire, porte :

« Article 1er. A partir de la publication du présent arrêté, les expéditions des arrêts, jugements, mandats de justice, ainsi que les grosses et expéditions de contrats et de tous autres actes susceptibles d'exécution forcée, seront intitulés ainsi qu'il suit :

« RÉPUBLIQUE FRANÇAISE. — AU NOM DU PEUPLE FRANÇAIS.

« Pour les arrêts et jugements : « La Cour d'appel ou le tribunal de ...

« (*Copier l'arrêt ou le jugement*).

« Pour les actes notariés et autres (*transcrire la teneur de l'acte*).

« Lesdits arrêts, jugements, mandats de justice et autres actes, seront terminés ainsi :

« En conséquence, mande et ordonne à tous huis-
« siers sur ce requis, de mettre ledit jugement ou arrêt
« à exécution; aux procureurs généraux et aux com-
« missaires du gouvernement près les tribunaux de pre-
« mière instance d'y tenir la main; à tous comman-

« dants et officiers de la force publique d'y prêter main-
« forte, lorsqu'ils en seront légalement requis.

« En foi de quoi le présent jugement ou arrêt a été « signé par, etc. »

« Art. 2. Les porteurs des expéditions des jugements et arrêts, et des grosses et expéditions des actes, délivrées avant l'ère républicaine, qui voudraient les faire mettre à exécution, devront préalablement les présenter aux greffiers des Cours et des tribunaux, pour les arrêts et jugements, ou à un notaire pour les actes, afin d'ajouter la formule ci-dessus indiquée à celle dont elles étaient précédemment revêtues.

« Art. 3. Ces additions seront faites sans frais.

148. La formule exécutoire doit être copiée textuellement et sans abréviation.

149. La grosse doit être signée par le greffier seul.

150. Quel est le greffier auquel il faut s'adresser pour ajouter aux anciennes grosses la nouvelle formule exécutoire? Tout greffier a le droit de faire ce changement ou cette addition; il n'est pas nécessaire que ce soit celui du tribunal ou de la justice de paix qui a rendu le jugement; il faut seulement que la nouvelle formule soit mise par un greffier de justice de paix, si le jugement émane d'un juge de paix; par un greffier de tribunal de première instance, si le jugement émane d'un tribunal de première instance; par un greffier de Cour d'appel, si l'arrêt émane d'une Cour d'appel. Mais le greffier auquel est ainsi présentée une grosse ne peut apposer la nouvelle formule que s'il reconnaît sur cette grosse la signature d'un autre greffier. Dans le cas où il

aurait quelque doute, il devrait s'abstenir; et alors il y aurait lieu à introduire un référé dont les frais seraient à la charge du porteur de l'acte. Chauveau, *Journal des Avoués*, année 1849; p. 322; circulaire ministérielle du 17 juillet 1848.

151. Dès lors que la rectification ne peut être faite que par les greffiers, il faut que l'acte porte que c'est un greffier qui l'a réellement opérée; d'où la nécessité de la signature aux deux parties de la formule, à moins que l'officier public ne déclare avoir fait la rectification entière en signant sa déclaration.

152. On s'est encore demandé, si l'on devait bâtonner l'ancienne formule ou se borner à écrire la nouvelle; s'il faut écrire en interligne ou en marge, et, s'il n'y a pas de place en marge, à cause des renvois déjà faits, si on peut l'écrire tout entière à la fin de l'acte.

Il est généralement admis qu'il faut se borner à *ajouter* la nouvelle formule sans effacer l'ancienne. Circulaire du ministre de la justice du 17 juillet 1848; jugement du tribunal de Lombez du 6 octobre 1848.

153. L'ordonnance du 30 août 1815, relative à la substitution de la formule royale à la formule impériale, portait : « Le greffier ou le notaire bâtonnera la formule existante, soit au commencement de l'acte, soit à la fin; et il substituera par interligne ou en marge la formule royale; il datera et signera cette rectification, qui doit être faite sans frais. »

154. Nous croyons qu'en se conformant aujourd'hui à cette disposition de l'ordonnance de 1815, on remplira les intentions du nouveau législateur; seulement,

comme on ne bâtonnera plus l'ancienne formule, il vaudra mieux ajouter la nouvelle en marge, en datant et signant après chaque partie de la formule; et s'il n'y avait pas de place en marge, on l'ajouterait à la fin, en datant et signant.

FORMULE 36e. *Feuille d'audience.*

Le juge de paix du canton de... en son audience tenue publiquement à l'heure accoutumée, en l'auditoire ordinaire (si le jugement était rendu ailleurs, l'énoncer) le... du mois de... an... assisté de Me... greffier de cette justice de paix, a rendu le jugement suivant (cet intitulé sert pour tous les jugements qui sont portés sur la feuille; il est transcrit dans l'expédition de chaque jugement) :

Entre le sieur A... demeurant à... demandeur (*ou* le sieur A... demeurant à... demandeur, représenté par son fondé de pouvoirs, le sieur M... demeurant à... suivant acte sous seing privé, en date du... enregistré à... le... par... registre... folio... qui a reçu...);

Et le sieur B... demeurant à... défendeur.

Par exploit du ministère de Me... huissier, en date du... enregistré à... le... registre... folio... le sieur A... a fait citer le sieur B... à comparaître devant nous à l'audience de ce jour pour, attendu... se voir condamner à...

Le sieur A... a pris et développé ses conclusions;

Par le sieur B... défendeur a été dit que...

A quoi a été répondu par le sieur A... que.

Puis, le sieur B... a répliqué...

Nous, juge de paix (*motifs et dispositif du jugement*).

Fait et prononcé en audience publique, en présence des parties (*ou* en l'absence des parties, *ou* en l'absence du demandeur et en présence du défendeur), les jours, mois et an que dessus, et avons signé avec notre greffier. (*Signature du juge et du greffier.*)

Formule 37e. *Grosse d'un jugement de juge de paix, revêtue de la forme exécutoire.*

RÉPUBLIQUE FRANÇAISE. — AU NOM DU PEUPLE FRANÇAIS.

Le juge de paix du canton de... arrondissement de... département de... en son audience du... a rendu le jugement dont la teneur suit.

Entre M... demandeur, d'une part;

Et M... défendeur, d'autre part.

Par exploit du ministère de... enregistré à... dont il a présenté l'original, M... a fait citer devant le juge de paix du canton de... le sieur... à fin de (*relater ici le libellé et les conclusions de l'exploit*).

Le sieur... demandeur, a pris, à l'audience, les conclusions dudit exploit; il a ajouté...

Le sieur... défendeur, a répondu... et a conclu...

La cause présente a jugé les questions suivantes :

1° Y a-t-il lieu...

2° Doit-on accorder...

3° *Quid* des dépens?

Le juge de paix, considérant...

Par ces motifs, procédant en premier ressort, et prononçant en présence (*ou* en l'absence) des parties, condamne... et aux dépens liquidés à la somme de vingt-cinq francs cinquante centimes, et, en outre, aux frais de l'expédition et signification du présent jugement.

Ainsi jugé en la justice de paix du canton de... à... au lieu ordinaire de ses séances, en audience publique, le... en présence de M... greffier.

La minute est signée (*noms du juge de paix et du greffier.*)

En marge est écrite la mention suivante : Enregistré à... le... folio... cote... reçu... signé...

En conséquence, la République mande et ordonne à tous huissiers sur ce requis de mettre le présent jugement à exécution; aux procureurs généraux et aux procureurs de la République près les tribunaux de première instance d'y tenir la main; à tous commandants et officiers de la force publique d'y prêter main-forte, lorsqu'ils en seront légalement requis.

En foi de quoi ledit jugement a été signé par le juge de paix et par le greffier.

Par expédition conforme.

(*Signature du greffier.*)

FORMULE 38e. *Addition de la formule exécutoire républicaine à la fin d'une grosse délivrée antérieurement à l'arrêté du* 13 *mars* 1848.

LA RÉPUBLIQUE FRANÇAISE, — AU NOM DU PEUPLE FRANÇAIS,

Mande et ordonne à tous huissiers, sur ce requis, de mettre le jugement ci-dessus à exécution; aux procureurs généraux et aux commissaires du gouvernement près les tribunaux de première instance, d'y tenir la main; à tous commandants et officiers de la force publique d'y prêter main-forte, lorsqu'ils en seront légalement requis.

A... le...

Le greffier de la justice de paix du canton de...

(*Signature.*)

FORMULE 39e. *Modèle d'une expédition sans formule exécutoire.*

Extrait des minutes du greffe de la justice de paix du canton de... département de...

(Après avoir copié ou transcrit la minute, le greffier ajoute :)

Certifié véritable par le soussigné, greffier de...

A... le... du mois de... an mil huit cent...

(*Sceau.*) (*Signature.*)

CHAPITRE VII.— Du jugement par défaut et de l'opposition. — Jonction de défaut. — Huissier commis. — Délai de l'opposition. — Condamnation du défaillant aux dépens. — Péremption des jugements par défaut des juges de paix.

155. On distingue plusieurs espèces de jugements : jugements contradictoires ou jugements par défaut; jugements préparatoires, interlocutoires, ou définitifs.

156. Le jugement est *contradictoire*, quand les parties ont été entendues contradictoirement; que l'une et l'autre ont pris des conclusions à l'audience par elles-mêmes ou par leurs mandataires; car il ne suffirait pas qu'elles fussent présentes dans la salle d'audience au moment de l'appel de la cause, pour que le jugement fût contradictoire; il faudrait qu'il y eût eu débat con-

tradictoire entre le demandeur et le défendeur, et surtout conclusions prises.

157. Si le juge de paix, après conclusions des deux parties, avait renvoyé à la prochaine audience pour entendre leurs explications, le débat se trouverait lié contradictoirement par les conclusions; et l'absence d'une des parties, même des deux, à l'audience suivante, n'empêcherait pas que le jugement fût rendu contradictoirement, sauf au juge de paix à prononcer une nouvelle remise de la cause, s'il savait que la partie absente ou le mandataire absent aurait un empêchement réel et impérieux.

158. Le jugement de remise, qui intervient sur l'appel de la cause à la première audience, constate la présence des parties, et les empêche de prétendre, à l'audience suivante, qu'elles n'ont pas été averties du jour auquel la cause a été renvoyée.

159. Lorsque le demandeur était absent à la première audience, le défendeur a pu requérir congé de la demande, et ce congé a dû lui être accordé sans entrer dans l'examen de la cause, comme nous l'avons vu ci-dessus, n° 99.

160. Il n'en est pas de même lorsque c'est le défendeur qui n'a pas comparu; alors, si la demande n'a pas pu être développée à la première audience, le juge de paix a dû renvoyer à l'audience suivante, pour que la cause, venant en ordre utile, le demandeur pût justifier ses conclusions.

161. Le jugement par défaut est rendu par défaut contre le demandeur ou par défaut contre le défendeur

(Voir encore ci-dessus, chapitre IV, nos 99 et suivants). S'il avait été déjà prononcé un jugement interlocutoire sur les conclusions des parties, comme un second jugement ne saurait être rendu que sur de nouvelles conclusions, les parties ne pourraient être jugées *contradictoirement* que présentes, ou après de nouvelles conclusions prises.

162. Quant au jugement préparatoire, comme il ne préjuge en rien ni la forme ni le fond, comme il ne prononce sur les conclusions ni en la forme ni au fond (voir ci-après, chapitre VIII), il laisse ces conclusions en leur entier, si elles ont été prises. Le jugement interlocutoire ou définitif peut donc être prononcé contradictoirement sur des conclusions prises avant un jugement préparatoire.

163. Si, au jour indiqué par la citation, l'une des parties ne comparaît pas, la cause sera jugée par défaut, sauf la réassignation dans le cas prévu par le dernier alinéa de l'art. 5 (C. proc. 19), c'est-à-dire, lorsque les délais de la citation n'auront pas été observés. L'art. 5 C. proc. veut, dans ce cas, que si le défendeur ne comparaît pas, le juge ordonne qu'il soit réassigné, et les frais de la première citation sont à la charge du demandeur.

164. D'après l'art. 153 C. proc., si de deux ou de plusieurs parties assignées l'une fait défaut et l'autre comparaît, le profit du défaut doit être joint, et le jugement de jonction signifié à la partie défaillante par un huissier commis. La signification contient assignation au jour auquel la cause doit être de nouveau appelée ; il est ensuite statué par un seul jugement qui n'est pas suscep-

tible d'opposition. Mais cette procédure des tribunaux de première instance, en cas de *défaut profit joint*, n'est pas applicable aux justices de paix; lorsque de deux ou de plusieurs parties assignées devant le juge de paix, l'une fait défaut et l'autre comparaît, le défaut doit être prononcé immédiatement, sans renvoyer après une nouvelle citation, pour statuer sur le défaut et sur le profit du défaut, c'est-à-dire sur le fond, joints ensemble (Cass. 13 déc. 1809). Non pas, cependant, que le juge de paix ne puisse renvoyer à prononcer à la prochaine audience, surtout si les parties présentes y consentent, pour donner le temps à la partie défaillante de se présenter; non pas qu'il ne puisse encore, si l'un des défendeurs ne comparaît, ordonner qu'il sera réassigné, conformément à l'art. 5 C. proc.; mais il n'y a jamais lieu à prononcer en justice de paix un jugement de *défaut profit joint* dans le sens de l'art. 153.

165. La signification du jugement par défaut, rendu par le juge de paix, doit-elle être faite, sous peine de nullité, par un huissier commis; ou bien peut-elle être faite indistinctement par tous les huissiers du canton? Dans ce dernier sens on dit : L'art. 20 C. proc. attribuait la signification du jugement par défaut à l'huissier audiencier de la justice de paix; il n'y avait nécessité de commettre un huissier que lorsque l'huissier audiencier ne le faisait pas. Or, ce que l'on disait de cet huissier, il faut le dire aujourd'hui de tous les huissiers du canton, auxquels l'art. 16 de la loi du 25 mai 1838 donne la même capacité. Un petit nombre d'huissiers résidant dans le même canton, les abus sont bien moins

à redouter que pour les jugements de défaut émanés des tribunaux d'arrondissement. Delzers 1, 111. Mais on répond : D'après l'art. 156 C. proc., tous les jugements par défaut contre une partie qui n'a pas d'avoué doivent être signifiés par un huissier commis; la rigueur de cette règle pouvait bien fléchir sous la loi qui attachait un huissier spécial à chaque justice de paix; mais il n'en peut être de même sous la loi nouvelle, qui autorise tous les huissiers du canton à faire les significations; c'est l'opinion adoptée par Bioche et Goujet; c'est celle que nous avons aussi toujours soutenue. *Annales* 1849, p. 181.

166. Si le juge de paix avait omis de commettre un huissier pour signifier un jugement par défaut qu'il aurait rendu, il pourrait le faire par une ordonnance postérieure sur la demande de la partie.

167. Les juges de paix sont aussi souvent délégués par les tribunaux de première instance ou par les Cours d'appel pour commettre les huissiers afin de signifier les jugements ou arrêts par défaut rendus par les tribunaux et les Cours. C. proc. 1035.

168. La partie condamnée par défaut pourra former opposition dans les trois jours de la signification faite par l'huissier du juge de paix, ou autre qu'il aura commis. L'opposition contiendra sommairement les moyens de la partie et assignation au prochain jour d'audience, en observant toutefois les délais prescrits pour les citations : elle indiquera les jour et heure de la comparution, et sera notifiée ainsi qu'il est dit ci-dessus (c'est-à-dire comme les citations ordinaires). C. proc. 20.

La signification étant faite le 1er, l'opposition doit l'être au plus tard le 4.

169. Mais aux trois jours, il faut ajouter le délai que nécessite l'éloignement des domiciles respectifs, à raison de trois myriamètres par jour, toutes les fois que le défaillant ne sera pas domicilié dans la même commune que celui qui a obtenu le défaut (C. proc. 1033; Cass. 6 juillet 1812 et 25 novembre 1824). Il résulte de ce dernier arrêt, que les dimanches et fêtes légales doivent être comptés dans le délai utile; d'où l'on est conduit à penser que, quand le dernier jour est férié, le juge de paix peut, sur la demande de la partie, lui permettre de former son opposition. C. proc. 63, 1037.

170. Si le juge de paix sait par lui-même, ou par les représentations qui lui seraient faites à l'audience par les proches voisins ou amis du défendeur, que celui-ci n'a pu être instruit de la procédure, il pourra, en adjugeant le défaut, fixer pour le délai de l'opposition le temps qui lui paraîtra convenable; et, dans le cas où la prorogation n'aurait été ni accordée d'office ni demandée, le défaillant pourra être relevé de la rigueur du délai et admis à opposition, en justifiant qu'à raison d'absence ou de maladie grave, il n'a pu être instruit de la procédure. C. proc. 21.

L'*absence* et la *maladie grave* ne sont pas les seules causes pour lesquelles le défaillant peut être relevé de la rigueur de délai; toute autre cause grave serait admise, ces termes de l'art. 21 n'étant que démonstratifs et non limitatifs.

171. La loi ne détermine pas la forme que l'opposant

doit observer pour cette justification; on pense généralement qu'il suffit de former le plus tôt possible son opposition, en motivant le retard sur les causes qui l'ont occasionné.

172. La partie demanderesse ou défenderesse contre laquelle un jugement par défaut a été obtenu, est recevable à former opposition avant la signification du jugement. Cass. 4 mars 1812.

173. Les juges peuvent, audience tenante, rapporter le jugement par défaut qu'ils ont prononcé, lorsque la partie se présente, pourvu que l'adversaire soit encore à l'audience et y consente. Metz, 13 octobre 1815.

174. La partie opposante qui se laisserait juger une seconde fois par défaut ne sera plus reçue à former une nouvelle opposition. C. proc. 22.

175. La partie qui fait défaut doit-elle être de plein droit, et quoique plus tard elle vienne à gagner son procès, condamnée aux frais du défaut? Cette question doit être jugée d'après les circonstances, c'est-à-dire que s'il demeure constant pour le juge que le défendeur a été dans l'impossibilité de se présenter, il peut le décharger des dépens, qui retombent alors en entier sur le demandeur. Dalloz aîné, t. IX, n° 655; Levasseur, édit. Toussaint, n° 206; un arrêt de la Cour de Caen du 4 juillet 1826 a jugé en sens contraire.

176. Quant au demandeur défaillant, il doit toujours être condamné aux frais de défaut qu'il a occasionnés.

177. Un jugement par défaut du juge de paix n'est pas périmé faute d'exécution dans les six mois; nous nous sommes déjà prononcé sur ce point dans les *An-*

nales de la science des juges de paix, 1837, p. 97. Tous les auteurs partagent cette opinion (Carré, *Question* 93; Favard de Langlade, t. III, p. 169, n° 12; Pigeau, *Commentaire*, t. I, p. 39; Thomine-Desmazures, t. I, p. 81; Boncenne, t. III, p. 73; Boitard, t. II, p. 413, d'accord en cela avec un arrêt de la Cour de Cassation du 13 septembre 1809, et un arrêt de la Cour d'Orléans du 14 avril même année). Aussi, dans la pratique, se contente-t-on de signifier le jugement par défaut; et, s'il n'y est pas formé opposition dans les trois jours ou dans le délai fixé, lorsque le juge de paix use de la faculté qui lui est accordée à cet égard par l'art. 21, il est considéré comme définitif, et exécuté tout aussi bien après six ans qu'avant six mois; cette manière d'agir est parfaitement régulière.

FORMULE 40e. *Jugement par défaut contre le défendeur.*

Entre le S. A... demeurant à... demandeur (*suite comme en la feuille d'audience ci-dessus, formule* 34e *jusqu'à* le sieur A... a pris et développé ses conclusions.

Le sieur B... défendeur, a fait défaut.

Nous, attendu qu'à l'appel de la cause le sieur B... ne s'est pas présenté, ni personne pour lui, qu'en conséquence il y a lieu de présumer qu'il n'a rien à dire pour sa défense, et attendu que la demande, vérifiée, paraît fondée, donnons défaut et, pour le profit... condamnons ledit sieur... (*ou* disons que...); commettons le sieur... huissier audiencier près le tribunal, pour signifier notre jugement.

Fait et prononcé en présence du demandeur, les

jour, mois et an que dessus, et avons signé avec notre greffier. (*Signatures du juge et du greffier.*)

Il sera ajouté s'il y a lieu :

Sur ce qui nous a été représenté par... voisin dudit sieur B... que celui-ci n'a pu être instruit de la citation, étant absent depuis un mois pour un voyage, et qu'il ne sera de retour que le 30 du présent, nous disons que ledit sieur B... sera recevable, jusqu'au 3 du mois prochain, à former son opposition à notre jugement.

FORMULE 41e. *Jugement de défaut-congé contre le demandeur.*

Entre le sieur B... (*prénoms, nom, profession et domicile du défendeur*), défendeur aux fins de la citation en date du... tendant à ce que... comparant... lequel, attendu la non-comparution du demandeur, a requis d'être renvoyé de la demande;

Et le sieur A... (*prénoms, nom, profession et domicile du demandeur*), demandeur aux fins desdits citation et exploit, non comparant, ni personne pour lui:

Attendu que le demandeur ne comparaît pas pour soutenir sa demande;

Nous avons donné défaut, et, pour le profit, avons renvoyé le sieur B... de la demande formée contre lui par le sieur A... par la citation sus-énoncée; condamnons le sieur A... aux dépens liquidés à... et commettons pour faire la signification du présent jugement au défaillant, le sieur... huissier audiencier près notre tribunal.

Si le jugement devait être signifié dans un autre

canton, le juge de paix pourrait déléguer le juge de paix de ce canton pour commettre un huissier en ces termes :

Disons que le présent jugement sera signifié par un huissier du canton de... qui sera commis par M. le juge de paix dudit canton.

FORMULE 42e. *Opposition à un jugement par défaut.*

L'an... (*comme aux autres citations, voir formule* 4e) déclaré au sieur... demeurant... parlant à... que le requérant est opposant, comme de fait il s'oppose au jugement par défaut surpris à la religion de M. le juge de paix du canton de... le... par le sieur... attendu que (*déduire les motifs de l'opposition*);

Et pour avoir droit sur ladite opposition, j'ai, étant et parlant comme dit est, cité le sieur... à comparaître (*comme aux autres citations*);

Pour voir dire et juger que, par les motifs ci-dessus déduits, le requérant sera reçu opposant audit jugement, lequel demeurera rapporté et de nul effet; qu'il sera en conséquence déchargé des condamnations prononcées contre lui; et faisant droit au fond, que ledit sieur... sera déclaré purement et simplement non recevable en son action; qu'il en sera débouté et qu'il sera condamné aux dépens, sous toutes réserves.

Le coût est de... (*Signature de l'huissier.*)

FORMULE 43e. *Anticipation de délai sur l'opposition.*

L'an... (*comme aux autres citations*) cité le sieur... demeurant à... à comparaître le... devant le juge de paix du canton de...

Pour, attendu qu'il s'est rendu opposant au jugement par défaut rendu par le juge de paix dudit canton, le... et a cité mon requérant pour l'audience du... que ce dernier a le plus grand intérêt à faire statuer dans le plus bref délai sur le mérite de ladite opposition;

Voir juger qu'il sera déclaré non recevable et mal fondé dans son opposition; qu'il en sera débouté, et que le jugement par défaut, en date du... sortira son plein et entier effet avec nouveaux dépens, sous toutes réserves.

Le coût est de...

FORMULE 44e. *Jugement contradictoire rendu sur l'opposition.*

Entre le sieur B... (*prénoms, nom, profession et domicile de l'opposant*), demandeur aux fins de son opposition notifiée par exploit du... enregistré le... tendant à ce qu'il soit reçu opposant à l'exécution de notre jugement du... à lui signifié... (*Si l'opposition est formée après les délais, il sera ajouté :* et ce nonobstant l'expiration du délai de la loi, attendu que lors du jugement du... et de la signification d'icelui le... il était retenu au lit par une maladie grave, ainsi qu'il appert par le certificat du sieur... médecin à... en date du... enregistré le... transcrit en tête dudit exploit); faisant droit sur son opposition, il soit ordonné... comparant... d'une part;

Et le sieur A... (*prénoms, nom, profession et domicile de celui qui a obtenu le jugement par défaut*) demandeur originaire, et défendeur aux fins de ladite opposition, comparant... d'autre part; lequel a requis que le sieur B... fût déclaré non recevable ou mal fondé en son opposition; en conséquence, notre précédent jugement soit exécuté selon sa forme et teneur;

Nous (*On ajoutera s'il y a lieu :* vu le certificat susénoncé donné par le sieur... médecin à... en date du... enregistré le... à nous représenté, par lequel il appert...);

Considérant que l'opposition est régulière dans la forme, recevons le sieur B... opposant à notre jugement du...

Faisant droit sur son opposition...

Et considérant... déchargeons ledit B... des condamnations prononcées contre lui par ledit jugement, et condamnons ledit A... aux dépens liquidés à...

(*Si l'opposition est rejetée, le dispositif sera ainsi conçu :*)

Considérant... déboutons le sieur B... de son opposition à notre jugement du... en conséquence, disons que ledit jugement sera exécuté selon sa forme et teneur.

(*Si c'était l'opposition du demandeur qui avait été admise, on dirait :*)

Par ces motifs, condamnons B... à... le... condamnons, en outre, aux dépens liquidés à...

FORMULE 45e. *Jugement par défaut rendu sur l'opposition.*

Entre le sieur A... (*prénoms, nom, profession et domicile de celui qui a obtenu le jugement par défaut*), demandeur originaire aux fins de la citation du... enregistrée le... et défendeur aux fins de la citation d'opposition à lui notifiée par exploit du... à la requête du sieur... ci-après nommé, tendant à ce que... comparant... d'une part; lequel, attendu la non-comparution de l'opposant, a requis l'exécution pure et simple de notre précédent jugement du...

Et le sieur B... (*prénoms, nom, profession et domicile de l'opposant*) demandeur, aux fins de la même citation d'opposition, non-comparant, ni personne pour lui, d'autre part;

Nous, juge de paix, attendu que sur l'appel de la cause, ledit B... ne s'est pas présenté, donnons itératif défaut contre lui; et pour le profit, le déclarons non recevable en son opposition à notre jugement du... en conséquence, disons qu'il sera exécuté selon la forme et teneur, et le condamnons aux dépens.

FORMULE 46e. *Ordonnance du juge de paix qui commet un huissier pour signifier un jugement par défaut rendu par lui.*

Nous... juge de paix du canton de...

Sur l'exposé qui nous a été fait de la nécessité de commettre un huissier pour signifier le jugement par défaut rendu par nous, le... au profit du sieur... demeurant à... commettons la personne du sieur... huissier audiencier de notre justice de paix, pour faire ladite signification.

Fait et délivré à...

(*Signature.*)

FORMULE 47e. *Ordonnance du juge de paix qui commet un huissier pour signifier un jugement par défaut, faute de comparaître, rendu par un autre tribunal.* C. proc. 156; Tarif, 7, par analogie.—Rien alloué.

Nous... juge de paix du canton de...

Sur l'exposé qui nous a été fait que, par jugement rendu en la... chambre du tribunal de... le... au profit du sieur... demeurant... et par défaut contre le sieur... demeurant à... il avait été dit que ledit jugement lui serait signifié par l'huissier qui serait par nous commis à cet effet, commettons la personne du sieur... huissier audiencier de notre justice de paix, pour faire ladite signification.

Fait et délivré à... (*Signature.*)

Nota. Il est inutile de demander cette cédule par une requête.

CHAPITRE VIII. — Des jugements préparatoires, interlocutoires et définitifs. — Des jugements sur déclinatoire. — De la péremption des jugements interlocutoires.

ARTICLE 1er. — *Des jugements préparatoires, interlocutoires et définitifs. — Des jugements déclinatoires.*

178. L'art. 452 du Code de procédure définit ainsi les jugements préparatoires : « Sont réputés préparatoires les jugements rendus pour l'instruction de la « cause et qui tendent à mettre le procès en état de re- « cevoir jugement définitif. »

D'après le même article : « Sont réputés interlocu- « toires les jugements rendus lorsque le tribunal or- « donne, avant dire droit, une preuve, une vérification « ou une instruction qui préjuge le fond. »

Cette distinction est de la plus haute importance, puisque l'appel des jugements interlocutoires est permis avant que le jugement définitif ait été rendu (C. proc. 31); puisque d'ailleurs le jugement définitif doit être rendu dans un délai fatal à partir du jugement interlocutoire.

179. Le véritable caractère qui sert à distinguer le

jugement interlocutoire, c'est qu'il *préjuge le fond;* ainsi, une partie soutient que la preuve testimoniale justifierait sa demande; le juge de paix prononce qu'il n'y a pas lieu à enquête, soit parce que la preuve testimoniale n'est pas admissible, soit parce que la preuve résulte de faits acquis au procès, et ordonne de plaider au fond : son jugement est interlocutoire. Il en serait de même si, contrairement aux conclusions de l'une des parties, il ordonnait une enquête, une descente sur les lieux, une expertise.

Si les parties étaient d'accord pour demander l'enquête, l'expertise, la descente sur les lieux, le jugement qui l'ordonnerait serait simplement préparatoire ; il ne porterait, en effet, aucun préjugé du fond, puisqu'il n'y aurait eu d'opposition à l'avant faire droit de la part d'aucune des parties.

180. La partie qui laisse défaut, même celle qui s'en rapporte à la justice, est toujours censée contester; d'où suit que le jugement qui ordonne par défaut, même d'office, une enquête, une descente de lieux, ou une expertise, est un jugement interlocutoire. Carré, *Lois de la procédure*, n°s 16 et 116; Cass. 23 juin 1823.

181. Le jugement par lequel, lorsqu'une des parties déclarerait vouloir s'inscrire en faux, ou dénierait l'écriture, ou déclarerait ne pas la reconnaître, le juge de paix renverrait la cause devant les juges qui doivent en connaître, serait aussi un jugement interlocutoire, surtout s'il était prétendu que la pièce arguée de faux, ou celle dont l'écriture est contestée, ne serait pas nécessaire au jugement du litige.

182. La partie appelée devant un tribunal incompéten tpeut demander son renvoi devant le juge qui doit connaître de la contestation. C. proc. 168.

L'incompétence a lieu, soit à raison de la personne, soit à raison de la matière. Cette distinction est importante sous plusieurs rapports. Un tribunal est incompétent à raison de la personne, toutes les fois qu'il pourrait connaître de la matière, abstraction faite des personnes intéressées, ou de la situation de l'objet litigieux (Bourges, 15 novembre 1826, S. 29, 147). Il est incompétent à raison de la matière, lorsque l'objet de la contestation est, par sa nature, hors de ses attributions.

Les jugements sur déclinatoire, c'est-à-dire ceux par lesquels le juge de paix se déclare compétent ou incompétent, ont plutôt un caractère définitif qu'un caractère interlocutoire; le fond de la contestation, en pareil cas, est la compétence même; en prononçant sur sa compétence, le juge de paix ne préjuge donc pas seulement le fond, il le juge. Cass. 25 juin 1825.

183. Le plus souvent, le juge de paix ordonne de plaider au fond en même temps qu'on plaide sur l'avant faire droit, de sorte que, s'il rejette la preuve par témoin, l'expertise ou la descente sur les lieux, il peut prononcer en même temps sur le fond.

184. Il en est de même en cas de déclinatoire : il n'est nullement nécessaire que, par un premier jugement, le juge de paix se déclare compétent, surtout si les parties plaident et concluent au fond.

185. Le juge de paix peut et doit même se déclarer

incompétent d'office, lorsque son incompétence existe à raison de la matière.

186. Mais, en prononçant ainsi d'office, il ne peut condamner le demandeur aux frais envers le défendeur, ce serait juger *ultràpetita ;* le défendeur doit d'ailleurs s'imputer de n'avoir pas opposé l'exception dès le principe; ce qui eût arrêté dès lors la procédure. Rennes, 26 décembre 1812; Carré, n° 725.

187. Lorsque le juge de paix se déclare incompétent, il ne doit pas indiquer, dans son jugement, devant quel tribunal le défendeur devra être appelé ; il renvoie devant les juges qui doivent en connaître. Cette formule répond à tout; ce n'est pas au juge de paix à décider quel est le juge compétent; en le faisant, il excéderait ses pouvoirs.

188. L'incompétence ne peut être opposée que par le défendeur. Par la citation qu'il a donnée, le demandeur a reconnu la compétence du juge de paix. Cependant, si le juge de paix était incompétent à raison de la matière, le demandeur, pour éviter un jugement susceptible d'être annulé malgré le silence du défendeur, pourrait en faire l'observation. Le juge de paix devrait d'ailleurs déclarer son incompétence d'office.

189. Il n'en serait pas de même si le juge de paix n'était incompétent qu'à raison de la personne ou de la situation de l'objet litigieux : le silence du défendeur, en pareil cas, sa présence et sa participation dans l'instance, les conclusions par lui prises emporteraient, indépendamment de toute déclaration, consentement à ce que le juge de paix prononçât. Le juge de paix n'est donc

pas obligé de prononcer d'office son incompétence *ratione personæ vel loci.*

190. Il ne pourrait même pas se déclarer d'office incompétent à raison du domicile du défendeur acquiesçant à sa juridiction. Il en serait autrement à raison de la situation de l'objet litigieux, car le juge de paix pourrait avoir besoin, pour éclairer sa religion, de descendre sur les lieux, et on ne peut l'obliger à se transporter ainsi en dehors de son canton.

L'exception d'incompétence à raison du montant de la demande peut aussi être couverte par la défense de la partie. Cass. 17 mars 1820 et 12 mars 1829; *contrà,* Cass. 20 mai 1829.

191. Si le défendeur laissait défaut, le juge de paix serait tenu de suppléer d'office à l'exception d'incompétence, même résultant du domicile, le consentement du défendeur à se soumettre à une juridiction qui lui est étrangère ne pouvant être présumé en son absence.

192. Les jugements non définitifs ne sont point expédiés, quand ils sont en dernier ressort, et qu'ils ont été rendus contradictoirement et prononcés en présence des parties (Code pr. 28). — Cette dernière circonstance doit être énoncée dans le jugement. Carré et Chauveau, n° 137; Thomine, 1, 97.

Cependant il n'est point interdit à une partie d'en requérir expédition, ni au greffier de la délivrer; seulement elle ne passerait point en taxe. Chauveau sur Carré, n° 139; Thomine, 1, 96.

193. Le jugement interlocutoire, rendu lorsque l'une des parties s'était retirée de l'audience, doit être expédié

et signifié, si l'exécution a lieu à la requête de la partie adverse. Carré et Chauveau, n° 138; Pigeau, *Commentaire*, 1, 84.

ARTICLE 2. — *De l'exécution et de la péremption des jugements interlocutoires.— Suspension de la péremption par le décès de la partie ou par toute autre cause. — A quels jugements s'applique la péremption.— Faute du juge. — Prise à partie.*

194. Dans le cas où un interlocutoire aurait été ordonné, la cause sera jugée définitivement au plus tard dans le délai de quatre mois du jour du jugement interlocutoire; après ce délai l'instance sera périmée de droit. Tout jugement qui serait rendu sur le fond sera sujet à l'appel, même dans les matières dont le juge de paix connaît en dernier ressort, et sera annulé sur la réquisition de la partie intéressée. Si l'instance est périmée par la faute du juge, il sera passible de dommages-intérêts. Code proc. 15.

195. Nous avons déjà fait observer combien il importe de bien distinguer le jugement interlocutoire du jugement préparatoire; l'article 15 du Code de procédure civile et les règles de péremption qu'il contient font comprendre de plus en plus cette importance. Le Code, dans cet article, a eu évidemment en vue les jugements d'instruction, ceux qui ordonnent une instruction, une preuve pour l'instruction de la cause; on tomberait même dans une grave erreur si l'on considérait l'inexécution dans les quatre mois de tout jugement interlocutoire suivant la signification la plus étendue de ce mot comme entraînant péremption. Ainsi on regarde

généralement comme jugements interlocutoires ceux qui prononcent un renvoi par suite d'inscription de faux, ou pour vérification d'écriture; et, cependant, il serait impossible de soutenir que l'instance fût périmée si elle n'était reprise devant le juge de paix moins de quatre mois après ce renvoi. Il faut donc reconnaître qu'il s'agit uniquement, dans l'article 15, des jugements d'instruction dont l'exécution a lieu devant le juge de paix, et dépend de sa diligence et de la diligence des parties devant lui.

Il faut donc, pour que l'interlocutoire fasse courir les délais de la péremption, qu'il ait été rendu relativement à l'instruction du fond du procès, et non sur un incident. Cass. 31 août 1813.

196. Lorsque le juge de paix ordonne successivement plusieurs interlocutoires, les quatre mois ne courent-ils que du jour du dernier de ces jugements? M. De Laporte, t. Ier, p. 15, prétend que cette matière ne peut faire difficulté; que le délai de quatre mois ne date que du dernier jugement interlocutoire; un arrêt de la Cour de cassation de Bruxelles du 18 avril 1833 (Dall. 34, 2, 140) a décidé dans le même sens; mais Carré soutient, n° 63, que c'est à dater du jour du premier interlocutoire, et non du dernier, s'il en intervient plusieurs, que l'instance est périmée; en effet, d'après l'article 15, l'instruction ne peut durer plus de quatre mois, à partir du jugement interlocutoire; le Code veut donc un jugement définitif dans ce laps de temps; et de là suit, nécessairement, qu'un second, un troisième, un quatrième interlocutoire ne pourraient proroger l'instance. Cette solution

est adoptée, avec raison, par MM. Thomine-Desmazures, t. Ier, p. 72, et Curasson, t. I, p. 167, n° 5.

197. En cas de décès d'une partie, il y a lieu de suspendre la procédure si l'affaire *n'est pas en état* : « Le jugement de l'affaire qui sera en état, dit l'article 342 C. proc., ne sera différé ni par le changement d'état des parties, ni par la cessation des fonctions dans lesquelles elles procédaient, ni par leur mort. » Mais, d'après l'article 344, dans les affaires qui ne seront pas en état, toutes procédures faites postérieurement à la notification de la mort de l'une des parties seront nulles. D'après les mêmes principes, la péremption d'instance, devant les tribunaux ordinaires, est suspendue par le décès : « Toute instance, aux termes de l'article 397, encore qu'il y ait constitution d'avoué, est éteinte par discontinuation de poursuites pendant trois ans; ce délai sera augmenté de six mois dans tous les cas où il y aura lieu à demande à reprise d'instance » : or, le décès de l'une des parties donne lieu à demande en reprise d'instance. Appliquant la même règle à la péremption en justice de paix, Carré pense que la péremption, en cas de décès survenu après jugement interlocutoire, ne continue son cours que par la reprise de l'instance, ou après le délai de six mois à dater du jour du décès, n° 64 : c'est aussi l'opinion de MM. Thomine-Desmazures, t. Ier, p. 73.

198. La péremption n'aurait pas lieu s'il n'avait pas dépendu du demandeur d'obtenir jugement dans les quatre mois : par exemple, dans le cas de diverses récusations intentées par le défendeur, si l'instruction a été prolongée au delà du délai, celui-ci ne peut se prévaloir

de la péremption (Cass. 4 février 1807). Pigeau (*Commentaire*, t. Ier, p. 32), Thomine-Desmazures, t. Ier, p. 73), pensent aussi qu'il est des cas où la règle de l'article 15 doit fléchir, et notamment lorsqu'une partie, par dol ou par fraude ou par tout autre moyen dilatoire, est parvenue à prolonger l'instance jusqu'au délai fatal sans qu'il ait dépendu de l'autre partie d'obtenir jugement.

199. L'appel du jugement interlocutoire a aussi pour effet d'interrompre le cours de la péremption : par arrêt du 11 juin 1834 (Dall. 34, 1, 274), la Cour de cassation s'est prononcée formellement sur cette question; et comme sa décision, dit M. Chauveau sur Carré, n° 65 *bis*, est fondée sur le droit qu'a toute partie d'interjeter appel d'un jugement, et de suspendre ainsi les effets qu'il aurait produits, il faut admettre qu'elle doit être appliquée dans tous les cas, sans distinguer, comme le fait M. Pigeau (*Comment.* t. Ier, p. 32), si l'appel provenait du demandeur ou du défendeur, et si l'interlocutoire a été confirmé ou infirmé. Qu'importe que l'appel du demandeur, par exemple, ne fût pas fondé? cette circonstance autorise-t-elle à dire que le retard provient de sa faute? non sans doute : l'exercice d'un droit, quel qu'en soit le résultat, ne peut jamais être appelé faute.

200. Le même arrêt décide, avec raison, que la péremption, interrompue par l'appel, reprend son cours, non du jour de la prononciation du jugement rendu en appel, mais de celui de sa signification ; parce que ce n'est qu'à compter de ce dernier jour que le jugement

devient exécutoire, aux termes de l'article 147 du Code de procédure civile.

201. La péremption n'aurait pas lieu si le jugement interlocutoire avait été rendu par un juge de paix incompétent; c'est-à-dire qu'après l'expiration des quatre mois, le juge de paix pourrait rendre un jugement par lequel il se déclarerait incompétent (Cass. 24 frimaire an IX). Cette décision de la Cour de cassation, rendue sous l'empire de la loi du 26 octobre 1790, est applicable à l'article 15, puisque, sous le rapportdu délai de la péremption, l'article 15 est conçu dans les mêmes termes que cette loi. Sous la loi de 1790, la péremption entraînait l'extinction de l'action; il n'en est pas de même aujourd'hui; mais si la citation introductive d'instance avait eu pour objet d'interrompre une prescription, cet effet se trouverait anéanti par la péremption encourue. Il importerait donc grandement au demandeur de ne pas encourir cette déchéance, d'autant plus que, d'après l'article 2246 du Code civil, la citation en justice, donnée même devant un juge incompétent, interrompt la prescription. Il ne faudrait même pas trop se fier à la règle adoptée par l'arrêt du 24 frimaire an IX; la péremption encourue pour défaut de poursuites pendant quatre mois pourrait être regardée comme faisant tomber non-seulement le jugement interlocutoire, mais aussi la citation; c'est même l'effet de toute péremption d'instance. Cependant la loi de 1790 attachait, comme nous l'avons dit, la déchéance de l'action, même à la péremption encourue par défaut de poursuites; ce qui n'empêchait pas la Cour de cassation de refuser cet effet à l'expira-

tion des quatre mois après le jugement interlocutoire rendu par un juge de paix incompétent.

202. Mais les parties peuvent valablement consentir à ce que le jugement définitif soit renvoyé après le délai de quatre mois, ce qui suspend le cours de la péremption. Cass. 7 août 1835; Devil., 35, 1, 274.

203. Si une inscription de faux ou une dénégation d'écriture était soulevée après un jugement interlocutoire, le délai se trouverait également suspendu, comme nous l'avons dit plus haut, tant que durerait l'instance préjudicielle.

204. La péremption serait-elle acquise à partir du jour de la citation lorsque le juge n'a prononcé aucun jugement, ni préparatoire, ni interlocutoire, ou à partir du jugement préparatoire, lorsqu'un jugement préparatoire a été prononcé? L'article 7 du titre VII de la loi du 26 octobre 1790 prononçait la péremption de toute instance devant le juge de paix non terminée dans le délai de quatre mois à partir de la citation introductive; l'article 15 du Code de procédure ne parle de péremption de quatre mois qu'à partir d'un jugement interlocutoire; cette différence a fait dire à la plupart des auteurs que la péremption de quatre mois ne court ni à partir de la citation, ni à partir d'un jugement simplement préparatoire. La péremption ordinaire de trois ans, de l'article 397, n'est pas considérée comme applicable aux sentences des juges de paix. Biret, v° *Péremption*, t. II, p. 96; Merlin, *Répertoire*, v° *Péremption*, § 3, n° 2; Pigeau, *Commentaire*, t. Ier, p. 30.

205. Les parties, en procédant devant le juge de paix

postérieurement à la péremption acquise, en font-elles cesser les effets? Suivant Thomine-Desmazures, la péremption établie par l'article 15 a pour base un motif d'ordre public, d'où cet auteur conclut qu'elle doit être suppléée d'office par le juge de paix, et qu'il ne prononcerait légalement que si les parties avaient formellement déclaré y renoncer; mais cette doctrine est rejetée par presque tous les autres auteurs, d'après lesquels la péremption étant une sorte de prescription, les juges ne peuvent la suppléer d'office. Par là même, il suffit d'une renonciation tacite pour que la partie ne soit plus recevable à invoquer la péremption; et la continuation de la procédure peut, malgré l'avis de Curasson, t. Ier, p. 167, n° 6, être, aux yeux des juges, une preuve suffisante de cette renonciation, comme le décident MM. Pigeau, *Comm.* t. Ier, p. 31; Boitard, t. II, p. 403, et un arrêt de la Cour de Bruxelles, du 17 avril 1833, puis un de la Cour de cassation du 22 mars 1837, J. Pal., t. Ier, de 1837, p. 371.

206. Le juge de paix est passible de dommages-intérêts si l'instance est périmée par sa faute; mais il faut qu'il y ait eu faute patente, négligence coupable ou déni de justice.

C'est la voie de la prise à partie qui doit être suivie contre les juges de paix en pareil cas; les juges, dit l'article 505 du Code de procédure civile, peuvent être pris à partie dans les cas suivants... 3° si la loi déclare les juges responsables à peine de dommages-intérêts; 4° s'il y a déni de justice.

207. Il y a déni de justice lorsque les juges refusent

de répondre les requêtes, ou négligent de juger les affaires en état et en cours d'être jugées. C. proc. 506.

Nous verrons plus loin quelle est la procédure à suivre pour la prise à partie.

Les dommages-intérêts dont le juge de paix peut être passible en cas de péremption provenue de sa faute consistent dans l'obligation de payer tous les frais faits jusque-là, et dans la réparation de tout autre préjudice qui aurait pu résulter de la péremption. Par exemple, si l'action ayant achevé de se prescrire pendant le délai qui a amené la péremption, il n'était plus possible de l'intenter de nouveau.

FORMULE 48e. *Jugement préparatoire avec motifs. — Remise accordée pour avoir des pièces.*

Le juge de paix du canton de... (*suite comme en la feuille d'audience, formule* 34e, *jusqu'à*),

Par le sieur B... défendeur, a été dit que la dette que réclame contre lui le demandeur héritier, pour moitié du sieur A... son père, a été entièrement acquittée par le sieur M... beau-frère du défendeur, suivant la quittance que lui en a donnée le sieur A... père du demandeur, et qu'il serait en état de représenter, sans l'éloignement de son beau-frère; pourquoi requiert délai pour se procurer ladite quittance;

Par ces motifs, nous, juge de paix, avons remis la cause au... jour auquel le sieur B... sera tenu de présenter la quittance par lui alléguée; sinon sera fait droit.

Fait et prononcé (*suite comme en la feuille d'audience, formule* 34e).

FORMULE 49e. *Jugement interlocutoire rendu contradictoirement.*

Le juge de paix du canton de... (*suite comme en la feuille d'audience, formule 34e, jusqu'à*),

Se voir condamner à... sauf, si les faits sont déniés, à les prouver par témoins, ainsi que le demandeur y sera autorisé par le juge de paix.

Le sieur A... a pris et développé ses conclusions, et il a demandé à faire entendre des témoins pour prouver 1° que... 2° que...

Par le sieur B... défendeur, a été dit que... Ledit sieur B... a soutenu, en outre, que la preuve par témoin n'était pas admissible, vu que...

Nous, juge de paix, attendu que (*motifs et dispositif du jugement interlocutoire*).

Fait et prononcé en audience publique, en présence du sieur A... demandeur, et du sieur B... défendeur, dépens réservés, les jour, mois et an que devant.

Et avons signé avec notre greffier.

(*Signatures du juge et du greffier.*)

Si l'une ou même les deux parties ne sont pas présentes à la prononciation (*ce qui peut avoir lieu lorsqu'il y a eu renvoi d'audience*), *il en sera fait mention ainsi :* « prononcé en présence du sieur... et en l'absence du sieur... *ou bien* « prononcé en l'absence de toutes les parties. »

FORMULE 50e. *Jugement sur déclinatoire, déclarant l'incompétence.*

Le juge de paix du canton de... (*suite comme en la feuille d'audience, jusqu'à*),

Par le sieur B... défendeur, a été dit, qu'étant assigné

en payement d'une somme de cent cinquante francs, pour argent prêté, action purement personnelle et mobilière, la cause n'est pas de notre compétence, attendu qu'il est domicilié en la commune de... située hors de notre canton; pourquoi requiert être renvoyé de la demande.

Nous, considérant, en droit, qu'en matière pure personnelle, notre compétence est déterminée par le domicile du défendeur, conformément à l'art. 2 du Code de procédure civile ; en fait, qu'il s'agit d'une matière pure personnelle, et que le sieur B... défendeur, est domicilié hors de notre canton; disons ne pouvoir faire droit sur la demande; statuant en premier ressort, renvoyons le demandeur à se pourvoir devant les juges qui en doivent connaître, et le condamnons aux dépens.

FORMULE 51e. *Autre jugement sur déclinatoire, déclarant l'incompétence.*

Nous, juge de paix du canton de... (*suite comme en la feuille d'audience, jusqu'à*),

Par le sieur B... défendeur, a été dit que la demande intentée contre lui, tendant à ce qu'il soit déclaré que le demandeur a droit de passer sur son terrain pour desservir le champ non enclavé, dit Pré de la Lande, a pour objet une servitude discontinue et non apparente; qu'il ne s'agit pas d'ailleurs d'une action possessoire, puisque le sieur A... n'invoque pas même une possession sans trouble remontant à plus d'une année; que, par conséquent, le juge de paix n'est pas compétent, pourquoi requiert être renvoyé de la demande;

Nous, juge de paix, attendu qu'une demande ayant

pour objet la reconnaissance d'une servitude de passage est une demande purement immobilière; attendu qu'il ne s'agit pas d'ailleurs d'une action possessoire, puisque le demandeur prétend droit au passage sans alléguer une possession paisible et continue remontant à plus d'une année; attendu, enfin, que la servitude de passage est une servitude discontinue qui ne peut s'acquérir par la possession; statuant en premier ressort, renvoyons le demandeur à se pourvoir devant les juges qui en doivent connaître, et le condamnons aux dépens.

FORMULE 52e. *Renvoi devant un autre tribunal pour cause de litispendance.*

Nous, juge de paix, attendu que le sieur A... demande le payement d'une somme de cent quatre-vingt-dix francs pour prix d'une vache à lui vendue par le défendeur;

Attendu que le sieur B... est en instance devant le tribunal civil de... pour demander la nullité de ladite vente, fondée sur un vice rédhibitoire, ainsi qu'il est justifié de cette instance par exploit, en date du... du ministère de... enregistré à... le... attendu que le sort de la demande portée devant nous dépend de la solution de la question pendante devant ledit tribunal de... renvoyons les parties à se pourvoir devant les juges qui en doivent connaître, et condamnons le demandeur aux dépens.

FORMULE 53e. *Jugement qui rejette le déclinatoire.*

Le juge de paix du canton de... (*suite comme en la feuille d'audience, formule 34e, jusqu'à*),

Par le sieur B... défendeur, a été dit que la maison tenue à loyer par le défendeur, pour laquelle le demandeur réclame cinquante francs de réparations locatives, n'est pas située sur le territoire de la commune de... dans notre arrondissement, mais sur celui de la commune de... dans l'arrondissement du canton de... pour quoi requiert son renvoi devant le juge de paix dudit canton;

Le sieur A... a répliqué qu'à la vérité, de la maison dont il s'agit, il dépend un jardin en face des bâtiments, situé hors du canton; mais que les bâtiments sont situés en totalité sur la commune de... dans notre canton, ainsi qu'il peut en justifier par l'extrait du rôle de la contribution foncière de ladite commune, à lui délivré par... qu'il nous représente;

Nous, juge de paix, vu l'extrait du rôle de la commune de... de notre canton, pour l'an... délivré par... par lequel il apparaît que la maison dont il s'agit y est imposée à la contribution foncière; considérant que ladite maison est dans l'étendue de notre arrondissement; statuant en premier ressort, retenons la cause; disons que les parties s'expliqueront sur le fond, et condamnons le sieur B... aux dépens de l'incident.

FORMULE 54e. *Jugement de sursis.*

Le défendeur a répondu que la largeur du chemin dont il s'agit n'a pas été fixée; qu'il est donc impossible de savoir, en l'état, si les ouvrages dont on se plaint ont été ou n'ont pas été faits à la distance légale;

A quoi le maire de la commune de... a répliqué que

lesdits ouvrages empiètent sur le chemin; qu'en tout cas il demande qu'il soit sursis jusqu'à ce que l'autorité administrative, exclusivement chargée d'assurer la viabilité, ait fixé la largeur et les limites dudit chemin;

Par ces motifs, nous, juge de paix, considérant... avant faire droit, ordonnons qu'il sera sursis jusqu'à ce que le maire de la commune de... ait fait procéder par les voies légales à la fixation des limites du susdit chemin; les droits et exceptions des parties demeurant réservés, ainsi que les dépens.

CHAPITRE IX. — Des jugements qui défèrent le serment.

208. Le serment peut aussi donner lieu à un jugement interlocutoire. Il n'est pas douteux que les règles ordinaires sur le serment judiciaire ne soient applicables aux actions portées devant le juge de paix.

Le serment judiciaire est de deux espèces : 1° celui qu'une partie défère à l'autre pour en faire dépendre le jugement de la cause : il est appelé *décisoire;* 2° celui qui est déféré d'*office* par le juge à l'une ou à l'autre des parties. C. civ. 1357.

ARTICLE 1er. — *Du serment décisoire.*

209. Le serment décisoire peut être déféré sur quelque espèce de contestation que ce soit (C. civ. 1358), même contre et outre le contenu en un acte notarié.

210. Il peut être déféré en tout état de cause, et encore qu'il n'existe aucun commencement de preuve de la demande ou de l'exception sur laquelle il est provoqué. C. civ. 1360.

211. Mais il ne peut être déféré que sur un fait per-

sonnel à la partie à laquelle on le défère (C. civ. 1359), et si le fait sur lequel le serment est déféré peut servir de base au jugement de l'action. Ainsi, on ne pourrait déférer le serment ni sur l'existence d'une dette de jeu, ni sur l'existence des obligations que la loi ne reconnaît que quand elles sont revêtues d'une forme spéciale, essentielle à leur validité, comme une donation.

212. Celui auquel le serment est déféré, qui le refuse ou ne consent pas à le référer à son adversaire, ou l'adversaire à qui il a été référé et qui le refuse, doit succomber dans sa demande ou dans son exception. C. civ. 1361.

213. Le serment ne peut être référé, quand le fait qui en est l'objet n'est point celui des deux parties, mais est purement personnel à celui auquel le serment avait été déféré. C. civ. 1362.

214. La délation du serment par l'une des parties à l'autre est une transaction conditionnelle, soumise aux règles ordinaires des transactions. Pour déférer le serment, il faut donc avoir la capacité de disposer (C. civ. 2045) ; ainsi, le serment ne peut être déféré, ni par la femme mariée, ni par le mineur, ni par l'individu pourvu d'un Conseil judiciaire ; et il ne peut non plus être déféré à la femme mariée, que sur les objets dont elle a la libre disposition.

215. Le serment ne peut être déféré que par la partie elle-même, ou par un mandataire ayant un pouvoir spécial à cet effet, ou par un mandataire général, muni d'une procuration emportant pouvoir d'aliéner. Toullier, t. X, n° 375 ; Duranton, t. XIII, n° 587.

216. Ainsi, le serment ne serait valablement déféré ni par un tuteur, sans l'autorisation du Conseil de famille, quand l'acte dont il s'agit excède ses pouvoirs, ni par le maire d'une commune.

217. Mais on peut le déférer au tuteur sur un payement qu'on prétend lui avoir fait pour le mineur, relativement à des actes de pure administration. Toullier, *eodem*; Duranton, *eodem*.

218. La partie à laquelle le serment est déféré sans pouvoirs peut se prévaloir du défaut de pouvoirs, et refuser de le prêter, sauf à surseoir par le juge, pour savoir si le mandataire a réellement reçu pouvoir à cet effet. Grenoble, 23 février 1827; Turin, 2 avril 1810.

219. Le serment peut être déféré, même après une enquête de toute autre preuve; l'article 1360 dit *en tout état de cause*.

220. Il n'est pas au pouvoir du juge d'admettre ou de rejeter la demande du serment décisoire, lorsqu'il peut avoir de l'influence sur le jugement de la cause. Caen, 4 janvier 1840; Cass. 21 novembre 1833.

Jugé toutefois qu'un juge de paix a pu ne pas reconnaître, dans les conclusions tendant à la comparution de l'adversaire et à la délation du serment, l'offre d'un serment litis-décisoire, et ne pas surseoir à cette comparution. Cass. 29 juillet 1832.

221. Le juge peut, en ordonnant le serment, statuer conditionnellement sur la contestation, en insérant dans le jugement qu'en cas d'affirmation de la partie à laquelle le serment est déféré, l'autre est déboutée de sa demande et condamnée aux dépens.

222. Le jugement sur le serment, ou sur le refus de la partie, ordonne, dans le premier cas, que le précédent jugement sortira son plein et entier effet; dans le second, il prononcera les condamnations résultant du refus.

223. Si le serment est accepté aussitôt qu'il est déféré, le tribunal donne acte de la délation, de l'offre de prêter serment, et, au besoin, de la prestation si elle s'opère immédiatement.

Si, au contraire, la partie à laquelle le serment est déféré objecte que la matière n'est pas de la nature de celles qui peuvent être décidées par un serment, ou que l'adversaire n'est pas capable de déférer un serment, alors cette question sera jugée par le tribunal; et, s'il reconnaît que le serment pouvait être déféré, il enjoindra à l'autre partie de le prêter, et détaillera dans son dispositif les faits sur lesquels il doit être prêté.

224. Il suffit de demander que le serment porte sur le fait de la libération alléguée par le défendeur, sans détailler et spécifier le mode de payement.

225. Il est inutile de lever et de signifier le jugement, s'il a été rendu en présence des parties.

226. Lorsque le serment déféré ou référé a été fait, l'adversaire n'est point recevable à en prouver la fausseté (C. civ. 1363). Mais cette disposition n'empêcherait point le ministère public de poursuivre le faux serment. C. pén. 301.

227. La partie qui a déféré ou référé le serment ne peut plus se rétracter, lorsque l'adversaire a déclaré qu'il est prêt à faire ce serment. C. civ. 1364.

228. Le serment est prêté par la partie en personne, à l'audience, devant la justice de paix où la cause est pendante, ou devant la justice de paix de la résidence de la partie si elle est fort éloignée, ou même, en cas d'empêchement légitime et dûment constaté, au domicile même de la partie, où le juge de paix peut se transporter, assisté de son greffier. C. proc. 121.

229. Le délai pour comparaître à la prestation de serment est de trois jours (C. proc. arg. 261), outre l'augmentation à raison des distances. Cass. 4 janvier 1842.

230. Si la partie est décédée ou incapable (par exemple en état d'aliénation mentale), le jour fixé pour la prestation de serment, on doit considérer comme annihilée la disposition du jugement qui ordonnerait le serment, et procéder de nouveau au jugement de la cause d'après les autres éléments de la procédure, abstraction faite du serment déféré à la partie. Limoges, 20 août 1840.

231. La partie peut prêter serment selon le mode de sa religion. Bordeaux, 14 mars 1809.

Mais le *doit-elle,* lorsqu'on l'exige, si elle offre le serment ordinaire? Elle ne le *doit* pas, suivant un arrêt de la Cour d'Aix du 13 août 1829, et deux arrêts de la Cour de Nîmes des 10 janvier et 7 juin 1827; mais l'affirmative résulte d'une lettre du grand-juge du 26 novembre 1808, et d'un arrêt de la Cour de Colmar du 5 mai 1815.

232. Le serment judiciaire tient de la nature de l'aveu; il est, comme lui, indivisible. C. civ. 1356.

233. Le serment fait ne forme preuve qu'au profit de celui qui l'a déféré ou contre lui, et au profit de ses héritiers et ayants cause, ou contre eux.

234. Le serment déféré par l'un des créanciers solidaires au débiteur ne libère celui-ci que pour la part de ce créancier. Le serment déféré au débiteur principal libère également les cautions; celui déféré à l'un des débiteurs solidaires profite aux codébiteurs; — et celui déféré à la caution profite au débiteur principal. — Dans ces deux derniers cas, le serment du codébiteur solidaire ou de la caution ne profite aux autres codébiteurs et au débiteur principal, que lorsqu'il a été déféré sur la dette, et non sur le fait de la solidarité ou du cautionnement. C. civ. 1365.

ARTICLE 2. *Du serment déféré d'office.*

235. Le juge peut déférer d'*office* à l'une des parties le serment, ou pour en faire dépendre la décision de la cause, ou seulement pour déterminer le montant de la condamnation. C. civ. 1366.

Le serment ainsi déféré s'appelle *supplétif* dans le premier cas, et serment *in litem* dans le second.

236. Le serment supplétif ne peut être déféré soit sur la demande, soit sur l'exception qui y est opposée, que sous les deux conditions suivantes : il faut 1° que la demande ou l'exception ne soit pas pleinement justifiée; — 2° qu'elle ne soit pas totalement dénuée de preuves: — hors ces deux cas, le juge doit en adjuger ou rejeter purement et simplement la demande. C. civ. 1367.

237. Mais à quelle partie le juge doit-il déférer le serment ? La solution dépend des circonstances, du degré de confiance que lui inspire chaque partie (Cass. 14 mars 1842), et du rôle qu'elle joue dans le procès.

Si le demandeur n'a en sa faveur que de légers indices, le juge déférera le serment au défendeur, afin qu'il se purge de la demande. Paris, 12 fructidor an XIII.

Si, au contraire, la demande est établie, et que les exceptions alléguées par le défendeur ne soient pas suffisamment prouvées, le serment sera déféré au demandeur qui est défendeur quant à l'exception. Pothier, *Obligations*, nos 831 et 832.

237 *bis*. Le serment qui n'a été déféré que subsidiairement par la partie peut être considéré par le juge comme un serment supplétif, qu'il lui est facultatif de ne pas ordonner ; alors il n'est pas vrai de dire que la partie a entendu faire dépendre uniquement le jugement de la prestation du serment de l'adversaire. Cass. 12 nov. 1835, et 7 nov. 1838.

238. Le serment déféré d'office par le juge à l'une des parties ne peut être par elle référé à l'autre. C. civ. 1367.

239. Le jugement qui ordonne d'office le serment doit aussi énoncer les faits sur lesquels il sera prêté (C. proc. 120). Il faut, en effet, que la partie à qui on défère le serment sache si, en conscience, elle peut le prêter, et si elle a intérêt ou non à appeler du jugement.

240. Si la partie à laquelle le serment a été déféré par le juge est présente et consent à le prêter, il n'y a pas lieu à lever ni à signifier le jugement; elle peut se con-

tenter de faire à l'adversaire, au cas où le serment n'est pas prêté sur-le-champ, sommation d'assister à la prestation.

Mais, en cas de retard de cette partie, et à défaut de jour fixé en sa présence par le jugement qui a déféré le serment, l'autre partie, comme plus diligente, a droit de lever et de faire signifier le jugement.

241. Le jugement qui défère d'office le serment à une partie, n'ayant qu'un caractère interlocutoire, peut et doit être rétracté, si, avant la prestation de serment, l'autre partie produit une pièce de laquelle résulte manifestement la fausseté des faits que ce serment aurait pour objet d'affirmer. Cass. 20 décem. 1823.

242. On peut appeler du jugement qui défère le serment supplétoire.

243. Si la partie qui avait obtenu gain de cause à la charge du serment, vient à décéder avant de l'avoir prêté, les choses sont remises au même état qu'avant le jugement. Carré, n° 511 ; Thomine, 1, 239.

244. La présence de l'autre partie à la prestation de serment, jointe au défaut d'appel du jugement qui l'a ordonné, pourrait être regardée comme un acquiescement.

245. Quant au serment sur la valeur de la chose demandée, dit serment *in litem*, il ne peut être déféré par le juge au demandeur que lorsqu'il est d'ailleurs impossible de constater autrement cette valeur. — Le juge doit même, en ce cas, déterminer la somme jusqu'à concurrence de laquelle le demandeur en sera cru sur son serment. C. civ. 1369.

246. Toutefois, il est des cas où la dernière dispo-

sition de cet article ne semble pas devoir être appliquée, notamment celui de l'art. 1781 du C. civ., portant que le maître est cru sur son affirmation, pour la quotité des gages, pour le payement du salaire de l'année échue, et pour les à-compte donnés pour l'année courante.

FORMULE 55e. *Jugement sur une délation de serment décisoire.*

Entre le sieur A... demandeur aux fins d'obtenir le payement d'une somme de cent quatre-vingts francs qu'il prétend lui être due par le S. B... comparant... d'une part;

Et le sieur B... défendeur... comparant... d'autre part;

Lequel a déclaré ne rien devoir au sieur A... pour les causes énoncées en l'exploit introductif d'instance, ni pour autre cause;

A quoi a été répondu par ledit sieur A... que, n'ayant pas la preuve écrite de sa créance, il entend déférer le serment litis-décisoire au sieur B... qui déclare être disposé à le prêter;

Nous, considérant que les faits sur lesquels le serment est déféré sont pertinents et de nature, s'ils étaient reconnus par le défendeur, à prouver qu'il doit la somme demandée;

Considérant que le sieur B... n'a pas référé le serment au sieur A..., et a déclaré être disposé à le prêter;

Ordonnons que le sieur B... sera tenu de prêter serment sur le fait suivant, à savoir : s'il doit au sieur A... la somme de cent quatre-vingts francs. (*Le fait pourrait être posé avec plus de détails, mais le juge de paix doit le prendre tel que le demandeur l'a établi*) ; et, vu son absence, renvoyons à l'audience de... pour, après le serment prêté, être statué ainsi que de droit, dépens réservés.

Après le serment, le juge statue en ces termes :

Nous, vu le serment qui vient d'être prêté par le sieur B... dont nous lui donnons acte;

Vu la méconnaissance par lui passée;

Déclarons le sieur A... mal fondé dans sa demande, l'en déboutons et le condamnons aux dépens.

FORMULE 56e. *Jugement qui donne acte du serment décisoire, prêté sur-le-champ à l'audience.*

... Attendu que, dans les circonstances, il y a lieu d'ordonner le serment décisoire par A... déféré à B...

En conséquence, nous donnons acte audit sieur A... de sa déclaration, et ordonnons que B... sera tenu d'affirmer par serment si la somme de cent quatre-vingts francs dont s'agit lui a jamais été prêtée par A... directement ou indirectement. Ledit sieur B... ici présent a offert de prêter ledit serment; et, de notre injonction, sa main droite levée à Dieu, a juré et affirmé en audience publique, et en présence du demandeur, que celui-ci ne lui a jamais prêté la susdite somme de cent quatre-vingts francs, duquel serment, nous juge de paix, avons donné acte. En conséquence, déboutons le sieur A... de sa demande, et le condamnons aux dépens.

FORMULE 57e. *Jugement sur serment supplétoire, avec délégation du juge de paix d'un autre canton pour recevoir le serment.*

Attendu que A... met en fait avoir prêté cent quatre-vingts francs aux époux B...; attendu que ceux-ci nient ce prêt; mais que le mari soutient n'avoir jamais reçu les cent quatre-vingts francs, tandis que la femme reconnaît qu'elle et son mari les ont reçus, mais prétend qu'ils les ont rendus. Attendu que, par une lettre en date du... enregistrée à... le sieur B... lui-même écrivait au sieur A... qu'il serait bientôt en mesure de s'acquitter envers lui; de sorte que si la demande de A... n'est pas pleinement justifiée, elle n'est pas totalement dénuée de preuve; et c'est le cas de l'accueillir, mais à la charge par A... d'affirmer que la somme réclamée lui est légitimement due;

Par ces motifs, nous juge de paix condamnons les époux B... solidairement à payer à A... la somme de cent quatre-vingts francs, à la charge par A... d'affirmer par serment que ladite somme lui est légitimement due et qu'il n'en a été remboursé ni par A... ni par son épouse, directement ni indirectement; et vu que ledit A... est avancé en âge, qu'il est atteint d'infirmités et qu'il réside actuellement dans le canton de... déléguons M. le juge de paix dudit canton pour recevoir le serment qui vient d'être prescrit; condamnons lesdits époux B... aux dépens liquidés à... ensemble aux frais qui sont occasionnés par la prestation dudit serment, et ordonnons qu'il sera sursis à l'exécution jusqu'à l'accomplissement dudit serment, qui sera prêté en présence des époux, ou eux dûment appelés, et dont il sera dressé procès-verbal.

CHAPITRE X. — Des visites des lieux. — Des appréciations et des expertises.

247. Lorsqu'il s'agira soit de constater l'état des lieux, soit d'apprécier la valeur des indemnités et dédommagements demandés, le juge de paix ordonnera que le lieu contentieux sera visité par lui, en présence des parties. C. proc. 41.

248. Le transport sur les lieux peut être ordonné spécialement dans les actions pour déplacement de bornes, usurpation de terre, arbres, prés, fossés et autres clôtures, et pour entreprises sur les cours d'eau.

249. Mais le juge de paix peut se transporter sur les lieux et entendre les témoins, sans réquisition des parties; mais si le transport sur les lieux doit occasionner des frais, ces frais ne seront taxés et accordés qu'autant que le transport aura été expressément requis par l'une des parties. C'est la disposition formelle de l'article 8 du tarif de 1807, lequel ajoute que la mention de cette réquisition doit être inscrite au procès-verbal du juge, et qu'autrement, il ne serait rien alloué pour frais de transport.

250. Les parties peuvent se faire représenter, à la visite des lieux, comme à l'audience, par des fondés de pouvoir. On reçoit, dans ce cas, les dires, observations ou réquisitions qu'ils font pour leurs parties, et on les insère au procès-verbal, s'il en est dressé : alors ils doivent les signer, ou l'on doit faire mention de leur refus.

251. Si l'objet de la visite ou de l'appréciation exige

des connaissances qui soient étrangères au juge, il ordonnera que des gens de l'art, qu'il nommera par le même jugement, feront la visite avec lui et donneront leur avis : il pourra juger sur les lieux mêmes, sans désemparer. Dans les causes sujettes à l'appel, procès-verbal de la visite sera dressé par le greffier, qui constatera le serment prêté par les experts. Le procès-verbal sera signé par le juge, par le greffier et par les experts; et si les experts ne savent ou ne peuvent signer, il en sera fait mention. C. proc. 42.

252. Nous avons déjà vu, ci-dessus, n° 192, que les jugements qui ne sont pas définitifs ne sont point expédiés, quand ils ont été rendus contradictoirement et prononcés en présence des parties. Dans les cas où le jugement ordonne une opération à laquelle les parties doivent assister, il indique le lieu, le jour et l'heure, et la prononciation vaut citation. C. proc. 28.

253. Si le jugement ordonne une opération par des gens de l'art, le juge délivrera, à la partie requérante, cédule de citation pour appeler les experts; elle fera mention du lieu, du jour, de l'heure, et contiendra le fait, les motifs, la disposition du jugement relative à l'opération ordonnée.—Si le jugement ordonne une requête, la cédule de citation fera mention de la date du jugement, du lieu, du jour et de l'heure. C. proc. 29.

254. Toutes les fois que le juge de paix se transportera sur le lieu contentieux, soit pour en faire la visite, soit pour entendre les témoins, il sera accompagné du greffier qui apportera la minute du jugement préparatoire. C. proc. 30.

255. Le juge de paix peut-il ordonner un rapport d'expert sans ordonner une descente? Cette question est d'autant plus importante que, d'après l'art. 8 du tarif, le juge de paix ne peut, comme nous l'avons dit plus haut, ordonner son transport avec frais, que sur la réquisition de l'une des parties, à moins de s'exposer à supporter personnellement les frais de sa visite. Si donc le rapport d'expert ne pouvait avoir lieu qu'en sa présence, aucune partie ne le requérant, il se trouverait entravé dans les moyens de connaître la vérité.

Mais, d'un autre côté, la rédaction et la disposition de l'art. 42 C. proc. semblent s'opposer à ce que l'expertise ait lieu en dehors de la présence du juge de paix : « Il ordonnera, dit cet article, que les gens de l'art *fe-* « *ront les visites avec lui*, le procès-verbal sera dressé « par le greffier, signé *par le juge, le greffier et les ex-* « *perts.* »

Cependant la nécessité de mettre le juge à même de prononcer en connaissance de cause a fait adopter que, dans le cas où la visite n'est pas requise, il est en son pouvoir d'ordonner une expertise qui aura lieu hors de sa présence; si même le juge de paix ne trouvait pas dans le rapport les éclaircissements suffisants, il pourrait ordonner d'office une nouvelle expertise, par un ou plusieurs experts qu'il nommerait également d'office et qui pourraient demander aux précédents experts les renseignements qu'ils trouveraient convenables. Cass. 20 juill. 1837, *J. pal.*, t. II de 1837, p. 383; Pigeau, *Commentaire*, t. Ier, p. 108 et 109; Curasson, t. Ier, p. 113, n° 25; Chauveau sur Carré, n° 172 ter.

256. Les experts nommés pour visiter les lieux en même temps que le juge de paix ne rédigent pas de procès-verbal; mais dans les causes non susceptibles d'appel on insère au jugement, d'après l'art. 43 C. proc., le résultat de l'expertise; et, dans les causes sujettes à l'appel, c'est le greffier qui tient procès-verbal (*Voir* ci-dessus, n° 251). Il est donc fort important qu'il ne soit présenté qu'un seul avis. D'où la nécessité de nommer un ou trois experts. Il faut d'ailleurs éviter toujours autant que possible le partage d'avis. C. proc. 303.

257. Le juge de paix n'est pas tenu, dit Carré, n° 177, de suivre l'avis des experts : l'avis des experts n'est qu'une opinion, et non pas une décision; on ne peut conséquemment lui assigner d'autre caractère que celui d'une simple instruction, d'un simple renseignement donné au juge de paix par les experts. Ce n'est donc point pour lui une règle absolue qu'il doive suivre, et il peut s'en écarter, suivant les circonstances et sa propre conviction.

Tel est aussi le principe consacré par l'art. 323, suivant la maxime *dictum expertorum nunquam transit in rem judicatam;* et ce principe est d'autant plus applicable en justice de paix, que la loi permet au juge d'y remplir, en certains cas, les fonctions d'expert, ce qui est interdit aux juges des tribunaux d'arrondissement.

257 *bis.* Il n'est pas nécessaire que le choix des experts soit fait par le juge; il peut agréer les experts présentés par les parties.

L'article 308 du Code de procédure civile autorise les parties à récuser les experts, mais seulement ceux nommés d'office; les motifs de récusation sont ceux pour lesquels les témoins peuvent être reprochés, *eodem*, art. 310 (Voir le chapitre qui suit). Carré, n° 176, pense que la même règle est applicable aux experts nommés par le juge de paix; mais le titre *Des justices de paix*, au Code de procédure civile, est muet sur la récusation des experts, quoiqu'il contienne des dispositions sur la récusation des témoins. La présence des parties devant le juge de paix, en personne ou par un fondé de pouvoir, leur permettant de présenter au juge, au moment même de la nomination des experts, des observations qui ne pourraient manquer d'être accueillies favorablement si elles étaient fondées, et la simplicité de la procédure devant les juges de paix, doivent faire rejeter les formes de la récusation ordinaire. Mais la partie aurait toujours le droit de demander acte du fait qu'elle alléguerait contre l'appel, pour en faire tel usage que de droit en appel. Levasseur, édit. Toussaint, n° 142.

258. Le juge de paix ne pourrait refuser l'insertion au procès-verbal, dans les cas où procès-verbal est dressé, c'est-à-dire dans les causes sujettes à appel, de toutes les déclarations et observations que les parties ou leurs fondés de pouvoir pourraient faire sur les opérations des experts. Mais il faudrait alors que ces déclarations ou observations fussent signées par les parties, et que, si elles ne savaient signer, mention en fût faite, de même que de leurs déclarations d'approuver les dires et observations consignés à leur requête.

259. La visite du juge et l'avis des experts doivent être, comme nous l'avons dit, constatés par le même

procès-verbal, si, toutefois, les experts accompagnent le juge. Mais s'ils opèrent en dehors de sa présence, ils doivent dresser eux-mêmes le procès-verbal de leur expertise, lequel est rédigé par l'un d'eux, ou par le greffier s'ils ne savent pas écrire, et déposé au greffe. Il est indispensable alors, dit M. Chauveau sur Carré, n° 179, de suivre les formalités prescrites pour les expertises devant les tribunaux, puisque le titre *des justices de paix* est muet pour ce cas.

260. Si le juge de paix n'entendait pas user de la faculté que lui donne l'art. 42 de statuer sur les lieux sans désemparer, devrait-il dresser procès-verbal, quoique l'affaire soit de nature à être jugée en dernier ressort? L'art. 43 ne se bornant pas à *dispenser* le juge de dresser procès-verbal, mais le lui interdisant formellement et sans distinction, il n'y a pas lieu à l'interpréter. On ne doit donc point rédiger de procès-verbal dans l'espèce de la question qui précède. Le juge qui a vu les lieux, et reçu verbalement l'avis des experts, sera en état de statuer d'après ces notions, qu'il aura conservées dans sa mémoire ou gardées en note. Carré, n° 180.

261. Le résultat de l'avis des experts que le jugement doit seulement énoncer dans les causes non sujettes à l'appel, est l'énoncé pur et simple de leur avis, c'est-à-dire l'apurement donné par les experts, sans aucune mention des motifs sur lesquels il repose.

FORMULE 58e. *Jugement qui ordonne la visite du lieu contentieux, et nomme des experts.*

Entre, etc...

Attendu que la visite des lieux est utile pour prononcer sur les faits à nous soumis ; que cette visite est requise par le sieur A... demandeur; qu'une expertise n'est pas moins nécessaire pour apprécier les indemnités demandées, dans le cas où il y aurait lieu.

Nous... avant faire droit, avons ordonné que le... heure de... nous nous transporterions en la maison contentieuse, sise en la commune de... rue de... n°... tenant d'un bout... d'autre bout... d'un long... d'autre long à... pour procéder à la visite de ladite maison, et estimer les réparations, s'il en est à faire. A laquelle visite nous procéderons en présence du sieur C... maître maçon, et du sieur D... maître charpentier... (*prénoms, noms et domicile des experts*), experts par nous nommés, qui prêteront serment en nos mains, et nous donneront leur avis sur le montant des réparations dont il s'agit, pour, après ladite visite et avis des experts, être par nous ordonné ce qu'il appartiendra; et sera par nous délivré cédule nécessaire pour la citation des experts.

Prononcé par nous... juge de paix, en présence de toutes les parties (*ou bien* en présence du sieur... et en l'absence du sieur...), dépens réservés. A...

FORMULE 59e. *Extrait du jugement contradictoire, mais prononcé en l'absence de l'une des parties, qui ordonne la visite.*

D'un jugement rendu le... l'an... par le juge de paix du canton de... département de... entre le sieur A... demandeur, et le sieur B... défendeur, sur défenses respectives, mais prononcé en l'absence dudit sieur B...

Il appert avoir été ordonné que le... heure de... ledit

juge de paix se transporterait à la maison contentieuse, sise... pour être procédé à la visite de ladite maison, en la présence du sieur C... et du sieur D... experts nommés pour donner leur avis sur le montant des reconstructions dont il s'agit.

Pour extrait... (*Signature du greffier.*)

Cet extrait doit être signifié à la partie avec sommation d'assister à la visite des lieux, aux heure, jour, mois et an fixés par ledit jugement, dont extrait en tête de l'exploit.

FORMULE 59e *bis*. *Cédule à l'effet de citer les experts.*

Nous juge de paix du canton de... département d ...

Conformément au jugement par nous rendu le... par lequel il a été ordonné que le... heure de... nous nous transporterions en la maison contentieuse sise... et estimerions les réparations dont il s'agit en présence des sieurs ci-après nommés, dont nous prendrions l'avis.

Sur la réquisition de... (*prénoms, nom, profession et domicile de celui qui poursuit la visite*),

Autorisons à faire citer devant nous, lieu, jour et heure sus-indiqués, pour prêter en nos mains serment de bien et fidèlement remplir leur mission, et pour nous donner leur avis, le sieur C... demeurant à... maître maçon, et le sieur D... demeurant à... maître charpentier.

Donné à... le... l'an...

(*Signature du juge de paix.*)

FORMULE 60e. *Sommation aux experts de prêter serment et d'assister à la visite des lieux, au jour indiqué par le jugement.* C. proc. 42; Tarif, 21. — Coût : Paris, 1 fr. 50; ailleurs, 1 fr. 25; copie, le quart.

L'an... le... à la requête du sieur...

J'ai... (*immatricule de l'huissier*) soussigné, signifié, et avec celle des présentes donné copie, 1° à M. C... demeurant à... maître maçon; 2° à M. D... demeurant à... maître charpentier,

D'une cédule de M... juge de paix du canton de... en date du... enregistrée; à ce que les susnommés n'en ignorent, et à pareilles requête, demeure et élection de domicile que dessus, j'ai, huissier susdit et soussigné, domicile et parlant comme dessus, fait sommation auxdits sieurs... de comparaître et se trouver le... heure de... en la maison sise à... rue...

Pour prêter serment de bien et fidèlement procéder, et pour procéder aux opérations d'expertises ordonnées par jugement de M. le juge de paix du canton de... rendu le... contradictoirement entre le requérant et le sieur... A ce que pareillement les susnommés n'en ignorent, je leur ai, en leurs domiciles et parlant comme dessus, laissé, à chacun séparément, copie de ladite cédule, et du présent, dont le coût est de...

(*Signature de l'huissier.*)

FORMULE 61e. *Visite contradictoire des lieux, sans expertise ni enquête.*

L'an, etc.

Nous, etc... juge de paix du canton de... en exécution du jugement interlocutoire par nous rendu le... du présent mois, enregistré... sur l'action intentée par le sieur A... demeurant en ladite commune;

Et à la requête du sieur A... nous sommes transporté, assisté du greffier de notre justice de paix, porteur de la minute dudit jugement, dans une maison située à... rue de... lui appartenant, à l'effet de constater...

Et là étant, dans une pièce servant de... s'est présenté ledit sieur A... lequel, persistant dans sa précédente demande, nous a requis de procéder immédiatement à la visite par nous ordonnée, tant en présence qu'en l'absence dudit sieur B... et a signé. (*Signature.*)

Et à l'instant est aussi comparu ledit sieur B... lequel a déclaré qu'il ne s'oppose pas à la visite dont il s'agit, offrant d'y assister, sous toutes les réserves de droit, et a signé. (*Signature.*)

Sur quoi nous avons donné acte aux parties de leurs consentement et réserves, et avons, en leur présence, procédé comme il suit :

1° Nous avons remarqué dans la chambre où nous sommes que...

2° Dans un salon ayant vue sur un jardin, nous avons remarqué que... (*comme dessus; et si dans le cours de l'opération les parties font des réquisitions ou des demandes, on dit*) :

En cet endroit, le demandeur a requis que... (*exprimer les moyens et conclusions*), et a signé. (*Signature.*)

A quoi le défendeur a répondu que... (*analyse de la réponse*), et a signé.

Sur quoi nous, juge de paix;

Attendu que... (*motifs de la décision*).

Ordonnons... (*Enoncer ici ce que le juge prononce, soit un renvoi à l'audience, soit une mesure provisoire, soit un simple acte donné aux parties de leurs dires, avec réserves de leurs droits respectifs.*)

Et, attendu qu'il n'y a plus rien à visiter ou examiner, nous renvoyons la cause et les parties, pour être fait droit, à notre audience du... dépens réservés.

Fait et clos le présent procès-verbal à... les jour, mois et an susdits, à... heure... et ont les parties signé avec nous et le greffier. (*Signatures.*)

FORMULE 62e. *Visite contradictoire, expertise et jugement après l'expertise.*

Entre le sieur A... demandeur aux fins de la citation originaire du... et le sieur B... défendeur aux fins de la même citation, comparant l'un et l'autre en personne devant nous... juge de paix, assisté de notre greffier, en une maison... (*désignation de la maison, comme au jugement qui ordonne la visite*).

Le sieur A... a dit qu'aux termes de notre jugement du... rendu entre lui et le sieur B... prononcé parties présentes, et de la cédule à lui par nous délivrée le... il a, par exploit du... enregistré le... fait citer à comparaître devant nous cejourd'hui, lieu et heure présente, le sieur C... maître maçon, demeurant à... et le sieur D... maître charpentier, demeurant à... pour donner leur avis sur les réparations dont il s'agit; pourquoi requiert qu'il nous plaise de procéder à la visite ordonnée, et prendre les avis des experts présents.

Sur quoi, nous... juge de paix, avons procédé à la visite de ladite maison, et nous avons reconnu que... Les experts, de leur côté, après avoir prêté en nos mains serment de bien et fidèlement s'acquitter de leur fonction, ont procédé à l'estimation des réparations dont il s'agit, lecture à eux préalablement faite, par notre greffier, de notre jugement du... qui a ordonné la présente visite et estimation.

Le sieur C... maître maçon, a reconnu que... (*il fera mettre dans le procès-verbal tous les détails de son art, nécessaires pour appuyer son avis*)... pourquoi il estime que la reconstruction dudit mur coûtera la somme de... et a signé. (*Signature du sieur C...*)

Le sieur D... maître charpentier, a reconnu que... (*il fera mettre pareillement dans le procès-verbal tous les détails de son art, nécessaires pour appuyer son avis*): pourquoi il estime que la reconstruction du hangar coûtera la somme de... et a signé.

(*Signature du sieur D...*)

Après laquelle visite, et avis à nous donné par les experts... nous... juge de paix, considérant que... disons...

Donné en la maison susdésignée, par nous... juge de paix du canton de... département de... le... l'an...

FORMULE 63e. *Jugement, sans rédaction par écrit de la visite et de l'expertise.*

Entre le sieur A... (*suite comme en la formule précédente, 62e, jusqu'à*),

Ordonné la présente visite et estimation.

Après laquelle visite et avis à nous donné par les experts, duquel avis il résulte que... (*énoncer ici, en le résumant, l'avis des experts, seulement les conclusions*).

Nous, juge de paix, considérant que... (*suite comme en la formule qui précède*).

FORMULE 64e. *Visite par défaut, et jugement après la visite.*

Entre le sieur A... demandeur aux fins de la citation originaire du... enregistrée le... comparant... en la maison contentieuse, sise commune de... (*désignation de la maison comme au jugement*), et le sieur B... défendeur aux fins de la même citation, non comparant ni personne pour lui ;

Le sieur A... nous a dit qu'aux termes de notre jugement du... rendu entre lui et le sieur B... sur défenses respectives, mais prononcé en l'absence dudit sieur B... demeurant... signifié par extrait audit sieur B... par exploit de... en date du... enregistré le... contenant sommation d'être présent à la visite ci-après; et en vertu de la cédule à lui par nous délivrée le... il a, par exploit du... enregistré le... fait citer à comparaître devant nous, en ce lieu, cejourd'hui, heure présente de... les sieurs C... et D... experts nommés par ledit jugement, lesquels sont ici présents; et requiert qu'il nous plaise procéder à la visite de la maison où nous sommes, et prendre l'avis desdits experts;

Et après avoir attendu jusqu'à l'heure de... sans que le sieur B... soit comparu ni personne pour lui, nous... juge de paix, avons procédé à la visite de ladite maison, et nous avons reconnu que... Les experts, de leur côté, après serment par eux fait en nos mains de bien et fidèlement s'acquitter de leur fonction, ont procédé à l'estimation des réparations dont il s'agit, lecture à eux préalablement faite... (*Le surplus comme ci-devant, formule* 62.)

FORMULE 65e. *Rapport d'experts, dressé par le greffier dans une expertise ordonnée soit par le juge de paix sans descente sur les lieux, soit par le tribunal de première instance, lorsqu'un des experts ne sait pas écrire.* (C. proc. 317; Tarif, art. 15.—Taxe du greffier, deux tiers des vacations allouées à un expert.)

A monsieur le juge de paix du canton de... *ou* à messieurs les président et juges du tribunal de première instance de...

L'an... le... heure de... nous J... fermier, demeurant à...; S... propriétaire, demeurant à...; L... vigneron, demeurant à... experts convenus entre les parties en exécution d'un jugement rendu le... entre le sieur A... propriétaire, demeurant à... et B... également propriétaire, demeurant à... (*ou* nommés d'office par un jugement rendu le... etc.), à l'effet de procéder aux visites et opérations ci-après, après avoir prêté serment de bien et fidèlement remplir notre mission, ainsi qu'il est constaté par procès-verbal de J... juge de paix du canton de... en date du... nous nous sommes transportés sur une pièce de terre sise au lieu de... commune de... où étant arrivés heure de... nous avons trouvé ledit sieur A... lequel, après nous avoir remis la grosse dudit jugement, enregistré et signifié à Me D.., avoué du sieur B... (*Si l'expertise a été ordonnée par un juge de paix, il ne sera pas fait mention d'avoué dans tout l'acte*), ensemble l'original de la sommation faite audit sieur B... le... par acte d'avoué, de se trouver aux lieu et heure ci-dessus désignés, nous a requis de procéder aux opérations ordonnées par ledit jugement, et a signé avec Me T. son avoué.

Est aussi comparu ledit sieur B... qui, assisté de Me D... son avoué, nous a dit qu'il comparaissait pour satisfaire à ladite sommation, et n'empêchait pas que nous procédassions auxdites opérations; et ont ledit sieur B... et son avoué signé.

(*Ici on transcrit les déclarations ou les réquisitions que peuvent faire les parties.*)

Desquels comparutions, remises, dires, réquisitions et consentement nous avons donné acte aux parties; en conséquence, avons procédé à l'expertise, conformément audit jugement, en présence des parties et de leurs avoués, et rédigé notre rapport, lequel a été écrit par M... greffier de la justice de paix du canton de... sous la dictée de M.... l'un de nous, ainsi qu'il suit, attendu que M. A... l'un de nous, ne sait pas écrire.

(*Constater ici la vérification et toutes les opérations nécessaires pour établir la vérité, telles qu'arpentage, toisé, etc. Les parties doivent être présentes à cette partie du rapport, et faire toutes les observations qu'elles jugent utiles. S'il est nécessaire de remettre à une autre vacation, on rédige ainsi cette partie du rapport :*)

Et après avoir vaqué à tout ce qui vient d'être énoncé jusqu'à... heure de... nous avons, pour continuer nos opérations, remis à... (*jour et heure*), auxquels les parties seront tenues de se trouver sans nouvelle sommation, et ont les parties et leurs avoués signé avec nous.

(*Si la présence des parties n'est plus nécessaire, on l'indique.*)

Et lesdits an, jour et heure, nous, experts ci-dessus nommés, étant réunis à... en l'absence des parties et de leurs avoués, après avoir conféré entre nous sur (*l'objet de l'expertise, les questions qu'elle présente, etc.*), avons été unanimement d'avis de ce qui suit : (*L'avis unanime doit être notifié sur ces différents points.*)

(*Si deux experts ont été d'un avis et le troisième d'un autre avis au lieu de*) : avons été unanimement d'avis... avons été d'avis, à la pluralité, de ce qui suit :

(*Si chaque expert a émis un avis, on met*) : Il a été proposé trois avis, ainsi qu'il suit :

Le premier avis a été... le deuxième avis a été... le troisième avis a été. (*On termine en ces termes*) : Après avoir vaqué depuis l'heure de... jusqu'à... nous avons clos le procès-verbal, qui a été signé par le greffier et par MM... experts, seulement, attendu que M. A... le troisième expert, a déclaré ne savoir signer. (*Cette mention est nécessaire, car l'expert qui a déclaré ne savoir écrire pourrait savoir signer.*)

262. La taxe des experts en justice de paix est la même que celle des témoins (voir ci-après, n° 313); et il ne leur est alloué de frais de voyage que dans les mêmes cas, tarif, art. 25. — L'art. 2, tit. IX, de la loi des 14, 18, 26 octobre 1790, permettait aux juges de paix d'augmenter la taxe relativement aux hommes de l'art d'une

capacité plus distinguée; cette disposition n'ayant pas été reproduite par le Code de procédure, est regardée comme abolie. V. Fons sur l'art. 25 du Tarif.

CHAPITRE XI. — De la preuve par témoins et des enquêtes. — Quand la preuve par témoins est-elle admissible? — Formes de l'enquête devant le juge de paix.

ARTICLE 1er. — *Quand la preuve par témoins est-elle admissible?*

263. Si les parties sont contraires en faits de nature à être constatés par témoin, et que le juge de paix trouve la vérification utile et admissible, il ordonnera la preuve et en fixera précisément l'objet. Code de proc. 34.

264. Tous les faits ne sont pas de nature à être constatés par témoins : ainsi, l'art. 1341 C. civ. veut qu'il soit passé acte de toute chose excédant la somme ou valeur de 150 fr., même pour dépôt volontaire. D'après cet article, il ne peut être reçu, non plus, aucune preuve par témoins contre et outre le contenu aux actes, ni sur ce qui serait allégué avoir été dit avant, lors ou depuis les actes, encore qu'il s'agisse d'une somme ou valeur moindre de 150 francs.

265. Cette règle s'applique aux cas où l'action contient, outre la demande de capital, une demande d'intérêts qui, réunis au capital, excèdent la somme de 150 francs. C. civ. 1342.

266. Celui qui a formé une demande excédant 150 francs ne peut plus être admis à la preuve testimoniale, même en restreignant sa demande primitive. C. civ. 1343.

267. La preuve testimoniale, sur la demande d'une somme même moindre de 150 francs, ne peut être admise lorsque cette somme est déclarée être le restant ou faire partie d'une créance plus forte, qui n'est point prouvée par écrit. C. civ. 1344.

268. Si dans la même instance une partie fait plusieurs demandes, dont il n'y ait point de titre par écrit, et que, jointes ensemble, elles excèdent la somme de 150 francs, la preuve par témoins n'en peut être admise, encore que la partie allègue que ces créances proviennent de différentes causes et qu'elles se sont formées en différents temps, si ce n'était que ces droits procédassent, par succession, donation ou autrement, de personnes différentes. C. civ. 1345.

269. Le Code civil a pris, en outre, les moyens d'empêcher que, en faisant succéder une demande à une autre, on éludât la prohibition de la preuve testimoniale, en cas de plusieurs sommes à réclamer contre la même personne : ainsi, d'après l'article 1346, toutes demandes, à quelque titre que ce soit, qui ne seront pas entièrement justifiées par écrit, seront formées par un même exploit, après lequel les autres demandes, dont il n'y aura point de preuve par écrit, ne seront pas reçues. Cet article exclut même les demandes qui concerneraient des créances contractées postérieurement à la première, et que, par conséquent, il aurait été impossible de comprendre dans cette première demande; car il n'est pas probable que celui qui, ayant contracté avec une personne sans billet, se serait vu forcé de poursuivre en justice son débiteur, eût consenti,

depuis, à contracter encore avec lui sans garantie. Mais toutes ces règles sur l'admission de la preuve testimoniale reçoivent exception, lorsqu'il existe un commencement de preuve par écrit : on appelle ainsi tout acte écrit émanant de celui contre lequel la demande est formée ou de celui qu'il représente, et qui rend vraisemblable le fait allégué. C. civ. 1347.

270. Il n'est même pas nécessaire que le commencement de preuve par écrit émane de celui contre lequel la demande est formée. Ainsi, la copie d'un acte non délivrée par le notaire qui l'a reçu, la transcription d'un acte sur les registres publics, son enregistrement, peuvent, dans de certaines circonstances, servir de commencement de preuve par écrit. C. civ. 1335, 1336. La loi laisse, au reste, au juge à apprécier si l'acte produit peut constituer un commencement de preuve.

271. Les mêmes règles reçoivent encore exception toutes les fois qu'il n'a pas été possible au créancier de se procurer une preuve littérale de l'obligation qui a été contractée envers lui. — Cette seconde exception s'applique — 1° aux obligations qui naissent des quasi-contrats et des délits ou quasi-délits ; 2° aux dépôts nécessaires, faits en cas d'incendie, ruine, tumulte ou naufrage, et à ceux faits par les voyageurs en logeant dans une hôtellerie, le tout suivant la qualité des personnes et les circonstances du fait ; 3° aux obligations contractées en cas d'accidents imprévus, où l'on ne pourrait pas avoir fait des actes par écrit ; 4° au cas où le créancier a perdu le titre qui lui servait de preuve littérale,

par suite d'un cas fortuit, imprévu, et résultant d'une force majeure.

272. Telles sont les règles sur la preuve des obligations résultant d'une convention. Quant aux obligations et aux droits qui résultent des faits, ils peuvent toujours être prouvés par témoins, et ne sauraient même l'être autrement.

273. La preuve des faits est souvent invoquée dans les instances en justice de paix, celles, par exemple, qui ont lieu par suite de rixes, d'injures verbales, dommages aux champs, action possessoire, etc.

274. Après s'être demandé si la preuve par témoin offerte est admissible, si les faits sont de nature à être constatés par témoins, le juge de paix doit examiner si la vérification est *utile*, c'est-à-dire si ces mêmes faits sont *pertinents* : la vérification est utile lorsque le juge de paix ne peut, sans elle, prononcer sur la contestation. Si le fait qu'il s'agit de vérifier n'a pas de rapport avec l'affaire, si le juge peut former sa conviction sans recourir à la preuve proposée, il ne doit pas l'ordonner.

275. Le juge a un pouvoir discrétionnaire pour décider si les faits sont pertinents ou non, et pour rejeter, par conséquent, l'offre d'une preuve testimoniale (Cass. 19 juin 1839; Dall. 39, 1, 372). Il peut même refuser de l'ordonner en se fondant sur ce que les faits sont invraisemblables (Limoges, 20 nov. 1826; Cass. 21 juin 1827); ou sur ce que la preuve serait impossible à faire, parce que, par exemple, les faits allégués remonteraient à une époque trop reculée. Cass. 18 avril 1832; Levasseur, édit. Toussaint, p. 152.

276. Le défendeur peut obtenir de son côté, du juge de paix, la faculté de faire entendre des témoins pour repousser la preuve du demandeur, c'est-à-dire de répondre à l'enquête par une contre-enquête. Cette faculté doit lui être accordée, lors même qu'il ne l'aurait pas requise dès le principe, les dispositions contenues à cet égard dans l'article 1er du titre IV de la loi de 1790 n'étant pas répétées dans le Code de procédure.

277. Le juge de paix peut aussi ordonner d'office l'audition de témoins sur des faits dont les parties ne demanderaient pas la preuve tous les moyens lui étant permis pour éclairer sa conscience.

278. Il est même admis qu'il ne saurait invoquer dans son jugement la connaissance personnelle qu'il aurait d'un fait contesté entre les parties. Riom, 3 nov. 1809.

ARTICLE 2. — *Formes de l'enquête. — Jugement qui l'ordonne. — Cédule. — Citation des témoins. — Reproches. — Serment. — Audition. — Responsabilité du juge de paix.*

279. Le jugement qui ordonne une enquête doit en fixer l'objet. C. proc. 34.

La preuve contraire est de droit. C. proc. 256.

280. Le juge délivre à chaque partie cédule pour faire citer ses témoins : la cédule de citation doit faire mention de la date du jugement, du jour, du lieu et de l'heure de la comparution des témoins (C. proc. 29); elle doit aussi faire mention des faits sur lesquels portera l'enquête, afin d'avertir les témoins de l'objet de leur déposition.

281. La loi n'impose aucun délai de rigueur pour la réquisition de la cédule après la prononciation du jugement, s'il est contradictoire, ou après sa signification ou l'expiration du délai de l'opposition, s'il est par défaut. Pigeau (*Commentaire*, t. I, p. 94) pense que le délai ne devrait être que de trois jours; mais cette fixation, purement arbitraire, est repoussée par Carré, *Question* 152 *bis*, et par M. Chauveau sur Carré, *eodem*.

282. Faut-il notifier trois jours à l'avance, aux termes de l'art. 361 C. proc., la liste des témoins qu'on veut faire entendre? Pigeau (*Commentaire*, t. Ier, p. 94 et 95), adopte l'affirmative sur cette question; mais son opinion est encore combattue par M. Chauveau sur Carré, *Question* 152 *ter*, et repoussée par un arrêt de la Cour de cassation du 2 juillet 1835 (Dalloz, 35, 1, 339); cet arrêt a rejeté un pourvoi contre un jugement du tribunal de Coutances, qui, en se fondant principalement sur ce qu'il était reconnu par les auteurs et la jurisprudence que le juge de paix peut entendre les témoins produits, même sans citation, par les parties, avait décidé que la liste des témoins à entendre ne doit pas être notifiée. La Cour suprême s'est décidée par un motif plus général, c'est que les sept articles du titre VII, liv. Ier du Code de proc. civ. contiennent tout ce qui doit être observé pour les enquêtes devant les juges de paix. Le 13 janvier 1836, elle a persisté dans sa jurisprudence, en considérant que les délais, prorogations et déchéances mentionnés en matière d'enquête, par les art. 256 et suiv. du Code de proc. civ., ne s'appliquent pas aux preuves testimoniales de la compétence des juges de paix.

283. Il n'y aurait point, en effet, de nullité soit de l'enquête, soit du jugement définitif qui serait rendu par suite de cette instruction, s'il était arrivé que le juge eût reçu des dépositions de témoins qui n'auraient pas été appelés par la cédule de citation. Les articles du Code de procédure relatifs aux enquêtes devant les juges de paix n'infligent pas la peine de nullité à l'omission des formes; et, d'après l'article 1030 du même Code, aucun exploit ou acte de procédure ne peut être déclaré nul, si la nullité n'en est pas formellement prononcée par la loi.

284. En général il est utile, dit Carré, que les formes réglées pour les enquêtes et les expertises devant les tribunaux civils soient observées dans les justices de paix, lorsqu'elles ne contrarient point leur organisation et la pensée de simplification qui y domine; mais leur inobservation n'entraînerait jamais la nullité.

285. Les témoins doivent être cités au moins un jour avant l'audition (C. proc. 408), outre une augmentation suivant la distance. Si le témoin comparaît, il peut requérir taxe, conformément à l'art. 24 du tarif civil. Il lui est, à cet effet, délivré par le juge, au bas de sa citation, exécutoire contre la partie qui l'a fait citer. Les témoins qui n'auraient pas été assignés ne peuvent requérir taxe.

286. Le titre des *enquêtes en justice de paix* du Code de proc. ne porte aucune peine contre les témoins qui refusent de comparaître; mais d'après l'art. 263, au titre des *enquêtes devant les tribunaux de première instance*, les témoins défaillants seront, après réassignation, con-

damnés par ordonnance du juge-commissaire, qui sera exécutoire nonobstant opposition ou appel, à une somme qui ne pourra être moindre de 10 francs, au profit de la partie, à titre de dommages-intérêts. Ils pourront de plus être condamnés, par la même ordonnance, à une amende qui ne pourra excéder la somme de 100 francs. — Il est admis que les dispositions de cet art. 263 doivent être appliquées aux témoins qui refusent de comparaître devant les juges de paix, parce qu'il y a nécessité de forcer les témoins à obéir à justice. Carré, *Question* 165.

287. Lorsqu'au jour indiqué le témoin cité ne comparaît pas, le juge de paix, après s'être fait représenter l'original de la citation et avoir examiné s'il s'est écoulé, depuis la délivrance, un temps moral suffisant pour que le témoin pût se présenter, et s'il y a présomption suffisante qu'il a eu connaissance de la citation, peut donc ordonner qu'il sera réassigné à ses frais (arg. de l'article 263 C. proc. civ.). Par cette nouvelle citation, la partie pourrait demander des dommages-intérêts, s'il y avait lieu, contre le témoin, pour le cas où il ne comparaîtrait pas de nouveau, et le juge pourrait les accorder dans les limites de sa compétence ordinaire. Levasseur, édit. Toussaint, n° 134.

288. L'article 782 du Code de procédure civile autorise les juges d'instruction, les tribunaux de première instance, les Cours d'appel et les Cours d'assises, à donner des saufs-conduits aux débiteurs condamnés à la contrainte par corps, pour qu'ils puissent déposer comme témoins devant eux. Par avis du Conseil d'État,

du 30 avril 1807, approuvé le 30 mai suivant, il a été décidé que l'art. 782, afin de restreindre un pouvoir trop étendu dont on pouvait craindre l'abus, n'a pas voulu que les juges de paix pussent, à l'avenir, accorder de saufs-conduits, puisqu'ils ne sont pas dénommés dans cet article comme ils l'étaient dans la loi du 15 germinal, et que d'ailleurs ils n'ont pas de ministère public; que cette faculté est également interdite aux tribunaux de commerce, et par les mêmes motifs; et qu'enfin, les parties ou les témoins en état de contrainte par corps doivent s'adresser au président du tribunal civil de l'arrondissement, qui, sur la présentation du jugement d'enquête, et sur les conclusions du ministère public, délivre, s'il y a lieu, le sauf-conduit nécessaire. Circul. du ministère de la justice, du 8 septembre 1807.

289. Au jour indiqué, les témoins, après avoir dit leurs noms, profession, âge et demeure, feront le serment de dire la vérité, et déclareront s'ils sont parents ou alliés des parties, et à quel degré, et s'ils sont leurs serviteurs ou domestiques. C. proc. 35.

290. Les juges doivent obliger chaque personne à prêter le serment de sa religion, parce que c'est un acte religieux qui n'a de valeur qu'autant qu'il est revêtu de formes prescrites par la religion du témoin. Lettre du grand-juge, 26 nov. 1806 ; Cass. 28 mars 1810.

Le serment de dire la vérité, toute la vérité, rien que la vérité n'est exigé qu'en matière criminelle. Il est même reconnu qu'il n'y pas de nullité de l'enquête lorsque les témoins, au lieu de prêter serment, ont fait une simple promesse de dire la vérité, ou lorsque, au lieu d'être entendus séparément comme l'exige l'article 36 ci-après rapporté, ils sont entendus les uns en présence des autres. Berriat Saint-Prix, p. 375, note 11, et p. 296, note 59; Favard de Langlade, t. II, p. 372; Thomine-Desmazures, t. I, p. 109.

291. Les témoins seront entendus séparément en présence des parties, si elles comparaissent; elles seront tenues de fournir leurs reproches avant la déposition, et de les signer; si elles ne le savent ou ne le peuvent, il en sera fait mention; les reproches ne pourront être reçus après la déposition commencée qu'autant qu'ils seront justifiés par écrit. C. proc. 36.

292. Les reproches proposés contre les témoins doivent-ils, dans une affaire susceptible d'être jugée en dernier ressort, être signés par les parties? L'article 40 porte qu'il ne sera point dressé de procès-verbal de la requête ou de l'audition des témoins dans les causes de nature à être jugées en dernier ressort; donc, si l'art. 36 exige que les reproches formulés contre les témoins soient signés par les parties, cette disposition ne se rapporte qu'aux affaires qui ne doivent pas être jugées en dernier ressort. Il est vrai que cet art. 36 ne distingue pas; mais il faut observer d'un autre côté que d'après l'art. 40 même, c'est dans le jugement que doivent être énoncés les *reproches* dans les affaires auxquelles se rapporte l'article 40; cet article contiendrait donc une dérogation sur ce point à l'article 36. Cependant Pigeau (*Commentaire*, tome Ier, page 97) exige la signature dans le cas de jugement

comme dans celui de procès-verbal; mais ce mode n'est pas suivi.

293. Nul, dit l'art. 268 C. proc., ne pourra être assigné comme témoin s'il est parent ou allié en ligne directe de l'une des parties, ou son conjoint, même divorcé.

Pourront être reprochés, dit l'article 283, les parents ou alliés de l'une ou de l'autre des parties, jusqu'au degré de cousin issu de germain inclusivement; les parents et alliés des conjoints au degré ci-dessus, si le conjoint est vivant, ou si la partie ou le témoin a des enfants vivants. En cas que le conjoint soit décédé, et qu'il n'ait pas laissé de descendants, pourront être reprochés les parents et alliés en ligne directe, les frères, beaux-frères, sœurs et belles-sœurs. — Pourront aussi être reprochés, le témoin héritier présomptif ou donataire; celui qui aura bu ou mangé avec la partie, et à ses frais, depuis la prononciation du jugement qui a ordonné l'enquête; celui qui aura donné des certificats sur les faits relatifs au procès; les serviteurs et domestiques, le témoin en état d'accusation; celui qui aura été condamné à une peine afflictive ou infamante, ou même à une peine correctionnelle, pour cause de vol. C. proc. 283.

294. Le témoin reproché sera entendu dans sa déposition. C. proc. 284.

295. Pourront les individus âgés de moins de quinze ans révolus être entendus, sauf à avoir à leurs dépositions tel égard que de raison. C. proc. 285.

296. Ces règles relatives soit à la défense d'entendre

certains témoins, soit aux témoins reprochés, sont-elles applicables aux enquêtes des juges de paix ? L'affirmative ne nous semble pas douteuse. Elles sont en effet l'expression de la loi naturelle, toujours applicable dans le silence de la loi écrite.

297. La disposition relative au reproche contre les parents et alliés des conjoints, si le conjoint est vivant, ou si la partie ou le témoin en a des enfants vivants, présente quelque obscurité. Toullier (*Droit civil*, t. IX, n° 289) la lève en ces termes : « Le véritable sens de cette disposition est que les parents du conjoint décédé sans postérité, lesquels sont alliés du conjoint partie au procès, ne pourront être reprochés qu'en ligne directe, et au second degré en collatérale. Si le conjoint qui n'est point partie au procès est vivant ou a laissé des enfants, ses parents, qui sont alliés de l'autre conjoint, pourront être reprochés jusqu'au sixième degré. Mais dans la cause de l'un des conjoints, on ne peut reprocher les alliés de l'autre conjoint, même pendant sa vie, parce que ces alliés ne sont point les alliés du conjoint partie au procès. Ainsi, par exemple, il n'existe point d'alliance entre un individu et la femme de son beau-frère (Cour de cass. 5 prairial an XIII). La parenté et l'alliance naturelle sont des causes de reproche et même d'incapacité de témoigner en ligne directe (Cass. 6 avril 1809), mais il n'en est pas de même en ligne collatérale. »

298. Les reproches fondés sur la parenté ont encore donné lieu à une question très-controversée. On s'est demandé si, dans une contestation où une commune

est partie, les parents, au degré prohibé, d'habitants de la commune sont reprochables comme témoins. Deux arrêts ont décidé qu'ils pouvaient être reprochés (Bourges, 7 décembre 1824, Dalloz, 25, 2, 131, Sirey, 25, 2, 168; Toulouse, 11 juin 1828, Dalloz, 29, 2, 111, Sirey, 28, 2, 275). D'autres arrêts ont décidé le contraire (Cour de cass. 30 mai 1825, Dalloz, 25, 1, 320, Sirey, 25, 1, 306; Poitiers, 16 novembre 1826, Dalloz, 28, 2, 12, Sirey, 28, 2, 58), et avec raison. Car il ne suffit pas qu'un individu ait un intérêt au procès pour que ses parents soient reprochables; il faut qu'il soit partie au procès. Or, une commune est un être moral, recevant son existence de la loi qui lui donne un mandataire légal dans la personne de son maire, et qui n'autorise aucun des membres de l'agrégation à défendre les droits de l'association. Levasseur, édition Toussaint, n° 136.

299. Enfin, une autre question plus grave encore, et qui s'applique à tous les cas de reproches des témoins devant le juge de paix, s'est présentée : c'est celle de savoir si, lorsque le juge de paix décide que les reproches faits au témoin avant la déposition sont fondés, il doit refuser de l'entendre. Dans les enquêtes devant le tribunal civil, le témoin reproché doit être, d'après l'article 284 C. proc., entendu dans sa déposition par le juge-commissaire, sauf au tribunal à supprimer ensuite cette déposition dans les débats; en est-il de même devant le juge de paix ?

300. « L'enquête devant le tribunal civil, dit M. Levasseur, se fait devant un commissaire du tribunal, qui

ne peut juger des reproches, mais seulement les constater. Il est nécessaire qu'il entende le témoin reproché, parce qu'il ignore si le reproche sera admis ou rejeté. Mais en la justice de paix, le juge, qui compose à lui seul le tribunal, peut décider sur-le-champ du mérite du reproche ; s'il se trouve fondé, point de raison de recevoir une déposition inutile.

« On soutiendra peut-être qu'il faut entendre le témoin reproché, au moins dans les causes sujettes à l'appel. Si le juge de paix, dira-t-on, ne peut avoir égard à la déposition d'un témoin contre lequel on produit un reproche qui lui paraît fondé, le tribunal civil peut, sur l'appel, avoir égard à la même déposition, s'il estime le reproche mal fondé : il faut donc que la déposition de ce témoin soit reçue et constatée par écrit, afin de mettre le tribunal d'appel à portée de terminer la contestation, dans le cas où il estimerait le reproche mal fondé.

« La réponse est facile. Le juge de paix, quoique jugeant en première instance, doit se conduire d'après ses propres lumières. Ainsi, lorsqu'il trouve le reproche fondé, il doit refuser d'entendre le témoin. Si le tribunal civil, jugeant en appel, après avoir décidé au contraire le reproche mal fondé, estime que la déposition peut être utile au jugement de la cause, il ordonne que le témoin soit entendu. »

La Cour de cassation a sanctionné le système de M. Levasseur, par arrêt du 2 juill. 1845.

301. Les parties n'interrompront pas les témoins ; après la déposition, le juge pourra, sur la réquisition

des parties, et même d'office, faire aux témoins les interpellations convenables. C. proc. 37.

302. Le juge lui-même ne doit adresser des interpellations aux témoins qu'après qu'il a déposé, de peur que l'interruption ne lui fasse perdre le fil de ses idées.

303. Dans tous les cas où la vue du lieu peut être utile pour l'intelligence des dépositions, et spécialement dans les actions pour déplacement de bornes, usurpation de terres, arbres, haies, fossés ou autres clôtures, et pour entreprises sur les cours d'eau, le juge de paix se transportera, s'il le croit nécessaire, sur le lieu, et ordonnera que les témoins y seront entendus. C. proc. 38. — (V. ci-dessus, n°s 208 et suiv.)

304. Dans les causes sujettes à l'appel, le greffier dressera procès-verbal de l'audition des témoins : cet acte contiendra leurs noms, âge, profession et demeure, leur serment de dire la vérité, leur déclaration s'ils sont parents, alliés, serviteurs ou domestiques des parties, et les reproches qui auraient été fournis contre eux; lecture de ce procès-verbal sera faite à chaque témoin pour la partie qui le concerne; il signera sa déposition, ou mention sera faite qu'il ne sait ou ne peut signer. Le procès-verbal sera, en outre, signé par le juge et le greffier. Il sera procédé immédiatement au jugement, ou au plus tard, à la première audience. C. proc. 39.

305. La mention qu'un témoin ne sait pas écrire n'équivaut pas à la mention qu'il ne sait pas signer : ainsi jugé par arrêt de la Cour de cass. du 14 août 1807. De ce que quelqu'un ne sait pas écrire il ne s'ensuit pas, en effet, qu'il ne sache pas signer; ainsi, lorsqu'un témoin

ne peut signer, faute de savoir écrire, il faut le mentionner de la sorte, et non pas se borner à exprimer qu'il ne sait écrire. Nous ne croyons pas cependant qu'il y eût nullité de la déposition si l'on agissait autrement, attendu que l'art. 39, en exigeant que l'on fasse mention que le témoin ne peut signer, ne porte point cette peine. Carré.

306. Lorsqu'en justice de paix, dans une cause sujette à l'appel, le greffier n'a pas dressé procès-verbal de la déposition des témoins, le tribunal d'appel peut-il annuler le jugement rendu sur l'enquête pour violation de formes substantielles? On se tromperait évidemment, dit Carré répondant à cette question, si l'on prétendait que ce point de droit aurait été jugé pour l'affirmative par un arrêt de la Cour de cass. du 4 janvier 1827, qui a déclaré nul un jugement sur enquête, « attendu que le greffier, au lieu de dresser le procès-verbal prescrit par l'art. 39, n'avait tenu que de simples notes. » Le procès-verbal n'est point, en effet, une forme substantielle de la procédure en matière d'enquête; aussi la Cour n'a-t-elle point prononcé la nullité du jugement sur le motif d'une contravention de forme, mais seulement sur ce que les juges d'appel n'ayant pas cru trouver dans de simples notes des éléments suffisants pour apprécier la décision du juge de paix, avaient pu l'annuler. L'arrêt déclare, en outre, que la nullité fondée sur le défaut du procès-verbal prescrit par l'art. 39, n'était point de forme, mais constituait un moyen du fond.

307. Dans les causes de nature à être jugées en der-

nier ressort, il ne sera point dressé de procès-verbal; mais le jugement énoncera les noms, âge, profession et demeure des témoins, leur serment, la déclaration s'ils sont parents, alliés, serviteurs ou domestiques des parties, les reproches, et le résultat des dépositions. Code proc. 40.

308. Lorsque la cause est de nature à être jugée en dernier ressort, le jugement doit-il contenir le résultat de chacune des dépositions, ou le résultat général de toutes ces dépositions? En traitant cette question, Carré, n° 171, oppose à l'opinion de Delaporte et à celle de Lepage l'opinion de Dumoulin. Ce jurisconsulte fait observer que, d'après l'art. 40, le jugement énoncera le résultat des dépositions, et raisonne ainsi :«Cette expression générale enveloppe toutes les dépositions; elle indique clairement que c'est après les avoir considérées dans leur ensemble qu'il faut en présenter le résultat.

Et, en effet, la cause, dans l'espèce, ne doit pas être portée devant des juges supérieurs : il n'est donc pas nécessaire de constater l'importance de chacune des dépositions, ce soin exigerait des détails inutiles. Le législateur a voulu trouver, dans la désignation individuelle et précise des témoins, la garantie de leur audition; mais il ne faut pas induire de là que l'énonciation du résultat de chaque déposition soit indispensable; car, indépendamment de l'obligation de rendre compte des noms, professions des témoins, de leur prestation de serment, etc., on conçoit encore que le jugement doit offrir le résultat des dépositions des témoins prises en masse.

La même opinion est adoptée par M. Pigeau (*Comm.*, t. I, p. 104). Ainsi, dit-il, il sera énoncé dans le prononcé : « Attendu qu'il résulte des déclarations ou des dé- « positions de tels, telle chose, ordonnons telle chose. »

309. M. Carré pose la question de savoir si le juge de paix, lorsqu'au jour indiqué pour l'enquête aucune des parties ne se présente, peut procéder à l'audition des témoins : après avoir rappelé l'opinion de Dumoulin, lequel pense qu'en pareil cas, dans des causes qui ne sont pas sujettes à l'appel, le juge de paix ne peut entendre les témoins, et celle de Lepage qui émet un avis contraire, Carré ajoute : « Dans ce conflit d'opinions, nous croyons devoir suivre celle de M. Lepage, et voici comment nous estimons que le juge de paix doit agir, soit qu'il s'agisse d'une enquête, soit qu'il s'agisse d'une expertise; car la question peut se présenter dans les deux cas.

« Remarquons d'abord que si le juge de paix a ordonné une enquête ou une expertise, ce n'est point à lui d'assigner ni les témoins ni les experts; la partie la plus diligente doit obtenir, dans la forme prescrite par l'art. 29, une cédule pour appeler soit les uns, soit les autres.

« Or, il peut se présenter trois cas : ou aucune des parties ne requiert cédule; ou l'une d'elles l'ayant obtenue n'en fait pas usage; ou l'une d'elles l'obtient et appelle les témoins ou les experts.

« Dans le premier et dans le second cas, la procédure sera arrêtée; le juge ne pourra juger. Si les parties s'en tiennent là, si aucune d'elles ne fait d'autres suites pendant quatre mois, à partir de l'interlocutoire, l'instance sera périmée, suivant l'art. 15, sans qu'on puisse dire que ce soit par la faute du juge de paix.

Dans le troisième cas, on ne peut pas dire que les parties aient abandonné l'instance; le juge de paix est mis en état de compléter l'exécution de son jugement interlocutoire; il ne tient qu'à lui de recevoir les dépositions des témoins, de faire opérer les experts. Il peut et doit faire tout cela, tant en présence qu'en l'absence des parties : il sera en faute s'il ne le fait pas, puisque les art. 36, 262 et 307 et l'esprit de l'art. 42, l'y autorisent évidemment, et qu'il doit user des moyens qu'il a désirés et qu'on lui fournit pour s'instruire de la vérité. Si les parties ne se présentent pas pour reprocher les témoins ou récuser les experts, il doit présumer qu'elles n'ont ni moyens de reproches ni moyens de récusation, et qu'elles se réfèrent à sa justice et à leur véracité.

310. L'enquête étant faite, ou l'expertise ayant eu lieu, la cause est en état d'être jugée; le juge peut statuer définitivement et immédiatement après l'enquête ou l'expertise; il doit statuer, au plus tard, à la première audience, pour se conformer au vœu des art. 13 et 39, et il devra du moins le faire dans le délai de quatre mois du jour de son interlocutoire, pour n'être pas sujet, suivant l'art. 15, aux dommages-intérêts.

S'il juge à la charge d'appel, il se conformera aux art. 39 et 42; si, au contraire, il doit juger en dernier ressort, et qu'il ne puisse pas le faire immédiatement après l'enquête ou l'expertise, la loi ne pouvant entendre, dans aucun cas, lui prescrire l'impossible, il peut prendre note de ce que les art. 40 et 43 lui ordonnent d'énoncer dans son jugement définitif, relativement aux témoins et aux experts, aux dépositions des uns et à l'avis des autres.

311. Si l'enquête était nulle par la faute du juge, devrait-elle être recommencée à ses frais ? Nous avons vu plus haut que les nullités seront toujours fort rares dans les enquêtes en justice de paix, puisque la loi ne prononce pas de nullité. Cependant si l'enquête manquait des mentions essentielles, on pourrait, en cas du jugement en dernier ressort, proposer la nullité en justice de paix même. Mais il faudrait, en même temps, récuser le juge de paix et demander que l'enquête fût recommencée par son suppléant (Pigeau, *Commentaire*, t. IX, p. 98). Dans le cas où la cause ne serait pas susceptible d'être jugée en dernier ressort, les griefs contre l'enquête seraient proposés devant le juge d'appel qui, s'il reconnaissait que l'inobservation des formalités essentielles aurait porté préjudice aux parties, ordonnerait que l'enquête serait recommencée par le suppléant du juge de paix.

Dans l'un comme dans l'autre cas, le juge de paix supporterait les frais de l'enquête ainsi recommencée.

312. M. Chauveau, dans son *Commentaire sur Carré*, se demande si, dans le cas où l'un ou plusieurs des témoins à entendre seraient trop éloignés, le juge de paix pourrait commettre pour cette audition le juge de paix du lieu : Oui, répond-il, d'après l'art. 1035, dont la disposition est générale, et suivant l'opinion de M. Pi-

geau (*Commentaire,* t. I, p. 103). D'après ce même auteur, on devrait, en ce cas, se conformer aux prescriptions des art. 266 et 412 du C. de proc. civ., d'après lesquelles le greffier du juge de paix commis ferait parvenir la minute du procès-verbal d'enquête (qu'on ne pourrait se dispenser de dresser, même dans les causes non sujettes à appel) au greffe de la justice de paix où le procès est pendant.

M. Carré, dans son *Traité des justices de paix,* t. IV, p. 113, n° 2874, émet la même opinion.

FORMULE 66e. *Jugement qui ordonne une enquête dont on doit dresser procès-verbal.*

Entre le sieur... etc., demandeur aux fins de la citation ci-après énoncée, comparant... en personne... ou par le sieur.... son fondé de pouvoir, suivant la procuration sous seing privé en date du... enregistrée à... le... par... qui a perçu... etc.;

Et le sieur... défendeur aux fins de ladite citation, demeurant à... comparant en personne (*ou comme ci-dessus.*)

En fait... par citation de... huissier, du... enregistrée le... le demandeur a conclu à ce que... (*énoncer ses conclusions*); à quoi le défendeur a répondu qu'il dénie les faits allégués par le demandeur, et a conclu à ce qu'il nous plût le renvoyer de la demande et condamner le demandeur aux dépens. Le demandeur a répliqué qu'il offre la preuve testimoniale des faits par lui allégués.

Dans cet état, la cause présentait à juger les questions

suivantes : 1° En droit, la preuve offerte est-elle admissible ? 2° Les faits articulés sont-ils pertinents ?

Nous, juge de paix, attendu que... *ou* considérant que... la preuve testimoniale est admissible dans la cause, puisque... (*énoncer un motif tiré soit de ce que l'obligation à prouver n'est pas d'une valeur supérieure à 150 fr., soit des autres circonstances de la cause*); attendu que les faits articulés par le demandeur sont pertinents, et conduisent à la vérification de la demande;

Avant de faire droit, ordonnons que le demandeur fera preuve à l'audience du... que... 1°... 2°... 3°... (*indiquer bien positivement les faits à prouver*), la preuve contraire réservée au demandeur; à l'effet de quoi il sera par nous délivré cédule nécessaire, pour, l'enquête faite, être par les parties requis, et par nous statué ce qu'il appartiendra, dépens réservés. Ainsi fait et prononcé en audience publique, en présence de... *ou* en l'absence de... en premier... *ou* dernier ressort... par nous, juge de paix de... assisté de notre greffier, à l'audience du... et avons signé avec le greffier.

FORMULE 67e. *Cédule pour appeler des témoins.*

Nous, juge de paix du canton de... département de... à la requête du sieur... demeurant à... et sur la demande qui nous a été par lui faite, conformément au jugement par nous rendu le... par lequel nous l'avons admis à faire la preuve de différents faits par lui articulés, mandons et ordonnons au sieur... huissier, sur ce requis, de citer, 1° le sieur... (*nom, prénoms, qualités et domicile*);

2° Le sieur... (*id.*), à comparaître le... prochain... heures... par-devant nous, au lieu ordinaire de nos séances... (*ou dans tel autre lieu, qu'il faut avoir soin d'indiquer clairement*), pour dire et déposer vérité en l'enquête ordonnée par notre jugement du... rendu contradictoirement entre le sieur... et le sieur... faute de quoi ils seront condamnés à l'amende et aux peines prononcées par la loi.

Donné le... à...

FORMULE 68e. *Signification de cédule.* Même droit que ci-dessus, formule 61e.

L'an mil huit cent cinquante, le... à la requête du sieur G... nommé, qualifié et domicilié en la cédule dont copie est donnée en tête de celle des présentes, je... huissier... immatricule... soussigné, ai signifié et avec ces présentes laissé copie au sieur... (*nom, prénoms et qualités du témoin*), en son domicile, en parlant à... ainsi déclaré;

D'une cédule délivrée le... par M. le juge de paix de... à ce que le susnommé n'en ignore et ait à comparaître les jour, lieu et heure indiqués; et je lui ai, en son domicile et parlant comme dessus, laissé copie de ladite cédule et du présent exploit, dont le coût est de...

FORMULE 69e. *Extrait du jugement contradictoire, mais prononcé en l'absence de l'une des parties, qui ordonne une enquête.*

D'un jugement rendu le... l'an... par le juge de paix du canton de... département de... entre le sieur A...

demandeur, et le sieur B... défendeur, sur défenses respectives, mais prononcé en l'absence du sieur B...

Il appert avoir été ordonné ce qui suit : avons admis le sieur A... à faire preuve par témoins, 1°... 2°... 3°.. et seront les témoins entendus, etc.

FORMULE 70e. *Notification de l'extrait, et sommation d'être présent à l'opération.* Même droit que ci-dessus, formule 61e.

L'an... le... à la requête du sieur A... (*prénoms, nom, profession et domicile de celui qui poursuit la confection de l'enquête*), je (*prénoms, nom et domicile de l'huissier*), huissier près le tribunal de... département de... ai signifié, et avec ces présentes donné copie au sieur B... (*prénoms, nom, profession et domicile de celui contre lequel on poursuit la confection de l'enquête*) ... en sondit domicile, en parlant à... de l'extrait ci-dessus du jugement rendu, contradictoirement entre les parties, par le juge de paix du canton susnommé, le... mais prononcé en l'absence dudit sieur B... à ce que du contenu en icelui ledit B... n'en ignore; lui déclarant qu'aux jour, lieu et heure indiqués par ledit jugement, il fera procéder à l'enquête, à laquelle il est autorisé par ledit jugement; le sommant d'être présent, si bon lui semble, à ladite enquête; et ai audit B... parlant comme dessus, laissé copie du présent et dudit extrait.

(*Signature de l'huissier.*)

FORMULE 71e. *Modèle de jugement rendu en dernier ressort, visite des lieux, expertise et enquête, dont il n'y a pas lieu de dresser procès-verbal.*

Entre... etc., comparant l'un et l'autre en personne;

Par sa citation le demandeur a conclu... etc.

La cause portée à l'audience du... sans rien préjuger et avant de faire droit, nous avons ordonné que visite serait faite ce jour, en présence des parties, de... pour constater si... et pour entendre en même temps les témoins produits par les parties, afin d'établir la preuve des faits par elles soutenus et déniés lors dudit jugement.

A la requête dudit... demandeur, nous nous sommes transporté, assisté du greffier de la justice de paix, à... heures du... sur... où il a été procédé, en présence des parties, à la visite des lieux, et il en est résulté que... (*Etablir sommairement, mais avec soin, l'état des lieux... s'il y a des experts qui font la visite avec le juge de paix, il faut exprimer leur avis*).

Cette visite étant terminée, nous, juge de paix, avons procédé à l'audition de... témoins, assignés de la part du demandeur, savoir 1°... 2°... (*indiquer ici les nom, âge, profession et demeure de chacun des témoins*); tous lesquels ont été entendus séparément dans leur déposition, en présence des parties, et après avoir déclaré qu'ils ne sont ni parents, ni alliés, ni serviteurs des parties, et après avoir, chacun séparément, prêté serment de dire la vérité, toute la vérité, rien que la vérité.

(*S'il y a des reproches fournis contre un témoin, on dit aussitôt après avoir écrit les nom, âge, profession et demeure de ce témoin :*)

Ce témoin a été reproché par ledit... attendu que... (*motifs de reproche*)... à quoi le témoin a répondu que... etc.

Sur quoi, nous, juge de paix, considérant que le reproche est fondé en fait et en droit, avons dit que le témoin... ne serait pas entendu, et passé outre à l'audition des autres témoins.

(*Dans le cas, au contraire, où le reproche ne doit pas être admis, on dit* :) — Considérant que le reproche n'est aucunement justifié, nous avons ordonné que ledit témoin serait entendu dans sa déposition, sans avoir égard au reproche présenté par le sieur...

Les témoins du demandeur étant entendus, ledit... défendeur, a présenté les témoins pour la preuve contraire qui lui est réservée. Ces témoins... etc. (*Comme ci-dessus pour les témoins fournis par le demandeur*.)

Ces enquêtes et contre-enquêtes étant terminées, les parties ont été respectivement entendues dans leurs moyens et défenses; le demandeur a dit qu'il persiste dans ses conclusions, attendu que... à quoi le défendeur a répondu que...

Dans cet état, le résultat des dépositions des témoins fournis respectivement par les parties étant que... (*énoncer ici en masse, et en le résumant autant que possible, le résultat des dépositions*), la cause a présenté à juger les questions suivantes : 1° En fait... 2° en droit... etc.

(*Si des reproches avaient été articulés contre les témoins après leur audition, on le mentionnerait, en constatant la preuve par écrit apportée à l'appui, ou qu'aucune preuve par écrit n'aurait été apportée* (C. proc. 36), *et l'on dirait dans le jugement* :)

Faisant droit sur l'incident; considérant que les reproches sont... *ou* ne sont pas justifiés... admettons..., *ou* rejetons lesdits reproches. Au fond, attendu que... (*mettre ici les motifs qui détermineront la décision du juge de paix*); jugeant en dernier ressort, ordonnons.., et condamnons le sieur...

Ainsi jugé et prononcé... (*Indiquer le lieu où le jugement est prononcé*), etc.

FORMULE 72e. *Procès-verbal d'enquête et de contre-enquête dans une cause sujette à l'appel sur action personnelle et mobilière, contenant reproche contre des témoins, et condamnation contre les témoins défaillants.*

Aujourd'hui... etc., devant nous... etc., est comparu le sieur... lequel a dit que, par jugement de..., enregistré le... nous avons ordonné, avant de faire droit, que nous entendrions à cette audience les témoins qu'il a été autorisé à citer, pour nous fixer sur la vérité des faits énoncés audit jugement; qu'à cet effet, et en vertu de la cédule que nous lui avons délivrée le... il les a fait citer au nombre de... pour être présentement entendus, ainsi qu'il appert de l'acte de citation signifié au pied de la cédule par le ministère de... huissier à... le... enregistré le...; en conséquence, le comparant a demandé qu'il soit procédé à l'audition desdits témoins tant en absence qu'en présence du sieur... défendeur, demeurant à..., auquel il a aussi fait notifier ladite cédule par autre acte du ministère de... huissier à... en date du... enregistré le... lesquels actes le comparant a déposés ès mains du greffier et a signé (*ou* a déclaré ne le savoir).

Et à l'instant est aussi comparu... (*nom, prénoms et demeure du défendeur*), lequel a dit qu'il ne s'oppose pas à l'audition des témoins appelés par le demandeur, offrant d'y assister sous toutes réserves de droit; et en outre que, de son côté, pour établir la preuve contraire qui lui est réservée par ledit jugement, il a fait citer, suivant acte du ministère de... huissier à... en date du... et dûment enregistré le... cinq témoins dont il demande l'audition; de laquelle citation il a remis l'original ès mains du greffier, et a signé, etc.

Sur quoi, nous, juge de paix, vu le jugement, la cédule et les citations ci-dessus énoncés, donnons acte aux parties de leurs comparution, dires et réquisitions, et avons procédé à l'audition des témoins de la manière suivante.

(*Si l'une des parties ne comparaît pas, on modifie ainsi* :)

Et après avoir attendu plus d'une heure au delà de celle indiquée par notre cédule, attendu que le défendeur ne comparaît pas ni personne pour lui, nous avons donné défaut contre lui et ordonné qu'il sera passé outre; et en conséquence, etc...

Après avoir fait donner lecture du jugement qui ordonne l'enquête à tous les témoins respectifs, présents et réunis, lesquels se sont ensuite retirés hors de l'audience, nous les avons fait rentrer l'un après l'autre suivant la loi, et chacun a été entendu séparément en présence des parties.

1er *témoin*. Frédéric D... propriétaire, demeurant à..., âgé de... a déclaré qu'il n'est ni parent, ni allié, ni serviteur, ni domestique des parties; a fait le serment de dire la vérité, toute la vérité, rien que la vérité, et a déposé en ces termes (*écrire sa déposition, en ayant soin d'employer, autant que faire se pourra, les termes dont il se sera servi*).

(*Si le témoin, après avoir déposé, est interpellé par le juge de paix d'office ou sur la demande des parties, on ajoute, avant la clôture de sa déposition :*)

Interpellé par nous de dire si tel fait est... etc., *ou* d'expliquer tel autre... etc., a répondu... etc. Lecture faite de cette déposition, le témoin ayant dit n'avoir rien à ajouter à ladite déposition, et qu'elle contient vérité, y a persisté et a signé, *ou* a déclaré ne savoir signer, de ce interpellé.

2e *témoin*... (*Nom, prénoms, âge, qualités, demeure et sa déclaration qu'il n'est ni parent, ni allié, ni serviteur, etc., comme à la déposition ci-dessus*); à l'instant où cette déclaration a été faite, le sieur... défendeur, a dit qu'il reproche ce témoin, attendu que... (*énoncer clairement et sommairement ce reproche*); à quoi le demandeur a répondu que... etc. Le témoin, interrogé sur la vérité de ce reproche, a dit que...; sur quoi... (*Suite comme en la formule précédente. Si le reproche est écarté, on continue ainsi:*)

Alors ledit témoin, après avoir juré de dire la vérité, toute la vérité et rien que la vérité, a déposé ainsi, en présence des parties... etc.

Lecture faite... (*Le reste comme ci-dessus.*)

3e *témoin*... (*Comme plus haut.*)

Tous les témoins du demandeur ayant été entendus, nous avons procédé à l'audition de ceux appelés par ledit sieur... défendeur, en observant les mêmes formalités précédentes, tant pour leur audition qui a eu lieu séparément en présence des parties, que pour leurs déclarations et serment.

4e *témoin...* (*Nom, prénoms, âge, qualités et demeure, comme dans la déposition du premier témoin produit par le demandeur, et ainsi continuer pour tous les autres.*)

Et attendu que tous les témoins ont déposé, nous disons que, pour entendre les observations et pour faire droit sur les conclusions des parties, elles seront tenues de comparaître à notre audience du... sans citation préalable.

Fait et clos le présent procès-verbal les jour, mois et an que dessus.

(*Signatures du juge, du greffier et des parties.*)

(*Quand l'un des témoins cités ne comparaît pas et se fait excuser, il faut changer ainsi la finale :* Attendu que tous les témoins, etc. :)

Et attendu que le sieur... demeurant à... l'un des témoins appelés par... n'a point comparu, et qu'il nous a fait adresser un certificat délivré par... le... enregistré le... portant que...; attendu que ce motif est une cause valable, et que la cause est suffisamment entendue par suite de l'audition des précédents témoins, disons qu'il sera passé outre au jugement de la cause, etc.

(*Si, au contraire, le juge de paix pense que l'excuse ne doit pas être admise, on continue ainsi :*)

Et attendu que le témoin... n'a pas comparu, que l'excuse présentée par lui n'est pas suffisante, que son audition est nécessaire, ordonnons qu'il sera réassigné à ses frais pour le... heure de... jour auquel nous renvoyons les parties pour... etc.

(*Si le juge de paix croit la déposition du témoin nécessaire, malgré son excuse valable, on met :*)

Attendu que l'excuse proposée est valable, mais que l'audition du témoin est nécessaire, nous ordonnons qu'il sera réassigné pour comparaître à l'audience du... à laquelle nous continuerons la cause en présence des parties, lesquelles seront tenues de comparaître sans citation nouvelle.

Fait... etc.

(*Mais si dans ce cas le témoin était infirme ou incapable de se présenter, on dirait :*)

Attendu que le fait constaté par le certificat est une cause suffisante, mais qu'il nous est indispensable d'entendre le témoin, nous ordonnons que sa déposition sera par nous reçue en son domicile, auquel nous nous transporterons le... de ce mois, à... heure du... et enjoignons aux parties d'y comparaître sans citation.

(*Enfin, si le témoin ne s'était pas présenté et n'avait pas fait parvenir d'excuse, on pourrait dire :*)

Nous, juge de paix, vu l'exploit délivré à N... parlant à sa personne, par... Attendu qu'il n'a pas fait parvenir d'excuse ; attendu que le sieur B... demande qu'il soit condamné à l'amende et aux dépens ; vu l'article 263 du Code de procédure civile, le condamnons en dix francs d'amende et aux dépens, taxés à...

Fait et clos... etc.

(*Si le juge de paix se transporte sur les lieux et se fait assister d'experts, on ajoute, après avoir mentionné la comparution des parties et des experts :)*

Vu la comparution desdites parties et des experts, nous avons fait lever la main à ces derniers, et prêter serment de bien et fidèlement, et en leur âme et conscience, nous donner leur avis, etc...; après quoi, en présence des parties, nous avons constaté en premier lieu que... etc. Interrogés par nous, les experts nous ont déclaré... etc. (*Mentionner ici l'opinion des experts, en ayant soin d'indiquer leurs opinions séparément s'ils ne sont pas unanimes.*)

(*Si le procès-verbal ne peut être fait dans un seul jour, on mentionne ainsi la remise à un autre jour :*)

Et attendu l'heure avancée... (*ou toute autre raison qui motive le renvoi*), nous avons renvoyé la suite de notre opération à... prochain, heures de... auxquels jour et heures les parties, les experts et les témoins seront tenus de comparaître sans nouvelle citation. (*Indiquer le lieu.*)

FORMULE 73e. *Enquête par défaut, et jugement d'après l'enquête.*

Entre le sieur A... demandeur aux fins de la citation ordinaire du... enregistrée le... comparant en personne, et le sieur B... défendeur aux fins de la même citation, défaillant;

Le sieur A... a dit qu'aux termes de notre jugement du... rendu entre lui et le sieur B... sur défenses respectives, mais prononcé en l'absence dudit B... auquel extrait dudit jugement a été dûment signifié par exploit de... en date du... enregistré le... contenant sommation d'être présent à l'enquête ci-après, et en vertu de la cédule à lui par nous délivrée le... il a, par exploit du... enregistré le... fait citer à comparaître cejourd'hui, lieu, heure présente de... les sieurs C... D... E... F... lesquels sont ici présents, et requiert qu'il nous plaise les entendre, même en l'absence du sieur B... non comparant, quoique dûment averti.

Et attendu que le sieur B... n'est pas comparu, ni personne pour lui, nous... juge de paix, avons procédé à l'audition des témoins produits, auxquels il a été fait, en notre présence, par notre greffier, lecture entière du jugement du... qui ordonne la présente enquête;

Le sieur C... (*sa déposition et les autres comme en l'enquête contradictoire.*)

Après laquelle enquête, ouï de nouveau le sieur A... nous avons, contre le sieur B... non comparant, ni personne pour lui, donné défaut; et pour le profit, considérant... disons que... Donné... (*la fin comme en l'enquête contradictoire, formule précédente.*)

FORMULE 74e. *Jugement sur le fond après enquête principale.*

« Audience du...

En la cause du sieur A...

Contre le sieur B...

A comparu le sieur A... lequel nous a exposé qu'il résulte du procès-verbal par nous tenu le... enregistré, qu'il a été procédé avec toutes les formalités de la loi à l'enquête prescrite par notre jugement interlocutoire du... enregistré, ainsi qu'à la contre-enquête; et attendu qu'il résulte de cette opération que le comparant a pleinement rempli ledit interlocutoire, il conclut à l'adjudication des fins et conclusions par lui prises dans l'exploit introductif d'instance, avec dépens.

A également comparu le sieur B... qui a dit qu'en vertu du même jugement, il a été procédé, dans le même procès-verbal, à la contre-enquête; et attendu qu'il résulte de l'ensemble des dépositions des témoins que... il conclut à être renvoyé des demandes, fins et conclusions contre lui prises, avec dépens.

Ouï lesdites parties et la lecture de la susdite enquête qui a été faite par notre greffier, nous, juge de paix, avons posé les questions suivantes :

Nous, juge de paix, attendu...

Par ces motifs, vidant l'interlocutoire et procédant à charge d'appel, condamnons le sieur B... à... avec dépens liquidés à... ensemble aux frais de la minute, enregistrement, expédition et signification du présent jugement. »

Ou relaxons le sieur B... des demandes à lui faites, fins et conclusions contre lui prises, et condamnons le sieur A... aux dépens liquidés à... etc. »

ARTICLE 3. — *Taxe des témoins. — Frais de voyage.*

313. Il est taxé au témoin entendu par le juge de paix une somme équivalant à une journée de travail, même à une double journée si le témoin a été obligé de se faire remplacer dans sa profession, ce qui est laissé à la prudence du juge.

Il sera taxé au témoin qui n'a pas de profession, 2 francs.

Il n'est point passé de frais de voyage, si le témoin est domicilié dans le canton où il est entendu.

S'il est domicilié hors du canton, et à une distance de plus de 2 myriamètres et demi du lieu où il fait sa déposition, il lui est alloué autant de fois une somme double de journée de travail, ou une somme de 4 francs, qu'il y a de fois 5 myriamètres de distance entre son domicile et le lieu où il a déposé. Tarif, art. 24.

314. La somme équivalant à la journée de travail, dont il s'agit au § 1er de l'art. 24, n'est allouée qu'autant que le témoin exerce une profession; s'il n'en a pas, il lui est taxé 2 francs.

315. Pour évaluer la journée de travail, M. Vervoort, p. 25, note *a*, pense qu'il faut s'attacher à la fixation qui a dû être faite par le préfet, en vertu de l'art. 4 du titre II de la loi du 28 septembre 1791. Cabissol, p. 33, et Rivoire, p. 184, sont du même avis. M. Chauveau, t. I, p. 29, soutient, au contraire, que tel n'est pas l'esprit du tarif, et pense que c'est une journée de travail de la profession du témoin, en s'appuyant sur l'analogie qu'il croit exister entre l'art. 23 et l'art. 167. M. Coin-Delisle (*Encycl. des juges de paix*, t. III, p. 236) admet de préférence l'interprétation de MM. Cabissol, Rivoire et Vervoort, parce que, dit-il, elle est conforme au sens que la loi a fixé aux mots *journée de travail*, et à l'esprit d'économie qui préside aux justices de paix. Il nous répugne, ajoute-t-il, de penser que le législateur aurait permis que quatre témoins pussent coûter 40 fr. à la partie contre qui l'on veut prouver l'existence d'une obligation au-dessous de 100 francs.

316. L'indemnité de voyage peut être allouée cumulativement avec l'indemnité fixée pour la déposition. Sudraud-Desisles, p. 312, n° 1055.

317. L'indemnité allouée au témoin fait partie des dépens; elle est supportée par la partie qui succombe. Carré et Chauveau, *Loi de la proc.*, n° 162.

318. Pigeau (*Comment.*, t. I, p. 95), par induction de l'art. 281 C. proc., dit que la partie qui, en justice de paix, fait entendre plus de cinq témoins sur le même fait, ne peut répéter les frais des autres dépositions.

CHAPITRE XII. — Du droit du juge de paix d'ordonner la comparution des parties en personne, et de l'interrogatoire sur faits et articles.

319. Le juge de paix peut ordonner la comparution des parties en personne. La comparution et l'interrogatoire des parties sont un moyen pour la découverte de la vérité. Ce moyen est évidemment permis aux juges de paix.

320. Le juge de paix peut inviter le mandataire de la partie absente à avertir celle-ci de se présenter; mais, si l'on craint qu'elle ne vienne pas, il vaut mieux que le juge de paix rende un jugement, soit sur la demande de la partie adverse, soit même d'office, pour ordonner la comparution personnelle.

321. Ce jugement doit nécessairement être signifié, surtout s'il est rendu sur la demande d'une des parties, quoique la partie absente soit représentée à l'audience par un mandataire, puisqu'il s'agit d'appeler la partie en personne.

322. Mais aucune pénalité n'est attachée au refus de la

partie de comparaître; seulement le juge est fondé à tirer de cette désobéissance toutes les inductions qu'il croit convenable (Carré et Chauveau). Ce refus n'a même pas pour résultat de faire réputer par défaut le jugement à intervenir; la partie est représentée par son fondé de pouvoir. Carré et Chauveau, n° 44 *ter*.

323. Le juge de paix peut aussi ordonner un interrogatoire sur faits et articles. Bioche, v° *Interrogatoire*, n° 17.

324. Mais lorsque l'interrogatoire sur faits et articles a lieu devant le juge de paix, la procédure souffre nécessairement les modifications que nécessite l'absence d'avoués près les justices de paix.

Ce sont les art. 324 et suivants du Code de procédure civile qui règlent les formalités à suivre pour l'interrogatoire sur faits et articles. Cet interrogatoire ne peut être ordonné d'office; il doit être demandé par l'une des parties.

325. Au reste, il pourra presque toujours être remplacé par la comparution personnelle. La comparution personnelle offre l'avantage de la célérité et de l'économie des frais. Il ne serait indispensable de recourir à un interrogatoire que si la comparution personnelle était impossible, à raison de l'éloignement ou d'un empêchement résultant d'une maladie grave, et alors il y aurait lieu de commettre le juge de paix du canton de la partie absente.

FORMULE 75e. *Jugement de remise pour la comparution en personne.*

Entre le sieur A... comparant par C... son fondé de

pouvoir, d'une part; et le sieur B... comparant par D... son fondé de pouvoir, d'autre part;

Après avoir ouï les parties en leurs dires respectifs, nous... considérant que le jugement à rendre sur la présente demande dépend de faits dont les parties rendront par elles-mêmes un compte plus exact que leurs fondés de pouvoir, et que leur comparution peut être utile pour le jugement de la cause, avons remis la cause au... jour, auquel les parties seront tenues de comparaître en personne, en notre audience, heure de... pour s'expliquer sur les faits de la cause, dépens réservés.

Prononcé, etc.

CHAPITRE XIII. — De la demande en vérification d'écriture et de l'inscription de faux.

326. Lorsqu'une des parties déclarera vouloir s'inscrire en faux, déniera l'écriture ou déclarera ne pas la reconnaître, le juge de paix lui en donnera acte. Il paraphera la pièce, et renverra la cause devant les juges qui doivent en connaître. C. proc. 14.

327. L'acte produit devant le juge à l'appui de la demande, ou pour repousser la demande, est un acte authentique ou un acte sous seing privé.

L'acte authentique est celui qui a été reçu par un officier public ayant le droit d'instrumenter dans le lieu où l'acte a été rédigé, et avec les solennités requises. C. civ. 1317.

328. L'acte authentique fait pleine foi de la convention qu'il renferme entre les parties contractantes, et leurs héritiers ou ayants cause. Néanmoins, en cas de

plainte en faux principal, l'exécution de l'acte argué de faux, sera suspendue par la mise en accusation; et, en cas d'inscription de faux faite incidemment, les tribunaux peuvent, suivant les circonstances, suspendre provisoirement l'exécution de l'acte. C. civ. 1319.

329. Il résulte de ces dispositions que, si l'on oppose devant le juge de paix un acte authentique, la partie adverse, soit qu'elle ait figuré dans l'acte, soit qu'elle se trouve obligée comme héritier ou ayant cause, ne pourra combattre cet acte que par l'inscription de faux incidente, c'est-à-dire élevée par incident devant le juge de paix.

330. Si, au lieu d'un acte authentique, il s'agissait d'un acte sous seing privé, il ne serait pas nécessaire, pour repousser l'acte, d'avoir recours à l'inscription de faux; mais il y aurait lieu de distinguer et d'agir différemment, suivant qu'on opposerait au défendeur sa propre écriture ou signature, ou que l'acte serait seulement attribué à l'un de ses auteurs : « Celui auquel on « oppose un acte sous seing privé est obligé d'avouer ou « de désavouer formellement son écriture ou sa signa- « ture; ses héritiers, ou ayants cause, peuvent se con- « tenter de déclarer qu'ils ne connaissent point l'écri- « ture ou la signature de leur auteur. » C. civ. 1323.

« Dans le cas où la partie désavoue son écriture ou « sa signature, et dans le cas où ses héritiers, ou ayants « cause, déclarent ne les point connaître, la vérifica- « tion en est ordonnée en justice. » *Eodem.*

Tels sont les principes et les règles d'après lesquels doit se guider le juge de paix pour l'application de l'article 14, et pour le renvoi, soit en cas d'inscription de faux, soit en cas de dénégation de l'écriture, soit en cas de déclaration de ne pas la connaître.

331. En renvoyant l'incident devant les juges qui doivent en connaître, le juge de paix retient la connaissance de la cause, c'est-à-dire qu'il n'en reste pas moins compétent pour prononcer sur le fond de la contestation, et qu'il ne fait que surseoir indéfiniment jusqu'après que les juges compétents auront statué.

332. Dans le cas où la pièce opposée serait inutile pour la décision du procès, il n'y aurait pas lieu à surseoir à la prononciation de la sentence : la loi n'a pu vouloir ordonner la preuve d'un fait sans importance.

333. Ainsi que nous l'avons déjà fait observer, le juge de paix n'a pas à s'occuper des juges compétents, soit pour prononcer sur l'inscription de faux, soit pour prononcer sur la vérité de la signature; il doit se borner à renvoyer la cause devant les juges qui doivent en connaître.

334. Lorsqu'il s'agit de reconnaissance et vérification d'écriture, c'est devant le tribunal civil de première instance que les poursuites doivent être intentées (C. proc. 193 et suiv.). Il en est de même du faux incident civil. C. proc. 214 et suiv.

335. Si la voie d'inscription en faux principal avait été prise, ce serait aux tribunaux criminels à en connaître.

336. L'art. 14 du Code de procédure n'exige qu'une simple déclaration de vouloir s'inscrire en faux, pour faire suspendre la procédure. Il n'est donc pas néces-

saire que l'inscription de faux soit formée : la simple allégation du faux doit arrêter le juge de paix. Delzers, 101.

337. Si le défendeur refuse de présenter la pièce arguée de faux pour que le juge y appose son paraphe, ce refus est constaté par le juge de paix, qui décerne une cédule, en vertu de laquelle la partie est sommée de présenter la pièce aux lieu, jour et heure indiqués. Chauveau et Carré, n° 56 *ter*; Pigeau, *Comm.* 1, 27; Bioche et Goujet, au mot *Juge de paix*.

Lorsque la partie, sur cette sommation, représente la pièce, le juge de paix y appose son paraphe, et en constate l'état par un procès-verbal. Mêmes autorités.

Ces paraphes et ce procès-verbal ne dispensent ni des paraphes ni des procès-verbaux prescrits devant le tribunal civil, par les art. 196, 198 et 227 C. proc.; Pigeau, *ib*.

338. Si, au contraire, la partie refuse d'obéir à la sommation, l'adversaire l'assigne pour voir dire que le refus sera pris pour la déclaration formelle de ne pas entendre se servir de la pièce, et le juge de paix statue au fond, comme si cette déclaration existait. Mêmes autorités.

339. Le tribunal qui statue sur l'incident ne peut prononcer sur le fond, qui n'a pas cessé d'appartenir au juge de paix, dont la solution a été seulement suspendue jusqu'au jugement de cet incident. Carré et Chauveau, n° 55; Pigeau, 1, 29; Delzers, 102; Paillet, article 14. — *Contrà*, Thomine, 1, 70; Lepage, *Quest.*, p. 74.

340. L'art. 14 C. proc. n'ordonne le renvoi que pour dénégation, méconnaissance d'écritures et inscription de faux. — D'où l'on a conclu que l'on peut citer en reconnaissance d'écriture devant le juge de paix, dans une cause de sa compétence (Carré et Chauveau, n° 56, 4°; Pigeau, *Comm.* 1, 28). — Mais si l'écriture est méconnue, il faut suivre les règles de l'art. 14.

341. Le délai pour comparaître sur la demande en reconnaissance serait d'un jour (au lieu de trois. C. proc. 193). Arg. C. pr. 5; mêmes autorités.

342. Si le défendeur comparaît, ou il reconnaît ou il dénie l'écriture : dans le premier cas, le juge donne acte de la reconnaissance et statue sur les difficultés qui divisent les parties; dans le deuxième cas, il renvoie devant qui de droit. Mêmes autorités.

S'il fait défaut, le juge de paix prononce que l'écrit sera tenu pour reconnu. Arg. C. proc. 194; mêmes autorités.

FORMULE 76e. *Jugement qui donne acte d'une dénégation d'écriture.*

Entre A... demandeur aux fins de... tendant à ce que le ci-après nommé, en qualité de seul et unique héritier du sieur B... son père, soit condamné à lui payer la somme de cent quatre-vingt-dix francs, contenue au billet entièrement écrit de la main dudit Paul, son père, en date du... enregistré le...

Et le sieur B... défendeur... lequel a requis d'être renvoyé de la demande, attendu qu'il ne reconnaît pas l'écriture du billet sus-énoncé, ni la signature étant au bas, pour être de la main de son père.

Nous, juge de paix, avons donné acte au sieur B... de sa déclaration qu'il ne reconnaît ni l'écriture ni la signature du billet dont il s'agit, pour avoir été tracées de la main de son père : nous avons à l'instant paraphé et fait parapher ledit billet qui nous a été représenté; renvoyons les parties à se pourvoir sur la dénégation d'écriture devant les juges qui en doivent connaître; sera sursis au jugement de l'instance en payement du billet, jusqu'à celui à rendre sur l'instance en dénégation d'écriture.

(*Su rla pièce dont l'écriture sera déniée, le juge de paix mettra son paraphe et écrira :*)

Paraphé le présent billet, que le sieur... a dénié avoir été écrit et signé par son père, à notre audience de cejourd'hui, l'an... le...

(*Signature du juge de paix et du défendeur.*)

FORMULE 77e. *Jugement qui donne acte d'une déclaration d'inscription de faux.*

Entre le sieur A... (*prénoms, nom, profession et domicile du demandeur*), demandeur aux fins de la citation du... enregistrée le... tendant à ce que le ci-après nommé soit condamné à lui payer la somme de cent quatre-vingt-dix francs, contenue en son billet en date du... enregistré le... comparant... d'une part;

Et le sieur B... (*prénoms, nom, profession et domicile du défendeur*), défendeur aux fins de ladite citation, comparant en personne, lequel a requis le renvoi de la demande, attendu que la signature étant au bas du billet représenté n'est pas la sienne, et nous a déclaré vouloir s'inscrire en faux contre le billet, si le demandeur persiste à vouloir s'en servir.

Le sieur A... demandeur, a répliqué que la signature apposée à l'acte susénoncé est celle du défendeur, et qu'il entend se servir du billet, comme reconnaissance de la somme par lui demandée...

Nous, juge de paix, avons donné acte au sieur... défendeur, de sa déclaration qu'il entendait s'inscrire en faux contre le billet sus-énoncé, en date... enregistré le... nous avons à l'instant paraphé et fait parapher ledit billet qui nous a été représenté; renvoyons les parties à se pourvoir, pour l'inscription de faux, devant les juges qui en doivent connaître; et sera sursis au jugement du fond, jusqu'après le jugement de l'instance sur l'inscription de faux.

(*Sur la pièce contre laquelle l'une des parties déclare vouloir s'inscrire en faux, le juge de paix mettra son paraphe et écrira :*)

Paraphé le présent billet, contre lequel le sieur B... a déclaré vouloir s'inscrire en faux, à notre audience de cejourd'hui... l'an... le...

(*Signature du juge de paix et du défendeur.*)

CHAPITRE XIV.— Du jugement définitif.— Des dépens.— De la condamnation aux dépens, à l'exécution provisoire ou sur la minute, à la contrainte par corps.

343. Le jugement définitif met fin à la contestation, sauf l'appel ou les autres voies de recours lorsqu'elles sont autorisées.

Il statue sur les dépens.

Le juge de paix peut ordonner l'exécution provisoire

et la contrainte par corps dans les cas où la loi le permet.

Ce chapitre sera consacré aux dépens, à l'exécution provisoire, à l'exécution sur la minute et à la contrainte par corps.

344. La partie qui succombe doit être condamnée aux dépens (C. proc. 130). Les frais et dépens sont taxés par le tarif du 16 février 1807 ; le décret ne parle pas des frais de timbre et d'enregistrement, qui cependant font partie des dépens; mais ces frais seuls peuvent entrer en taxe au delà de ceux mentionnés dans le tarif.

345. Lorsque la partie à laquelle les dépens sont adjugés requiert la délivrance du jugement, elle remet aux greffiers les originaux des différentes citations et notifications qu'elle a fait faire, tant à la partie qu'aux témoins et gens de l'art (Loi des 14 et 18, 26 octobre 1790, tit. IX, art. 4; décret du 16 février 1807, art. 21 et suiv.). Sur ces pièces, le juge de paix liquide les dépens, dans lesquels il comprend le coût de la délivrance et de la signification du jugement; l'expédition du jugement exprime le montant de la liquidation.

346. Celui qui succombe sur un incident doit-il être immédiatement condamné aux frais, ou peut-on réserver les dépens pour y statuer lors du jugement définitif? Il y a lieu de distinguer entre les jugements purement interlocutoires qui ordonnent une mesure pour arriver à une preuve ou un avant faire droit, et entre les demandes incidentes qui, une fois jugées, sont irrévocablement écartées. Ainsi, une partie demande une enquête, sa demande est rejetée et le juge ordonne de plaider au fond, ou remet la cause à la prochaine audience pour plaider au fond : quelque préjugé qui puisse en résulter en faveur de la partie adverse, on doit réserver les dépens jusqu'à la décision du fond; mais si, au lieu d'une demande à fin d'interlocutoire, il s'agissait d'un incident, par exemple, d'une exception d'incompétence ou déclinatoire, comme le jugement qui prononcerait sur la compétence et par lequel le juge déclarerait retenir la cause, aurait un caractère définitif, comme l'exception serait irrévocablement écartée, il y aurait lieu à condamner par le jugement même la partie qui succomberait aux dépens.

347. L'art. 131 C. proc. permet de compenser les dépens en tout ou partie entre conjoints ascendants, descendants, frères et sœurs et alliés au même degré; les juges peuvent aussi compenser les dépens en tout ou en partie, si les parties succombent respectivement sur quelques chefs.

On n'entend point par la compensation des dépens que chaque partie payera soit une moitié, soit telle autre quotité, tant des frais qu'elle a faits que de ceux de son adversaire mis en masse, mais que chaque partie payera les siens, en totalité ou en partie.

348. Il y a compensation simple et compensation proportionnelle.

La compensation simple a lieu quand chacune des parties doit payer les frais qu'elle a faits ou avancés.

La compensation proportionnelle a lieu quand une partie est condamnée à payer une portion quelconque des frais de son adversaire.

349. Il résulte de ces explications que la compensation

simple n'est pas, à vrai dire, une condamnation de dépens, puisqu'ils ne sont adjugés ni pour l'une ni pour l'autre des parties; les dépens ne sont, en effet, que les frais qui ont été faits dans la poursuite d'un procès, et que la partie qui a succombé doit payer à celle qui a obtenu gain de cause (Carré, *Questions*, 557, 336). La condamnation aux dépens varie à l'infini : les juges peuvent aussi, sans prononcer de compensation proprement dite, mettre à la charge de l'une des parties un acte spécial, une portion quelconque de la procédure.

350. Outre la condamnation aux dépens, le juge exprime ordinairement, dans son jugement, par qui seront supportés les frais de levée et de signification de jugement; cela est nécessaire surtout lorsque les dépens sont compensés; car dans ce cas, il est difficile de décider qui doit payer ces frais.

351. La liquidation des dépens et frais doit être faite par le jugement qui les adjuge (C. proc. 543). Mais il n'est pas nécessaire que la somme des dépens soit prononcée au moment même de la prononciation du jugement; il suffit que la taxe soit ultérieurement insérée dans la minute (Cass. 2 mai 1810); et c'est même ainsi que l'on agit dans l'usage et dans la pratique.

352. « L'exécution provisoire des jugements des juges « de paix sera ordonnée dans tous les cas où il y a titre « authentique, promesse reconnue, ou condamnation « précédente, dont il n'y a point eu d'appel.

« Dans tous les autres cas, le juge pourra ordonner « l'exécution provisoire, nonobstant appel, sans caution, « lorsqu'il s'agira de pension alimentaire, ou lorsque la

« somme n'excédera pas 300 fr., et avec caution au-« dessus de cette somme.

« La caution sera reçue par le juge de paix. » Loi de 1838, art. 11.

353. « S'il y a péril en la demeure, l'exécution pro-« visoire pourra être ordonnée sur la minute du juge-« ment, avec ou sans caution, conformément aux dis-« positions de l'article précédent. » Loi de 1838, art. 12.

354. D'après l'art. 17 du Code de procédure, les jugements des justices de paix, jusqu'à concurrence de 300 francs, étaient exécutoires par provision nonobstant appel et sans qu'il fût besoin de fournir caution; les juges de paix pouvaient, dans les autres cas, ordonner l'exécution provisoire de leurs jugements, mais à la charge de donner caution. — L'article 11 de la loi nouvelle a profondément modifié la loi ancienne.

355. Les dispositions des art. 11 et 12 ont, au reste, besoin de peu de développement : le titre *authentique* est celui « qui a été reçu par officier public, ayant le « droit d'instrumenter dans le lieu où l'acte a été ré-« digé, et avec les solennités requises. » C. civ. 1317.

La *promesse reconnue* consiste dans un acte sous seing privé, billet ou autre, dont l'écriture n'est pas déniée, ou dans l'aveu de la dette (C. civ. 1356). — Le défaut laissé par le défendeur n'empêcherait pas que l'écrit qui lui est opposé fût *reconnu* pour vrai par le juge, ce qui lui donnerait, en pareil cas, la même force que si la reconnaissance était émanée de la partie elle-même. Poitiers, 7 avril 1837, Dall. 37, 2, 171.

Quant à la *condamnation précédente*, sur laquelle

peut être basée l'exécution provisoire, on peut citer comme exemple d'une pareille condamnation le jugement qui aurait reconnu la qualité d'une partie, qualité sur laquelle l'action intentée devant le juge de paix serait fondée; ou encore le jugement qui aurait établi la validité d'un titre de rente, dont les arrérages seraient, plus tard, réclamés devant le juge de paix, etc.

356. La disposition de l'art. 12, qui permet, s'il y a péril en la demeure, d'ordonner l'exécution provisoire *sur la minute*, est nouvelle; elle accorde aux juges de paix la faculté déjà accordée par l'art. 811 C. proc. aux juges des référés.

357. L'exécution du jugement sur la minute est affranchie du commandement préalable ordonné en cas d'exécution ordinaire (C. proc. 583); le jugement peut même, en pareil cas, être exécuté avant l'enregistrement de la minute; il suffit que cette formalité soit remplie au moment où l'huissier fait enregistrer le procès-verbal d'exécution. Décis. minist. 13 juin 1809.

358. Le greffier confie, pour l'exécution, la minute du jugement à l'huissier qui est ordinairement *commis par le juge*, et qui rétablit la minute au greffe, après l'opération.

359. Lorsque le jugement est déclaré exécutoire sur la minute, la formule exécutoire ne peut être donnée à la minute, qui renferme seulement la mention suivante : *l'exécution aura lieu sur la minute*. Chauveau sur Carré, n° 1898, 8°.

360. L'exécution provisoire avec ou sans caution doit être demandée : elle ne peut être prononcée d'of-

fice par le juge. Pigeau, t. 1er, p. 501; Carré, *Loi de la procédure*, sur l'art. 17 du Code; Curasson, sur l'art. 12 de la loi, n° 6.

361. L'exécution provisoire peut d'ailleurs être demandée au tribunal d'appel et avant le jugement à intervenir, si elle n'a pas été prononcée en première instance; de même que si elle a été accordée hors les cas prévus par la loi, l'appelant peut obtenir des défenses, à l'audience, sur assignation à bref délai. C. proc. 458, 459, 460.

362. L'exécution provisoire peut être accordée par les tribunaux d'arrondissement nonobstant appel *ou opposition* (C. proc. 155). Ni l'art. 17 du Code de procédure, ni l'art. 11 de la loi nouvelle ne parlent de l'exécution provisoire *nonobstant opposition* : il était reconnu, sous l'empire de l'art. 17, que l'opposition empêchait l'exécution provisoire : Carou soutient que l'art. 11, et surtout l'art. 12 qui permet l'exécution *sur la minute*, ont modifié, quant à l'opposition, l'ancien art. 17; Curasson pense que, dans le silence absolu de la loi, l'opposition suspendrait l'exécution provisoire. — Voir, sur cette question, *Annales* et *Rép. gén.*, au mot *Jugement*, § 7, n° 48 et suiv.

363. D'après l'art. 137 C. proc., « l'exécution provi-
« soire ne peut être ordonnée pour les dépens, quand
« même ils seraient adjugés pour tenir lieu de dom-
« mages et intérêts. »

FORMULE 78e. *Jugement définitif, contradictoire.*

Justice de paix du canton de... département de...

Audience tenue publiquement, à l'heure accoutumée, en l'auditoire ordinaire du tribunal (*si le jugement était rendu ailleurs, l'énoncer*), le... du mois de... an mil huit cent... par nous... juge de paix... avec l'assistance de M... greffier de cette justice de paix. (*Cet intitulé, mis en tête de la feuille, sert pour tous les jugements qui y sont portés; il est inscrit dans l'expédition de chaque jugement.*)

Entre le sieur A... (*prénoms, nom, profession et domicile du demandeur*), aux fins de la citation en date du... enregistrée le... tendant à ce que le défendeur B...

Soit condamné à lui payer la somme de quarante-huit francs, à lui due par acte sous seing privé du... enregistré le... ensemble les intérêts de ladite somme, à compter de ce jour (*ou bien* tendant à ce que...), comparant en personne, *ou* par... (*prénoms, nom, profession et domicile du fondé de pouvoir*), son fondé de pouvoir... suivant acte du... enregistré à... le... d'une part.

Et le sieur B... (*prénoms, nom, profession et domicile du défendeur*), défendeur aux fins de la même citation, comparant en personne, *ou* par... (*prénoms, nom, profession et domicile du fondé de pouvoir*), son fondé de pouvoir, suivant acte du... enregistré à... le... d'autre part, lequel (*on insérera son dire*), a dit que...

Nous, juge de paix, considérant (*on détaillera les motifs*), en droit, 1°... 2°... 3°... En fait, 1°... 2°... 3°...

Condamnons le sieur B... à payer au sieur A... la somme de quarante-huit francs, contenue en son billet sous seing privé du... enregistré à... le... par... qui a perçu... pour les droits, ensemble les intérêts de ladite somme, à compter du... date de son exploit (*ou bien disons que...*).

Condamnons le sieur... aux frais de la présente instance, liquidés à la somme de... y compris le coût de la délivrance et de la signification du présent jugement.

Ainsi jugé (*lorsque le jugement est rendu en matière non sujette à l'appel, on ajoutera* :) en dernier ressort par nous... juge de paix, en présence du sieur... demandeur, et du sieur... défendeur.

(*Si l'une ou même les deux parties ne sont pas présentes à la prononciation* (*ce qui peut avoir lieu lorsqu'il y a un renvoi d'audience*), *il en sera fait mention ainsi* : en l'absence de toutes les parties).

Le... mil huit cent cinquante, et avons signé avec notre greffier.

FORMULE 79e. *Jugement prononçant la contrainte par corps.*

... Condamnons le sieur B... à payer, etc... ordonnons que, pour la restitution de cette somme, ledit sieur B... sera contraint par toutes les voies de droit et par corps; le condamnons, en outre, aux frais de la présente instance, liquidés à... (*La suite comme ci-dessus.*)

FORMULE 80e. *Jugement prononçant l'exécution provisoire ou l'exécution sur la minute.*

Ordonnons, conformément à l'art. 11 de la loi du 25 mai 1838, que le présent jugement sera exécuté par provision, nonobstant et sans préjudice de l'appel, sans donner caution.

(*S'il y a lieu à exiger caution, il faut substituer à ces*

derniers mots, ceux-ci : A charge par lui de donner caution.)

(*Si l'exécution est ordonnée sur la minute, on ajoute*): Ordonnons l'exécution sur la minute.

CHAPITRE XV. — Jugements divers. — Demande de pension alimentaire. — Contestations entre hôteliers, aubergistes, voyageurs et voituriers. — Résiliation de baux. — Congés. — Demandes en résiliation de baux. — Expulsion de lieux. — Saisie-gagerie. — Saisie-brandon. — Saisie foraine.

ARTICLE 1er. — *Jugement sur demandes de pensions alimentaires.*

364. D'après le § 4 de l'art. 6 de la loi de 1838, « les « juges de paix connaissent, à charge d'appel, des de- « mandes en pension alimentaire n'excédant pas 150 fr. « par an, et seulement lorsqu'elles seront formées en « vertu des art. 205, 206 et 207 du C. civ. »

365. Les aliments ne devant être accordés que dans la proportion de la fortune de celui qui les doit (C. civ. 208), il s'ensuit qu'entre plusieurs enfants les uns peuvent être condamnés à payer une somme beaucoup plus forte que les autres.

366. Par *aliments*, le Code entend tout ce qui est nécessaire à la vie et à l'existence : les vêtements, le couvert, la nourriture.

367. La compétence du juge de paix dépend, d'après les termes de notre article, du montant de la demande; si donc plusieurs codébiteurs sont assignés chacun personnellement en payement de sommes annuelles qui, réunies, excèdent 150 fr., le juge de paix sera incompétent, et ce, quand même il n'accorderait en total qu'une pension alimentaire inférieure à 150 fr.

Il en serait autrement si un père ou une mère, déjà soutenu par un de ses enfants, réclamait contre un autre un supplément de pension inférieur à 150 fr. : cette réclamation indispensable de la pension déjà fournie par l'autre enfant serait de la compétence du juge de paix.

368. Le juge appelé à prononcer sur une demande en pension alimentaire doit prendre pour base de sa décision, outre la fortune du demandeur et des défendeurs, leur condition, les besoins et les ressources de celui qui réclame, tenir compte en un mot de toutes les circonstances qui peuvent éclairer sa religion et contribuer à une décision équitable.

FORMULE 81e. *Jugement pour pension alimentaire.* (Expédition du jugement.)

La cause a présenté les questions suivantes :

1° Y a-t-il lieu d'accorder à A... la pension alimentaire qu'il demande ?

2° Quelle doit être la quotité de cette pension ?

3° La condamnation doit-elle être solidaire ?

4° *Quid* des dépens ?

Nous, juge de paix, après avoir entendu le demandeur et les défendeurs en leurs conclusions respectives...

Considérant...

Par ces motifs, condamnons, par jugement en premier ressort, Pierre A... à payer à Jacques A... son père, une somme de 48 fr. par an; Paul A... et Marie B... son épouse, la somme de 35 fr. ; Lucien A... celle de 25 fr., à titre de pension annuelle et alimentaire, et ce de trois mois en trois mois et d'avance, à partir du jour de la citation; condamnons, en outre, tous les défendeurs aux dépens liquidés à...

ARTICLE 2. — *Des contestations entre les hôteliers, aubergistes, logeurs, et les voyageurs ou locataires en garni. — Entre les voyageurs et les voituriers ou bateliers.—Entre les voyageurs et les carrossiers ou autres ouvriers.*

369. « Les juges de paix prononcent, sans appel, jus- « qu'à la valeur de cent francs, et, à charge d'appel, « jusqu'au taux de la compétence en dernier ressort des « tribunaux de première instance :

« Sur les contestations entre les hôteliers, aubergistes « ou logeurs, et les voyageurs ou locataires en garni, « pour dépense d'hôtellerie et perte ou avaries d'effets « déposés dans l'auberge ou dans l'hôtel ;

« Entre les voyageurs et les voituriers ou bateliers, « pour retards, frais de route et perte ou avaries d'effets « accompagnant les voyageurs;

« Entre les voyageurs et les carrossiers ou autres ou- « vriers, pour fournitures, salaires et réparations faites « aux voitures de voyage. » Loi de 1838, art. 2.

370. Pour qu'il y ait lieu à la compétence des juges de paix en vertu de cet article, il faut que la demande soit déterminée ; si elle ne l'était pas, on pourrait supposer que les effets réclamés seraient d'une valeur supérieure au taux de la compétence en dernier ressort des tribunaux de première instance, c'est-à-dire à 1500 fr.

371. Le voyageur défendeur ne peut être assigné devant le juge de paix du lieu ; mais la saisie-gagerie, faite en vertu des art. 819 et suivants du C. de proc., et la rétention des objets, fourniront, dans plusieurs

cas, les moyens de saisir le juge de paix du lieu; ainsi, l'hôtelier, l'aubergiste ou logeur, en saisissant les effets des voyageurs ou du locataire en garni qui refusera de payer sa dépense, le forcera à porter la contestation devant le juge de paix du canton, d'autant plus que l'article 3 de la loi de 1838 attribue au juge de paix la connaissance des demandes en validité de saisie-gagerie.

372. Ainsi encore, les carrossiers et autres ouvriers, en retenant jusqu'à payement les voitures de voyage dont la réparation leur aura été confiée, forceront le voyageur à porter sa réclamation devant le juge de paix du lieu, et pourront, reconventionnellement, exiger leur payement.

373. Quant aux voyageurs eux-mêmes, du moment où ils seront demandeurs, leurs réclamations se trouveront de droit dans les attributions de la justice de paix du défendeur, hôtelier, aubergiste, logeur, voiturier ou batelier, carrossiers ou autres ouvriers; ils n'éprouveront donc aucun retard, à moins que l'on ne prétende que, lorsqu'ils réclameront contre une administration de messagerie ou toute autre administration de transport dont le siége principal serait éloigné, ils soient tenus d'aller plaider devant le juge de paix de ce principal établissement : mais il est aujourd'hui de jurisprudence que les administrations ou compagnies qui ont des bureaux sur plusieurs points de la France peuvent être assignées au tribunal de chacun de ces bureaux, pour répondre des engagements qui y ont été pris (Cass. 15 mai 1844 et 11 juin 1845); ce serait donc devant le juge de paix du lieu où se trouverait établi le bu-

reau le plus voisin, et en parlant à l'employé de ce bureau, que la compagnie de messageries ou de transports devrait être citée par le voyageur, pour répondre de la perte, de l'avarie dont celui-ci aurait à se plaindre.

Formule 82e. *Jugement relatif à une demande d'un voyageur contre une entreprise de messageries, pour dommage et perte d'effets.*

Entre le sieur A... lequel a dit que, par exploit de ce jour, du ministère de... et en vertu d'une cédule par nous délivrée le même jour, qui seront enregistrés avant le présent, il a fait citer la compagnie des Messageries Générales, dont le siége est à Paris, rue Saint-Honoré, n° 130, en la personne du sieur B... directeur du bureau de cette ville, y demeurant, rue... et le sieur K... conducteur, employé aux mêmes Messageries, pour : Attendu que la nuit dernière la voiture des Messageries Générales, conduite par ledit sieur K... a versé par sa faute, en arrivant à l'hôtel des Messageries, rue... que la malle du comparant a été brisée, et que presque tous les effets qu'elle contenait ont été endommagés ou perdus ; que le dommage par lui éprouvé monte à la somme de 600 fr., ainsi qu'il sera prouvé, soit par experts, soit par témoins, si le fait est dénié; se voir condamner solidairement le sieur K... et la compagnie des Messageries Générales, représentée par le sieur B... à lui payer ladite somme de 600 fr. et aux dépens, demandeur, d'une part ;

Le sieur B... directeur des Messageries Générales, demeurant... Et le sieur K..., conducteur, demeurant... défendeurs, d'autre part;

Le sieur A... après les conclusions de son exploit de citation ci-dessus rapportées...

Par le sieur B... a été répondu...

Par le sieur K... a été également répondu...

Nous, juge de paix, considérant que l'accident qui a donné lieu à la demande du sieur A... n'est pas dénié; que cet accident est arrivé par la faute du conducteur, qui n'a pas dévissé à temps la mécanique; qu'il est nécessaire de nommer un expert pour estimer le dommage causé au sieur A...

Avons ordonné que la malle et les effets du sieur A... seraient immédiatement déposés dans le lieu de nos séances; et en même temps nous avons nommé d'office, pour apprécier le dommage éprouvé, le sieur H... marchand de meubles, demeurant en cette ville, rue... n° ... lequel, informé de cette commission, s'est présenté, a déclaré l'accepter; et les susdits objets ayant été apportés, il a, de notre injonction, et après avoir prêté le serment préalable, procédé, en notre présence et en celle des parties, à un examen détaillé, et nous a déclaré que les avaries causées consistent : 1°..., 2°..., 3°... (*Le jugement étant sujet à l'appel, procès-verbal doit être dressé du rapport de l'expert.*)

Après quoi ledit expert a signé son rapport avec nous et le greffier.

Après avoir entendu de nouveau les dires et observations des parties; considérant...

Par ces motifs, procédant à charge d'appel, condamnons le sieur K... et la compagnie des Messageries Générales, représentée par le sieur B... à payer solidairement au sieur A... la somme totale de 300 fr., avec intérêts du jour de la citation, pour le montant du dommage par lui éprouvé; les condamnons, en outre, aux dépens liquidés à... y compris les frais de retrait et signification du présent jugement. — Ainsi jugé, etc.

ARTICLE 3. — *Des actions en payement de loyers et fermages. — Des congés. — Des demandes en résiliation de baux. — Des expulsions de lieux et des demandes en validité de saisie-gagerie. — Des attributions du juge de paix relativement à la saisie foraine.*

§ 1er. — Actions en payement de loyers et fermages. — Congés. — Demandes en résiliation de baux. — Expulsions de lieux.

374. « Les juges de paix connaissent, sans appel, « jusqu'à la valeur de 100 fr., et à charge d'appel, à « quelque valeur que la demande puisse s'élever :

« Des actions en payement de loyers ou fermages, « des congés, des demandes en résiliation de baux, « fondées sur le seul défaut de payement des loyers ou « fermages; des expulsions de lieux et des demandes en « validité de saisie-gagerie, le tout lorsque les locations « verbales ou par écrit n'excèdent pas annuellement, à « Paris, 400 fr., et 200 fr. partout ailleurs.

« Si le prix principal du bail consiste en denrées ou « prestations en nature, appréciables d'après les mer- « curiales, l'évaluation sera faite sur celle du jour de « l'échéance, lorsqu'il s'agira du payement des fer- « mages; dans tous les autres cas, elle aura lieu suivant « les mercuriales du mois qui aura précédé la demande. « Si le prix principal du bail consiste en prestations « non appréciables d'après les mercuriales, ou s'il s'agit « de baux à colons partiaires, le juge de paix détermi-

« nera la compétence, en prenant pour base du revenu « de la propriété, le principal de la contribution fon- « cière de l'année courante, multiplié par cinq. » L. 25 mai 1838, art. 3.

375. Nous n'avons pas à nous occuper de la compé- tence des juges de paix : tout ce qui y a rapport est exposé dans notre *Nouveau Traité de la compétence judiciaire des juges de paix;* nos observations se borneront donc à ce qui concerne la procédure.

376. Le demandeur n'est pas tenu de donner copie des mercuriales avec la citation. En cas de contestation sur le chiffre, il suffit d'en produire un extrait devant le juge. Carou, n° 169.

377. Les demandes en expulsion de lieux doivent être soumises au juge de paix, quels que soient les motifs, et encore bien qu'il faille apprécier les actes intervenus entre les parties.

378. Le juge de paix, appelé à prononcer sur la résiliation d'un bail pour défaut de payement de loyers ou fermages, peut, si la condition résolutoire pour défaut de payement n'est pas exprimée dans le contrat, ou s'il n'est pas stipulé qu'à l'instant de l'échéance du terme la résolution sera encourue sans qu'il soit besoin de sommation ni de mise en demeure, dont l'acte tiendra lieu (C. civ. 1139, 1656), accorder un délai au débiteur, suivant les circonstances. C. civ. 1244.

379. Le juge de paix statue sur les difficultés qui peuvent naître à l'occasion des états de lieux, dressés ou à dresser ; il constate ces états par jugement, lorsque les parties ne sont pas d'accord, soit sur les choses qui

doivent être décrites, soit sur la manière d'opérer : par exemple, si le propriétaire se refuse à faire un état de lieux, le preneur en fait dresser un, et assigne le bailleur devant le juge de paix, pour l'accepter ou le contester, et réciproquement. Lepage, 2, 191 ; Vaudoré, 2, 247 ; Carré, 377; Bioche et Goujet, au mot *Juge de paix*, n° 146.

380. L'expulsion des lieux ne peut être ordonnée par le juge de paix que lorsque le fermier ou locataire refuse de déloger malgré le congé qui aura été donné, ou malgré la résiliation du bail prononcée pour défaut de payement de loyers ou fermages; l'expulsion du preneur peut être alors ordonnée, soit par le jugement même qui prononce la validité du congé ou la résiliation, soit par un jugement postérieur.

Mais le juge de paix ne sera pas compétent pour prononcer l'expulsion des lieux fondée sur toute autre cause, pour vérifier notamment si la maison ou la ferme est garnie d'un mobilier suffisant pour la garantie des loyers ou fermages. Car, si on lui attribuait ce droit, on le rendrait juge d'une résiliation de bail demandée pour une autre cause que le défaut de payement de loyers ou fermages, ce que notre article interdit.

381. Le juge de paix ne peut assister à l'opération par lui ordonnée : ce serait connaître de l'exécution de ses jugements.

FORMULE 83e. *Jugement d'expulsion sur congé non contesté.*

Nous, juge de paix,

Attendu que le congé est régulier, et donné en temps utile; attendu que le prix du bail est de... et que l'action rentre, par conséquent, dans les limites de notre compétence, aux termes de l'article 3 de la loi du 25 mai 1838;

Disons que sur la signification de notre jugement, *ou* dans le jour, *ou* dans le délai de... jours, à compter de la signification (*si le jugement est rendu par défaut*), le sieur... quittera et videra les lieux, justifiera de l'acquit des charges locatives, et remettra les clefs; sinon autorisons le sieur... à l'expulser des lieux; à faire procéder, s'il y a lieu, à l'ouverture des portes avec l'assistance du commissaire de police du quartier, et au besoin de la force armée; (*s'il n'est rien dû, ou si les objets sont sans valeur*), à mettre les meubles sur le carreau, ou (*si des loyers sont dus, ou si les objets ont de la valeur*), à séquestrer les effets mobiliers qui en sont susceptibles, pour sûreté des loyers dus et des charges locatives; (*on peut ajouter*) à faire constater et estimer les réparations locatives par le commissaire de police ou par ... experts que nous nommons et dispensons d'office du serment à cause de l'urgence, y procéder sous la surveillance de l'expert qui réglera les mémoires des ouvriers; et notre jugement sera exécuté sur la minute par provision nonobstant appel, et avant l'enregistrement, attendu l'urgence, à la charge de le faire enregistrer dans les délais voulus.

Les jour, mois et an que dessus, et nous avons signé, etc.

(*Signatures du juge de paix et du greffier.*)

FORMULE 84e. *Jugement sur demande d'expulsion en cas de décès.*

Nous, etc. — Attendu que le congé est régulier et donné en temps utile; que le prix du bail est de... et que l'action rentre, par conséquent, dans les limites de notre compétence, aux termes de l'article 3 de la loi du 25 mai 1838; attendu que le décès du locataire et l'apposition des scellés ne peuvent faire obstacle à l'exécution du congé et suspendre l'exercice des droits du propriétaire; qu'il est urgent de mettre le nouveau locataire en possession des lieux...

Disons que dans les... jours à compter de ce jour (*si le jugement est contradictoire*), de la signification de notre jugement (*s'il est par défaut*), le sieur... (*héritier*) fera procéder à la levée des scellés, videra les lieux, remettra les clefs et justifiera de l'acquit des loyers et autres charges locatives; sinon, autorisons le sieur... (*propriétaire ou principal locataire*) à faire procéder, en présence des intéressés ou eux dûment appelés, par... huissier audiencier, et en présence du notaire qu'il aura fait nommer, s'il en est besoin, pour représenter les héritiers absents, à la levée des scellés sans description, à mettre les meubles sur le carreau ou à les transporter dans tel lieu qu'il jugera convenable, *ou* dans le lieu (*par exemple la salle des commissaires-priseurs*) que nous indiquons, aux risques de qui il appartiendra; et faute de payer les loyers et de justifier de l'acquit des charges, et de faire les réparations locatives, s'il y a lieu, à les saisir-gager ou séquestrer dans tel lieu qu'il jugera convenable, *ou* dans (*le lieu*) que nous indiquons, aux risques de qui il appartiendra;

Disons que les papiers seront remis aux parties intéressées (*ou* sous état sommaire dressé sur le procès-verbal de scellés, à Me... notaire, *ou* déposés, sous scellé, au greffe de la justice de paix), après avoir pris, s'il y a lieu, les renseignements nécessaires pour connaître les ayants droit.

Si la succession est abandonnée parce que l'actif suffit à peine au payement des frais privilégiés de justice et des loyers, on ajoute: autorisons le sieur... (*propriétaire ou principal locataire*) à faire procéder à la description des objets mobiliers sur le procès-verbal d'apposition de scellés, à mettre les meubles sur le carreau, etc. (*comme ci-dessus*).

Et notre jugement sera exécuté, etc. (*comme à la précédente formule*).

FORMULE 85e. *Jugement d'avant faire droit, ordonnant la visite des lieux loués, en cas d'abandon* (1).

Nous, etc. — Attendu qu'il est nécessaire de vérifier si le locataire a abandonné les lieux loués, et s'ils sont fermés, s'ils sont garnis de meubles ou marchandises de valeur suffisante pour garantir le payement des loyers;

Au principal, et par provision;

Disons, que par le commissaire de police du quar-

(1) Le juge de paix ne serait compétent pour prononcer, en cas d'abandon des lieux loués ou pour décider s'ils sont suffisamment garnis de meubles, que s'il s'agissait d'une demande en payement de loyers. Il pourrait donc, sur-le-champ, prononcer l'expulsion; mais il aurait la faculté, s'il voulait, par exemple, éclairer sa religion pour accorder des délais pour le payement, de faire visiter les lieux et dresser procès-verbal.

tier (*ou* par... huissier audiencier, *ou* par... commissaire-priseur), les lieux seront visités à l'effet de constater si le locataire a abandonné les lieux, s'ils sont fermés, s'ils sont garnis de meubles ou marchandises de valeur suffisante pour répondre du payement des loyers, et, le procès-verbal rapporté, être requis et statué ce que de droit.

Et notre jugement, etc.

FORMULE 86e. *Jugement d'expulsion en cas de faillite.*

Nous, etc. — Attendu qu'il y a congé régulier et donné en temps utile pour le... prochain ; que la faillite du locataire et l'apposition des scellés ne peuvent suspendre l'exercice des droits privilégiés du propriétaire et faire obstacle à l'exécution du congé ; qu'il est urgent de mettre le nouveau locataire en possession des lieux ;

Disons que dans les... jours, de ce jour (*si l'ordonnance est contradictoire*), ou de la signification de l'ordonnance (*si elle est par défaut*), le sieur... (*le failli*) et ses syndics feront procéder à la levée des scellés, videront les lieux, remettront les clefs et justifieront de l'acquit des loyers et autres charges locatives ; sinon autorisons le sieur... (*propriétaire ou principal locataire*), à faire procéder en présence du sieur... ou de ses agents ou syndics, ou eux dûment appelés, par... huissier audiencier, à la levée des scellés sans description, à mettre les meubles sur le carreau ou à les transporter dans tel lieu, etc.

Disons que les papiers seront remis aux syndics, sinon déposés, sous scellés, au greffe de la justice de paix.

Si la faillite est abandonnée parce que l'actif suffit à peine au payement des frais et des loyers, on ajoute : autorisons le sieur... (*propriétaire ou principal locataire*) à faire procéder à la description des objets mobiliers sur le procès-verbal d'apposition de scellés, et à mettre les meubles sur le carreau, etc. (*comme ci-dessus*).

Formule 87e. *Procès-verbal d'expulsion d'un locataire.* Tarif, 31 par anal. —Coût, le même que celui de la formule 91e ci-après.

L'an... en vertu d'un jugement rendu par M. le juge de paix du canton de... le... enregistré et signifié et à la requête de... etc.

J'ai... fait de nouveau sommation au sieur...

De présentement payer au requérant, ou à moi, huissier, pour lui porteur de pièces, la somme de... pour le terme de loyer échu le... et de me justifier du payement de ses impositions; comme aussi, et (après avoir satisfait à la présente sommation), d'évacuer les lieux à lui loués, mettre ses meubles dehors, faire place nette, remettre les clefs et satisfaire aux obligations du locataire sortant; sinon, et faute de ce faire, je lui ai déclaré qu'en exécution du jugement sus-énoncé, il serait expulsé, et ses meubles et effets mis sur le carreau, et ensuite séquestrés pour sûreté, conservation, et avoir payement de ladite somme de... et encore de la justification du payement des impositions et des réparations locatives.

Pour quoi le sieur... ayant refusé de satisfaire à tout ce que dessus, je lui ai déclaré que nous allions procéder auxdites expulsion et séquestre; et pour y parvenir, nous avons, en présence des témoins ci-après nommés, décrit tout ce qui s'est trouvé dans les lieux loués audit sieur... et qui consiste, savoir : dans la première pièce en entrant, etc. (*désigner tous les objets trouvés*), qui sont tous les meubles et effets qui se sont trouvés dans les lieux occupés par... et ensuite nous avons fait appeler des hommes de peine, à l'aide desquels lesdits meubles et effets ont été descendus dans la cour de ladite maison en présence desdits témoins et de... et nous avons pareillement expulsé ledit... des lieux dont il s'agit, dans lesquels nous avons constaté qu'il y avait (*énoncer les réparations locatives à faire*); et ensuite tous lesdits meubles et effets sont restés comme séquestrés pour sûreté des créances et répétitions ci-dessus énoncées, dans une pièce au rez-de-chaussée de la maison, à la garde de M... qui s'est chargé d'eux, pour en faire la représentation quand et à qui il appartiendra; et le sieur... nous a remis les clefs au nombre de... des lieux qu'il occupait : et il a été vaqué à tout ce que dessus depuis l'heure de ... jusqu'à celle de... en présence de... tous deux témoins qui ont signé avec M... gardien, tant le présent procès-verbal que les copies d'icelles remises à l'instant, l'une à... et l'autre à M... gardien.

Le coût est de...

§ 2. — Saisie-gagerie. — Attributions du juge de paix relativement à la saisie foraine.

382. L'article 3 de la loi du 25 mai 1838 attribue aussi au juge de paix, dans les limites qu'il prescrit, les demandes en validité de saisie-gagerie (*Voir ci-dessus, n° 374*).

383. Nous rapporterons ici les dispositions du Code de procédure sur la saisie-gagerie.

« Les propriétaires et principaux locataires des mai-« sons ou biens ruraux, soit qu'il y ait bail, soit qu'il n'y « en ait pas, peuvent, un jour après le commandement « et sans permission du juge, faire saisir-gager, pour « loyers et fermages échus, les effets et fruits étant dans « lesdites maisons ou bâtiments ruraux et sur les terres. « Ils peuvent même faire saisir-gager, à l'instant, en « vertu de la permission qu'ils en auront obtenue, sur « requête du président du tribunal de première in-« stance. — Ils peuvent aussi saisir les meubles qui gar-« nissaient la maison ou la ferme, lorsqu'ils ont été dé-« placés sans leur consentement ; et ils conservent sur « eux leur privilége, pourvu qu'ils en aient fait la re-« vendication, conformément à l'article 2102 du Code « civil. C. proc. 819.

384. « Peuvent les effets des sous-fermiers et sous-« locataires, garnissant les lieux par eux occupés, et les « fruits des terres qu'ils sous-louent, être saisis-gagés « pour les loyers et fermages dus par le locataire ou fer-« mier de qui ils tiennent; mais ils obtiendront main-« levée, en justifiant qu'ils ont payé sans fraude, et sans « qu'ils puissent opposer des payements faits par antici-« pation. » C. proc. 820.

385. « La saisie-gagerie sera faite en la même forme « que la saisie-exécution : le saisi pourra être constitué « gardien ; et, s'il y a des fruits, elle sera faite dans la « forme établie par le titre IX du livre précédent. » C. proc. 821.

386. « Tout créancier, même sans titre, peut, sans « commandement préalable, mais avec permission du « président du tribunal de première instance, et même « du juge de paix, faire saisir les effets trouvés en la « commune qu'il habite, appartenant à son débiteur « forain. » C. proc. 822.

387. « Le saisissant sera gardien des effets, s'ils sont « en ses mains; sinon, il sera établi un gardien. » C. proc. 823.

388. « Il ne pourra être procédé à la vente, sur les « saisies énoncées au présent titre, qu'après qu'elles « auront été déclarées valables; le saisi, dans le cas de « l'art. 821, le saisissant, dans le cas de l'art. 823, ou le « gardien, s'il en a été établi, seront condamnés par « corps à la représentation des effets. » C. proc. 824.

389. « Seront, au surplus, observées les règles ci-de- « vant prescrites pour la saisie-exécution, la vente et la « distribution des deniers. » C. proc. 825.

Telles sont les dispositions du Code de procédure sur la saisie-gagerie; plusieurs observations sont à faire.

390. Et d'abord, remarquons qu'on doit exclure de la compétence du juge de paix la saisie-arrêt sur les débiteurs forains, sauf l'autorisation de saisie que l'art. 822 C. proc. leur attribue; l'art. 3, en effet, ne place la saisie-gagerie dans leur compétence, que quand elle se rapporte aux loyers ou fermages, et que les locations verbales ou par écrit qui y donnent lieu n'excèdent pas annuellement, à Paris, 400 fr., partout ailleurs, 200 fr.

391. Les art. 819 et suivants du Code de procédure ont été profondément modifiés par l'art. 3 de la loi de

1838, puisque les attributions conférées au président du tribunal, et au tribunal de première instance par le Code de procédure, ont été, par l'art. 3, et dans les limites de cet article, reportées au juge de paix.

392. Plusieurs voies d'exécution sont ouvertes au propriétaire ou principal locataire pour obtenir le payement de leurs loyers ou fermages : ils peuvent avoir recours à la saisie immobilière, à la saisie-arrêt, à la saisie-exécution, à la saisie-gagerie, à la saisie-brandon, à la saisie-revendication ; nous n'avons pas à nous occuper des deux premières, puisqu'elles ne rentrent en rien dans la compétence des juges de paix.

Quant à la saisie-exécution, le juge de paix n'est pas non plus appelé à en connaître ; mais comme, lorsque le titre est exécutoire, il suffit pour procéder à la saisie et pour autoriser la vente des meubles saisis, et qu'en pareil cas l'intervention du juge est inutile, à moins que la partie saisie ne forme opposition, cette voie devrait être suivie de préférence à la saisie-gagerie, qui nécessite une demande en validité; aussi l'art. 319 C. proc. autorise-t-il la saisie-gagerie, soit qu'il y ait bail, soit qu'il n'y en ait pas.

393. Par une irrégularité provenant sans doute du trouble que la discussion des lois, dans les grandes assemblées, apporte à leur symétrie, une autre disposition sur la saisie-gagerie se trouve, dans la loi de 1838, rejetée à l'art. 10; nous devons, pour compléter ce qui se rapporte au sujet que nous traitons, la rapprocher des dispositions déjà rapportées; elle est ainsi conçue :

Art. 10. « Dans le cas où la saisie-gagerie ne peut

« avoir lieu qu'en vertu de permission de justice, cette « permission sera accordée par le juge de paix du lieu « où la saisie devra être faite, toutes les fois que les « causes rentreront dans sa compétence.

« S'il y a opposition de la part des tiers pour des « sommes et pour des causes qui, réunies, excéderaient « cette compétence, le jugement en sera déféré aux tri- « bunaux de première instance. »

Nous commenterons incessamment cet article 10. Il nous reste à terminer auparavant ce que nous avons à dire sur la saisie-gagerie en elle-même, et sur la procédure qu'elle comporte.

394. Le commandement qui doit précéder la saisie-gagerie doit être fait suivant les formes des art. 583 et 584 du Code de procédure; le procès-verbal de saisie-gagerie est également soumis aux dispositions des articles qui suivent, relatives aux procès-verbal de saisie-exécution, sans qu'il soit besoin, toutefois, d'indiquer le jour de la vente, ce jour n'étant connu qu'après que la saisie-gagerie a été validée par jugement. C. proc. 824.

395. La saisie-gagerie est signifiée avec assignation en validité. En déclarant la saisie valable, le juge de paix ordonne la vente des objets saisis jusqu'à concurrence des causes de la saisie, des frais, etc., et condamne par corps le gardien à la représentation des effets. C. proc. 824.

396. Les objets insaisissables sont désignés dans les art. 992 et 993 du C. proc. civ.

L'art. 819 C. proc. permet de saisir-gager non-seulement les effets et fruits qui sont dans les maisons et bâtiments ruraux, mais encore ceux qui sont sur les terres; s'il y a des fruits pendants par racines à saisir, on suit les formes tracées pour la saisie-brandon par les art. 636 et suivants C. proc.

397. Mais le juge de paix ne serait pas compétent pour prononcer sur une saisie-brandon. Carou, n° 205.

398. L'art. 819, d'accord sur ce point avec l'article 2102 C. civ., permet au propriétaire de saisir les meubles qui garnissaient sa maison ou sa ferme, lorsqu'ils ont été déplacés sans son consentement, pourvu que la revendication soit faite dans les délais fixés par ledit art. 2102; cette espèce de saisie, dite saisie-revendication, est réglée par les art. 826 et suivants C. proc.

399. Cette action, se rattachant à la saisie-gagerie, est de la compétence du juge de paix (Carou, 1, n° 210. *Contrà*, Rapport de M. Amilhau; Bioche, au mot *Saisie-Revendication*, n° 10), sauf toutefois l'opposition de la part des tiers, qui, si elle a lieu ou pour des sommes ou pour des causes excédant la compétence du juge, nécessite le renvoi devant le tribunal de première instance, art. 10 de la loi.

400. C'est ici le lieu de bien fixer le sens de cet article 10 : de grands débats se sont élevés entre les auteurs sur la question de savoir s'il s'applique uniquement à la saisie-gagerie des meubles de locataire ou fermier dans les limites de l'art. 3, ou s'il s'étend à tous les cas de saisie-gagerie; s'il attribue, par exemple, compétence au juge de paix, soit qu'il s'agisse des effets d'un voyageur saisis par l'aubergiste, des objets remis à un ouvrier pour être confectionnés, et qu'il retient à l'effet

d'être payé du prix de la façon (voir Troplong, *Hypothèque*, t. Ier, p. 381, et l'arrêt de la C. de cass. du 9 décembre 1840, Dal. 41, 1, 419), soit qu'il s'agisse des effets du débiteur forain, trouvés dans la commune où habite son créancier. C. proc. 822.

Nous avons dit plus haut, n° 390, que la saisie-gagerie de l'art. 3 devait être restreinte à celle qui a lieu pour loyers et fermages : en est-il de même des attributions qui sont confiées au juge de paix par l'art. 10? Curasson nous paraît celui de tous les auteurs qui a émis sur ce point l'opinion la mieux fondée; il applique la saisie-gagerie de l'art. 10 à tous les cas où cette espèce de saisie peut avoir lieu, pourvu que les causes de la saisie-gagerie rentrent dans la compétence du juge de paix. Ainsi l'action du créancier contre le débiteur forain étant une action purement personnelle et mobilière, le juge de paix connaîtra de la saisie-gagerie à laquelle cette action donnera lieu, pourvu que la somme réclamée, la cause de la saisie, ne soit pas supérieure à 200 fr. Art. 1er de la loi.

Ainsi, en cas de dépense faite par un voyageur, l'aubergiste, le voiturier, le batelier ou le carrossier, pourra faire procéder lui-même à la saisie des effets dont il est détenteur et sur lesquels il a privilége, et le juge de paix sera compétent pour valider la saisie en dernier ressort, s'il s'agit d'une somme de 100 fr. et au-dessous, et, à charge d'appel, jusqu'à concurrence d'une valeur de 1,500 fr. Art. 2 de la loi.

Nous n'opposerons à cette interprétation de la loi qu'une objection : c'est que l'art. 10 n'autorise le juge de paix qu'à *permettre* la saisie-gagerie, et qu'il ne parle nullement du jugement de validité; mais on peut répondre à cette objection qu'il a été tellement dans l'intention du législateur d'attribuer aux juges de paix la connaissance des saisies-gageries en dehors et au delà des termes de l'art. 3, que le rapporteur de la Commission de la Chambre des pairs disait, à propos de l'attribution au juge de paix du lieu de la connaissance des actions intentées contre les voyageurs : « On conçoit « très-bien que, si la demande est formée par le voya- « geur, la cause soit portée au domicile du défendeur, « qui est le lieu même où le fait est arrivé; on conçoit « aussi que, si le demandeur est l'aubergiste ou l'ou- « vrier, *une saisie-gagerie des effets du voyageur*, déjà « prévue par l'art. 822 du C. de proc., *puisse ramener « l'affaire devant le même juge de paix.* » — « Devant « quel juge, disait aussi M. Amilhau, dans le dernier « rapport à la Chambre des députés, seront portées ces « demandes? On avait d'abord pensé qu'il fallait que, « dans tous les cas, le juge de paix du lieu fût déclaré « compétent; il y avait intérêt à ce que la demande « reçût solution à l'instant même; mais votre Commis- « sion n'a pas cru devoir déroger à l'ordre ordinaire de « juridiction; elle a compris que les droits de l'hôtelier « étaient garantis, puisque, *en faisant une saisie-gagerie, « il pouvait obliger le voyageur à intenter à l'instant son « action.* » Et passant à l'art. 10, cet article, dit-il, *règle ce qui est relatif à la saisie-gagerie, conformément aux principes que nous avons exposés.*

Cette interprétation donnée à la loi par le législateur

lui-même doit faire adopter l'opinion de Curasson, qui comprend dans les attributions des juges de paix toutes les saisies-gageries, quelles qu'elles soient, pourvu que les causes qui y donnent lieu rentrent dans cette compétence.

401. L'art. 10 porte, en outre, que, « s'il y a opposition de la part des tiers pour des causes et pour des « sommes qui, réunies, excéderont la compétence des « juges de paix, le jugement en sera déféré aux tribu« naux de première instance. »

La compétence des juges de paix à l'égard des tiers ne pouvait être réglée ni par l'art. 2 de la loi, qui se renferme dans les rapports entre les voyageurs et les aubergistes, bateliers ou ouvriers, ni par l'art. 3, qui n'a rapport qu'aux contestations entre les bailleurs et les preneurs; cette compétence, pour prononcer sur les oppositions de la part des tiers, devait donc être réduite à l'application de l'art. 1er, c'est-à-dire que l'action des tiers, en pareil cas, étant purement personnelle et mobilière, le juge de paix prononce sur la saisie-gagerie et sur les oppositions, en dernier ressort, si les causes de l'opposition sont inférieures à 100 fr., et seulement sauf appel, si elles n'excèdent pas 200 fr.

402. Au reste, l'opposition ne saurait venir de la part des tiers comme créanciers du saisi; en effet, l'art. 609 C. proc., sur les saisies et exécutions, que l'art. 825 déclare applicable à la saisie-gagerie, porte que : « Les « créanciers du saisi, pour quelque cause que ce soit, « même pour loyers, ne pourront former opposition « que sur le prix de vente »; l'opposition des *créanciers*

n'empêcherait donc, en aucun cas, qu'il fût donné suite à la saisie et à la vente des meubles, et n'enlèverait pas au juge de paix la connaissance de la saisie-gagerie.

Après la vente, et lors de la distribution des deniers, les créanciers opposants feront valoir leurs droits, mais la distribution des deniers de la vente par contribution n'est pas de la compétence du juge de paix; elle est restée dans les attributions des tribunaux de première instance.

403. L'opposition à la saisie ne se concevrait donc pas de la part d'un tiers qui se prétendrait propriétaire des objets saisis; ici s'appliquerait la seconde disposition de l'art. 10, c'est-à-dire que le juge de paix ne connaîtrait de l'opposition formelle par ce tiers, que si les causes de l'opposition n'excédaient pas la compétence du juge de paix en matière purement personnelle ou mobilière.

404. Mais si le juge de paix retenait la cause, il devrait se borner à constater le droit de chaque réclamant, sans jamais établir entre eux aucune distribution de deniers; ce serait là, en effet, connaître de l'exécution de son jugement.

405. Si l'opposition vient du débiteur saisi, qui prétend avoir payé ses loyers, c'est au juge de paix à en connaître; c'est une conséquence du droit qu'a ce magistrat de prononcer sur la validité de la saisie et même de l'autoriser.

406. Le juge de paix peut-il connaître de la demande en mainlevée de saisie-gagerie? — Pour la négative, on dit : Le seul but de la loi est de fournir au

propriétaire les moyens de se faire payer; une fois la saisie faite, les droits du propriétaire sont garantis : le but de la loi est atteint. — Dans l'opinion contraire, on répond : La demande en mainlevée doit être portée devant le tribunal devant lequel la demande en validité de saisie avait été formée (Arg. C. proc. 567). Ce sont les mêmes éléments qui eussent pu, comme exception, faire rejeter la demande en validité. Carou, n° 218.

FORMULE 89°. *Requête pour avoir l'autorisation de saisir-gager.*

A M. le juge de paix du canton de...

Le sieur A... demeurant à... propriétaire de la maison où il demeure,

A l'honneur de vous exposer que le sieur B... son locataire, sans bail, en ladite maison, lui doit deux termes de loyer échus le... et formant une somme de... ledit loyer étant de cent quatre-vingt-dix fr. par an ;

Que l'exposant vient d'apprendre que ledit B... se dispose à faire enlever ses principaux meubles et effets pour les soustraire aux poursuites et garanties de l'exposant.

C'est pourquoi il demande qu'il vous plaise lui permettre de faire saisir-gager à l'instant, et sans commandement préalable, en vertu de l'art. 819 du C. de proc., tous les meubles et effets garnissant les lieux loués au sieur B... dans ladite maison, rue... et ce pour sûreté, conservation, et avoir payement de la susdite somme de... et des frais.

(*Signature du requérant, ou mention qu'il ne sait signer.*)

FORMULE 90e. *Ordonnance.*

Nous, juge de paix,

Vu la requête ci-dessus, l'art. 819 du C. de proc. civ. et l'art. 10 de la loi du 25 mai 1838,

Autorisons à saisir-gager, sans commandement préalable, et aux risques et périls du requérant, les meubles et effets du sieur... qui se trouvent dans l'appartement par lui occupé.

Donné à... le... (*Signature du juge.*)

(*Si au lieu de meubles il s'agissait de fruits ou grains coupés, encore étendus sur le sol,* on dirait :)

Autorisons à saisir, sans commandement préalable, et aux risques et périls du requérant, les blés, fourrages ou fruits actuellement coupés ou détachés étant encore sur... (*désigner les terres.*)

FORMULE 91e. *Procès-verbal de saisie-gagerie ou de saisie-brandon.* C. proc. 821 ; Tarif, 31, 61.— Première vacation de trois heures, Paris, y compris 1 fr. 50 pour chaque témoin, 8 fr.; ailleurs, y compris 1 fr. pour chaque témoin, 6 fr. Les autres vacations, aussi de trois heures, Paris, 5 fr., y compris 80 cent. pour chaque témoin ; ailleurs, 3 fr. 75, y compris 60 cent. pour chaque témoin. — Dans ces taxes se trouvent comprises les copies pour la partie saisie et pour le gardien.

L'an... je soussigné, huissier... assisté de... (*noms, demeures et professions des deux témoins.*)

A la requête de... (*nom, prénoms, profession et domicile du requérant*), pour lequel domicile est élu, jusqu'à la fin de la poursuite en la demeure de... (*commune du lieu où la saisie s'opère*), j'ai signifié à... l'ordonnance sur requête rendue par M. le juge de paix du canton de... le... enregistrée à... le... et en vertu de cette ordonnance, j'ai fait commandement audit sieur... en son domicile, parlant à... de payer de suite au requérant ou à moi, huissier porteur des pièces, la somme de... composée : 1° de celle de... (principal des condamnations prononcées); 2° de celle de... (intérêt); 3° de celle de... (frais liquidés par ledit jugement), sans préjudice de tous autres dus, droits, actions ; parlant audit sieur... qui a refusé de payer. En conséquence, je lui ai déclaré que j'allais immédiatement procéder à la saisie-gagerie des meubles, effets et marchandises (*ou bien* des fruits *ou* grains coupés étant sur les terres), garnissant son habitation, sauf ceux que la loi déclare insaisissables; et, en effet, j'ai saisi-gagé, et mis sous la main de la justice les objets suivants : 1° Dans une pièce... 2°... 3°...

J'ai sommé et requis ledit sieur, en parlant comme dessus, de me donner bon et valable gardien des effets saisis ; il a refusé de le faire ; pourquoi j'ai établi pour la garde desdits objets saisis le sieur... (*nom, prénoms, profession et domicile*), lequel, ici présent, s'est chargé de cette garde comme dépositaire judiciaire, avec promesse de représenter le tout lorsqu'il en sera légalement requis; et par ce même exploit, j'ai cité ledit sieur... débiteur saisi, à comparaître le... devant M. le juge de paix du canton de... dans le lieu ordinaire de ses séances, pour voir déclarer bonne et valable la présente saisie, et voir ensuite procéder à la vente de tous les effets présentement saisis, les jours, heure et lieu qui seront indiqués, avec dépens; et j'ai, du présent exploit et de la susdite ordonnance, laissé copie audit sieur... à son domicile, et parlant comme dessus, et pareille copie audit sieur... gardien, en parlant également à lui-même, qui a signé l'original et les copies, avec les susdits témoins assistants et avec moi huissier, après avoir vaqué par double vacation, depuis... heures du matin, jusqu'à...

Le coût du présent est de...

FORMULE 92e. *Jugement de validité de saisie-gagerie.*

Entre le sieur A... demandeur,

Et le sieur B... défendeur ;

Le sieur A... a exposé qu'ayant verbalement loué au sieur B... le second étage de la maison qu'il occupe, à... rue... il se trouve son créancier pour deux années de loyers, s'élevant ensemble à cent quatre-vingt-dix fr. ; que n'ayant pu obtenir payement, il a, en vertu de notre ordonnance en date du... enregistrée, fait saisir-gager les meubles et effets dudit sieur B... par exploit du... enregistré; que par le même acte, celui-ci a été cité à comparaître à la présente audience pour voir déclarer ladite saisie bonne et valable, voir ordonner la vente des meubles saisis et se voir condamner aux dépens ;

Par ledit sieur B... a été répondu qu'il se trouve effectivement en retard de payer les deux termes de loyer qui lui sont demandés, mais qu'il sera en mesure de se libérer dans un mois, et qu'il demande que l'époque de la vente des effets saisis soit différée jusqu'alors.

Nous, juge de paix,

Attendu...

Par ces motifs, procédant à charge d'appel, déclarons bonne et valable la saisie-gagerie établie sur les meubles et effets du sieur B... ordonnons que les effets saisis seront vendus suivant les formes légales, sauf qu'il sera sursis à cette vente pendant un mois à compter de ce jour, et condamnons le sieur B... aux dépens, liquidés, etc.

FORMULE 93e. *Requête à fin de saisir les effets du débiteur forain, et ordonnance.* C. proc. 822; Tarif, 21.

A M. le juge de paix du canton de...

Le sieur... demeurant à...

A l'honneur de vous exposer que le sieur... demeurant ordinairement à... et maintenant logé à... est débiteur envers lui d'une somme de... montant d'un billet souscrit le... stipulé payable au... dûment enregistré et ci-joint ;

Que ledit sieur... étant aujourd'hui sur le point de retourner à... il devient urgent de saisir, dans le plus court délai, les effets qui lui appartiennent, et qui sont dans son logement ci-dessus indiqué.

Pourquoi il vous plaira, monsieur le juge de paix, permettre au requérant, pour sûreté, conservation et avoir payement de sa créance, de faire saisir à l'instant les effets appartenant au sieur... et étant dans la chambre qu'il occupe audit hôtel, et vous ferez justice.

(*Signature de l'huissier.*)

Vu par nous la requête ci-dessus, permettons au sieur... de faire saisir par le ministère de... huissier, les effets appartenant à... (*nom du débiteur forain et situa-*

tion des effets comme ci-dessus), sauf à faire valider la saisie, et ordonner la vente par juge compétent.

Fait à... le...

(*Signature du juge de paix.*)

CHAPITRE XVI. — Actions possessoires. — Procédure, instruction. — Cumul du pétitoire et du possessoire. — Jugement. — Effet. — Récréance. — Séquestre.

ARTICLE 1er. — *Procédure. — Cumul du pétitoire et du possessoire.*

407. L'action possessoire doit être portée devant le juge de paix de la situation de l'objet litigieux. C. proc., art. 3, n° 2.

Elle ne pourrait être jugée par tout autre juge de paix, qu'en vertu de prorogation de juridiction et sur la demande formelle des parties. Art. 7 C. proc.

408. Lorsque le défendeur fait défaut, le juge de paix n'adjuge ses conclusions au demandeur que si elles se trouvent bien justifiées. C. proc. 150.

Le défaut du défendeur ne dispense même pas le demandeur de prouver la possession annale.

Le défaut de comparution du demandeur donnerait lieu à la mise hors de cause du défendeur.

409. Le juge de paix peut ordonner une enquête (C. proc. 24), et baser son jugement sur toutes les preuves ordinaires du droit.

410. Si la demande est justifiée, le défendeur doit être condamné au rétablissement des lieux dans leur ancien état, sans égard aux offres qu'il ferait de les mettre dans un autre état, aussi avantageux pour le demandeur.

411. Si le juge de paix avait ordonné un interlocu-

toire en se fondant sur ce que les droits de l'une ou de l'autre des parties résulteraient de la preuve offerte, ou de tel ou tel état des lieux, il ne serait pas tenu, même après la preuve faite, et l'état des lieux reconnu tel qu'il avait été annoncé, de juger selon les prémisses ou principes par lui posés; car l'interlocutoire ne lie point le juge.

412. Ce que le juge de paix doit surtout éviter, c'est de cumuler le pétitoire avec le possessoire. — L'action possessoire a pour but le maintien ou la réintégration dans la possession; l'action pétitoire, une revendication de propriété.

413. Si une partie demande à la fois son maintien ou la réintégration, et que son droit de propriété soit déclaré, le vice de la demande peut être réparé non-seulement par des conclusions nouvelles, bornées au seul droit de possession, mais même par le juge qui peut, en pareil cas, prononcer sur la possession, en renvoyant au pétitoire relativement au droit de propriété.

414. La cause sur laquelle la demande est fondée peut aussi donner à cette demande le caractère pétitoire, comme si, au lieu d'être basée sur la possession, elle l'était uniquement sur un titre de propriété.

415. Il y a encore cumul lorsqu'une demande au pétitoire a été intentée avant la demande au possessoire. « Le demandeur au pétitoire, dit l'art. 26 Code proc., ne sera plus recevable à agir au possessoire. »

416. Si la demande au possessoire avait un autre objet que la demande au pétitoire pendante, quoique se rapportant au même terrain, rien ne s'opposerait à ce

qu'elle fût formée, ainsi que l'a jugé un arrêt du 17 avril 1837 (*Annales* 1837, p. 269). Il s'agissait, dans l'espèce de cet arrêt, d'une demande au possessoire relative à un passage qui avait été *totalement* intercepté par le défendeur au pétitoire, pendant que l'on plaidait contre celui-ci pour le faire condamner à enlever des plantations et des décombres dont il avait prudemment encombré ce passage. Voir encore Cass. 5 août 1845, *Annales et Répert. génér.*, tom. Ier, pag. 172, n° 214.

Lorsque c'est le défendeur au pétitoire qui éprouve pendant l'action un trouble dans sa possession de la part du demandeur, rien n'empêche qu'il intente son action au possessoire pour faire cesser ce trouble tant que le jugement au pétitoire n'a pas été prononcé. Cass. 22 mars 1816 et 8 avril 1823.

417. Une citation en conciliation ne serait pas considérée comme une demande au pétitoire, puisque le juge du pétitoire ne se trouverait pas encore saisi; elle n'empêcherait pas, par conséquent, le demandeur de citer au possessoire.

Le juge de paix peut, pour reconnaître et établir la possession ou la rejeter, s'appuyer sur les titres; l'examen des titres est surabondant si la possession est bien définie et si d'ailleurs l'objet de la contestation peut être possédé utilement.

418. La possession annale doit être maintenue, quoique contraire au titre, si elle est franche et positive.

419. Il existe, au reste, une foule de décisions sur le cumul du possessoire et du pétitoire; toutes se réduisent aux principes que nous venons d'énoncer.

Ainsi, le jugement qui, statuant sur une action en maintenue possessoire d'une rigole d'arrosement, n'ordonne pas seulement cette maintenue, mais, s'appuyant sur l'art. 645 C. civ., et sur le titre qui détermine les droits respectifs des parties, ordonne en outre que ce titre sera exécuté selon sa forme et teneur, et fixe, en conséquence, la largeur et la profondeur de la rigole en litige, cumule le possessoire et le pétitoire. Cass. 14 décembre 1841, *Annales et Rép. gén.*, t. Ier, p. 178, n° 223.

Ainsi, le juge du possessoire n'est pas réputé avoir cumulé le pétitoire avec le possessoire, lorsque, pour caractériser la possession, et déterminer si les faits d'où elle résulte sont ou non précaires, il s'est livré à l'examen des titres de propriété, alors surtout que le pétitoire a été expressément réservé. Cass. 9 juillet 1844, *Annales et Répert. génér.*, tom. Ier, pag. 171, n° 213.

420. Toutes les fois que le titre est nécessaire pour légitimer la possession, le moindre débat sur le titre est une cause de renvoi au possessoire.

421. Si le possesseur, acquéreur ou héritier, s'appuyait sur la possession de son vendeur ou de son auteur, pour compléter sa propre possession annale, il y aurait nécessairement lieu de consulter le titre de vente, ou de mentionner dans le jugement la qualité d'héritier; si cette qualité était contestée, le renvoi devant les juges compétents devrait être prononcé.

422. C'est, au reste, dans le dispositif de son jugement, bien plus que dans les motifs, que le juge de paix doit éviter de cumuler l'action possessoire et l'action pétitoire; la sentence du juge de paix, quoique mo-

tivée sur l'application des titres ou d'une possession ancienne, pourrait donc être à l'abri de la réformation, si le dispositif se bornait au maintien de la possession annale. Cass. 31 juillet 1828, 19 décembre 1831, 7 juillet, 1836. *Répert. génér. des juges de paix*, V° *Action possess.*, n°s 207, 234 et 244.

423. Le tribunal civil, lorsqu'il statue comme juge d'appel, en matière possessoire, n'a pas une compétence plus élevée que le premier juge. Par suite, son jugement encourt cassation, pour cumul du possessoire avec le pétitoire, lorsque, au lieu de se borner à connaître le trouble allégué, il procède, par exemple, à un règlement d'eau, et grève le fonds d'une des parties d'une servitude d'aqueduc avec droit de passage pour l'entretien et le nettoyage de cet aqueduc. Cass. 24 février 1846, *Annales*, 1846, p. 200, et *Rép. gén.*, V° *Action possess.*, pag. 170.

ARTICLE 2. — *Jugement.*

424. Par le jugement sur le possessoire, le juge de paix doit, si la demande est justifiée, ordonner la cessation du trouble, le rétablissement des lieux dans leur ancien état, et même condamner, s'il y a lieu, le défendeur à la restitution des fruits et à des dommages et intérêts en réparation du préjudice par lui causé.

« La contrainte par corps peut même être prononcée,
« en cas de réintégrande, pour le délaissement ordonné
« par justice d'un fonds dont le propriétaire a été dé-
« pouillé par voie de fait, pour la restitution des fruits
« qui ont été perçus pendant l'indue possession, et pour

« le payement des dommages et intérêts adjugés au pro-
« priétaire. » C. civ. 2060.

L'art. 7 de la loi du 17 avril 1832 veut que la durée de la contrainte par corps soit fixée par le jugement qui la prononce.

425. Si la partie qui a succombé au possessoire continue ou recouvre ensuite par un moyen quelconque la possession, pourra-t-elle se pourvoir derechef en complainte, en cas de nouveau trouble apporté? Oui, à moins qu'ayant été déboutée comme demanderesse, elle ne soit encore sous le coup du jugement prononcé contre elle; ou si, ayant succombé comme défenderesse, elle a continué sa possession malgré le jugement qui l'a condamnée. Il est certain qu'en pareil cas, une nouvelle action en complainte ne peut avoir lieu entre les parties, suivant la maxime *complainte sur complainte ne vaut* (Cass. 12 juin 1809, et 17 mars 1819). Les règles de la force de la chose jugée s'y opposeraient d'ailleurs. Mais si, après avoir délaissé l'immeuble et exécuté le jugement prononcé contre lui, le défendeur au pétitoire commençait une seconde possession, il semble que cette seconde possession devrait lui conférer de nouveaux droits de possesseur, et pourrait servir de fondement à une nouvelle action possessoire.

Il en serait de même si la contestation nouvelle au possessoire, quoique relative au même objet, n'avait pas lieu entre les mêmes personnes, ni entre les ayants droit des premiers contestants.

426. Les ayants droit ne peuvent en effet s'appuyer plus que leur auteur ou vendeur sur une possession

vicieuse dans son principe, le jugement au possessoire rendu contre ce même auteur ou vendeur pouvant toujours leur être opposé, comme ayant statué sur un droit réel qui suit l'immeuble tant qu'il n'aurait pas été exécuté. Cass. 30 novembre 1840, Dall. 41, 1, 22; *Annales*, 1841, p. 29, et *Rép. gén.* tom. Ier, pag. 200.

427. La condamnation aux frais, dépens et dommages et intérêts, prononcée par un jugement au possessoire, est définitive; et, quand même celui qui aurait été maintenu au possessoire aurait été postérieurement condamné au pétitoire et que sa possession eût été déclarée de mauvaise foi, il n'y aurait pas lieu d'ordonner leur restitution, puisque, au lieu de troubler le possesseur annal, le véritable possesseur aurait dû agir au pétitoire en revendication.

428. Quant aux fruits, comme ils doivent toujours être restitués par le possesseur de mauvaise foi, et que la maintenue au possessoire est indépendante de la bonne foi du possesseur, il pourrait être condamné à les restituer. Cass. 25 mars 1835, Dall. 35, 1, 151.

429. Ajoutons même que celui qui a succombé au possessoire, et a été condamné en dommages et intérêts, peut obtenir, à son tour, des dommages et intérêts contre le défendeur au pétitoire, non en compensation de ceux précédemment adjugés à son adversaire, mais en réparation du préjudice causé par une usurpation de mauvaise foi. Cass. 15 avril 1833, Dall. 33, 1, 275.

ARTICLE 3.— *De la récréance et du séquestre.*

430. On entend par *récréance* la possession provi-

sionnelle accordée à l'une des parties pendant le procès au pétitoire.

431. Le séquestre est le dépôt de la chose contentieuse entre les mains d'un tiers, qui s'oblige de la rendre, après la contestation terminée, à la personne qui sera jugée devoir l'obtenir. C. civ. 1856.

432. Que doit faire le juge de paix s'il est démontré que chaque partie a une possession égale, ou si la possession annale n'est justifiée par aucune d'elles? ordonnera-t-il la récréance au profit de la partie qui paraît avoir le plus de droit, à la charge, bien entendu, de rendre compte à l'autre partie dans le cas où celle-ci obtiendrait gain de cause au pétitoire, ou bien le séquestre ou bien, enfin, déboutera-t-il purement et simplement la partie plaignante, si sa possession annale n'a pas été suffisamment justifiée? — Un arrêt de la Cour de cassation, du 28 avril 1813, et un arrêt du 16 novembre 1842, ont jugé que, sans ordonner le séquestre qui n'est pas obligatoire, le juge de paix, appelé à prononcer sur le possessoire, peut maintenir le demandeur et le défendeur dans la possession respective du terrain contentieux, si, d'après les enquêtes, chacune d'elles a exercé, simultanément et sans trouble, des actes de possession sur ce terrain.

Par un autre arrêt du 17 mars 1819, la même Cour a jugé que, s'il est impossible de prononcer sur le mérite de la possession, les parties peuvent, purement et simplement, être renvoyées au pétitoire.

Un troisième arrêt, du 14 novembre 1832 (*Rép. génér.* tom. Ier, p. 186), a laissé aux juges de paix, pour le cas où les deux parties justifient d'une possession simultanée, la faculté ou d'ordonner à son choix le séquestre, ou d'ordonner la récréance, ou de renvoyer au pétitoire.

Enfin, il résulte d'un arrêt du 31 janvier 1838 (Dall. 38, 1, 341), que le juge de paix, s'il reconnaît que ni l'une ni l'autre des deux parties n'a fait preuve suffisante de possession, n'est tenu d'adjuger la possession à aucune d'elles; mais qu'il peut, aux termes de l'art. 461 C. civ., ordonner le séquestre d'un immeuble.

Ce qui paraît le plus conforme aux principes, c'est que le demandeur qui ne justifie pas d'une possession *annale* soit débouté, puisque, dépourvu de cette possession, il n'aurait pas dû agir au possessoire : *actore non probante, reus absolvitur*. C'est l'opinion de M. Garnier, *Traité des actions possessoires*, p. 67, et de M. Chauveau, *Journal des avoués*, t. XLIII, p. 630; et cette manière d'agir semble d'ailleurs répondre à toutes les nécessités de l'action, puisque, s'il s'agit d'une action en réintégrande, la réintégration du demandeur ne devra être ordonnée que s'il prouve sa possession annale; s'il s'agit d'une complainte, que la possession du demandeur soit reconnue et seulement le trouble dénié, la maintenue du demandeur a lieu par le fait même du jugement qui le déboute, ce trouble n'ayant pas été prouvé; enfin, si le défendeur en complainte repousse l'action en se fondant sur ce que le demandeur n'aurait pas la possession annale, et que d'une enquête ordonnée il résulterait que cette possession n'appartient à aucune des parties, ce serait encore le cas de renvoyer devant d'autres juges, mesure qui laissera forcément en possession celle des deux parties qui possédait.

Formule 94e. *Jugement sur une demande en complainte.*

Le sieur A... demandeur, a exposé qu'en vertu du jugement interlocutoire par nous rendu le... enregistré, il a été procédé par nous le... à la visite des lieux contentieux, en présence des parties, conjointement avec les experts par nous nommés d'office; qu'en même temps il a été procédé à l'enquête prescrite, ainsi que le tout résulte d'un procès-verbal par nous tenu ledit jour, lequel a été enregistré; et attendu qu'il résulte de cette double opération, d'une part, que les dommages par lui éprouvés se portent à une somme de... et que, d'autre part, les autres demandes formées par lui sont pleinement justifiées; il conclut à l'adjudication des conclusions par lui prises dans son exploit introductif d'instance, avec dépens;

Par le sieur B... a été dit qu'en vertu du même jugement interlocutoire il a été procédé, suivant le même susdit procès-verbal, à la contre-enquête, à laquelle il avait été admis; et attendu qu'il résulte non-seulement de ladite contre-enquête, mais de l'enquête elle-même que, depuis plus d'an et jour, le sieur B... se trouve en possession du terrain sur lequel il a coupé la récolte qui donne lieu au procès, le maintenir dans cette possession, et condamner le demandeur aux dépens;

Nous, juge de paix,

Considérant que le sieur A... est en possession, depuis plus d'une année, d'une pièce de terre située à... lieu dit... de la contenance de... touchant au nord... au midi... au levant... au couchant...

Considérant que le sieur B... a usurpé, ainsi que cela résulte de l'enquête et de la visite des lieux auxquelles nous avons procédé, partie de ladite pièce de terre, en l'ensemençant, en coupant la récolte, dont il veut s'approprier le produit;

Par ces motifs, statuant à charge d'appel, autorisons le sieur A... à reprendre la possession des deux raies de terre, dont le défendeur s'est emparé indûment; faisons défense au sieur B... de l'y troubler à l'avenir, et le condamnons à payer audit sieur A... la somme de trente francs, à titre de dommages-intérêts, et aux dépens liquidés à...

Formule 95e. *Jugement sur une demande en réintégrande.*

Nous, juge de paix, attendu que le sieur B... s'est permis, le... de combler un fossé qui sert de fermeture à une prairie appelée... située à... de la contenance de... tenant (*indiquer tenants et aboutissants*), dont le sieur A... était en possession paisible, et dont il jouissait depuis un temps immémorial par lui et par ses auteurs, et notamment depuis an et jour avant le trouble apporté par ledit sieur B... ainsi, que le trouble et la possession résultent de l'enquête et de la visite des lieux auxquelles nous avons procédé; que cette voie de fait donne lieu, au profit du sieur A... à l'action en réintégrande;

Par ces motifs, statuant à charge d'appel, disons et ordonnons que le sieur A... sera réintégré dans la possession de ladite prairie, ensemble du fossé qui lui sert de clôture, lequel sera rétabli aux frais du sieur B... dans le même et semblable état où il était avant ladite entreprise; et, faute de ce faire dans le délai de trois jours de la signification du jugement à intervenir, autorisons le sieur A... à mettre dans les lieux dont s'agit des ouvriers en nombre suffisant, pour, sous la direction de... expert, par nous commis à cet effet, opérer le rétablissement du fossé au même et semblable état qu'avant le trouble, lequel expert réglera les mémoires des ouvriers, pour le montant desdits mémoires, d'après la taxe, être répété contre le défendeur par toutes les voies de droit; condamnons en outre le sieur B... en soixante francs de dommages et intérêts, le tout même par corps, et aux dépens, etc.

FORMULE 96e. *Jugement sur dénonciation de nouvel œuvre.*

Nous, juge de paix...

Considérant que c'est à tort que le sieur B... s'est permis d'établir un barrage sur la rivière de... dont le sieur A... avait la jouissance depuis plus d'an et jour; que ce barrage arrête le courant de la rivière et empêche le moulin du sieur A... de fonctionner comme à l'ordinaire; que les faits résultent de l'enquête et de la visite des lieux auxquelles nous avons procédé;

Considérant que le sieur B... n'a pas le droit, d'après ses titres, d'établir le barrage, qui n'a jamais existé;

Par ces motifs, statuant à charge d'appel, ordonnons que ledit barrage sera détruit dans les trois jours du jugement à intervenir; et, faute de ce faire, autorisons le sieur A... à le faire enlever lui-même aux frais du défendeur; et, pour le préjudice causé au sieur A... condamnons le défendeur en cinquante francs de dommages et intérêts, et aux dépens, liquidés à...

CHAPITRE XVII. — Du bornage.

433. D'après l'art. 6 de la loi du 25 mai 1838, « les « juges de paix connaissent, à charge d'appel... 2° des « actions en bornage lorsque la propriété ou les titres « qui l'établissent ne sont pas contestés. »

434. Le bornage est le droit qu'a tout propriétaire de faire constater et fixer par des bornes, amiablement ou judiciairement, l'étendue et les limites de sa propriété.

435. L'art. 646 du Code civil donne à tout propriétaire le droit « d'obliger son voisin au bornage de ses « propriétés contiguës; le bornage se fait à frais com- « muns. »

436. Le bornage ne s'applique qu'aux héritages ruraux.

437. Il ne peut être provoqué qu'entre propriétés contiguës; encore faut-il en excepter les routes et les chemins vicinaux, et les terrains de servitude autour des places de guerre (Ord. Cons. d'Ét. 2 novembre 1832, Dall. 33, 3, 17), dont les limites ne peuvent être fixées que par l'administration.

438. Pour intenter une action en bornage, il faut être propriétaire. Cette action appartient, par conséquent, à l'usufruitier, mais non au fermier ni à l'usager, qui ne pourraient que sommer le propriétaire de les faire

jouir de toute l'étendue de l'immeuble dont ils auraient l'usage ou la jouissance.

439. L'action en bornage, étant relative à des droits immobiliers, ne peut être intentée par le tuteur, sans l'autorisation du Conseil de famille. C. civ. 464.

440. Sortant des actes d'administration, et pouvant engager la propriété, elle ne pourrait être intentée par ou contre le mari seul et sans la participation de la femme, pour ce qui concernerait les biens dotaux. C. civ. 1428, 1548.

Quant au bornage relatif aux biens paraphernaux, il suffirait que la femme fût dûment autorisée. C. civ. 1576.

441. Le bornage des immeubles appartenant à l'État se fait avec le préfet du département où ils sont situés : l'action doit être précédée d'un mémoire au préfet, formalité prescrite, à peine de nullité, par la loi du 5 novembre 1790.

442. L'action en bornage relative aux communes ne jouit pas de l'exception portée en faveur des actions possessoires par l'art. 55 de la loi du 18 juillet 1837 (voir ci-dessus, chap. III); elle doit donc être autorisée par le Conseil de préfecture, soit que le maire l'intente, soit qu'il y défende, suivant les art. 49 et suivants de la susdite loi.

443. L'action en bornage suppose une incertitude dans la délimitation des propriétés; ainsi, elle ne saurait être intentée s'il existait entre les deux héritages contigus une limite bien arrêtée, comme un mur, une haie, un fossé, une rivière; celui qui prétendrait à la possession

du terrain au delà de ces limites n'aurait que l'action en revendication.

Il importe essentiellement de bien définir l'action en bornage, pour faire comprendre l'étendue de la compétence attribuée au juge de paix par l'art. 6 de la loi de 1838.

444. L'action en bornage suppose, comme nous l'avons dit, une incertitude sur l'étendue de deux propriétés contiguës; ainsi l'action en bornage ne peut avoir lieu que lorsque la propriété des héritages qui en sont l'objet n'est pas contestée, et qu'il suffit, pour déterminer leurs limites, de consulter les plans, les livres d'arpentement, le cadastre, les témoins qui savent d'après leurs yeux ou par ouï-dire quelle est la séparation des héritages, les anciens actes. La prescription ne pourrait être invoquée, au moins devant le juge de paix, puisqu'elle entraînerait une question de propriété; d'ailleurs, en matière de bornage, il faut que la possession soit bien fixée, par exemple, par des indices certains et reconnaissables, tels qu'un buisson, un arbre, un rocher : il serait, autrement, difficile de prouver une anticipation franche remontant à trente ans; on supposerait toujours que le terrain occupé l'a été petit à petit; et alors, le temps requis pour prescrire ne s'appliquant pas à la totalité, la prescription serait inadmissible.

445. Notre article n'admettant la compétence des juges de paix, en matière de bornage, que lorsque la propriété ou les titres qui l'établissent ne sont pas contestés, s'ensuit-il que le juge de paix ne soit appelé qu'à l'opération purement matérielle du placement des bor-

nes, et alors seulement que les parties sont d'accord sur le lieu où elles doivent être placées; ou bien, a-t-il le droit de déterminer la limite de séparation en comparant des titres d'ailleurs non contestés, et en les rapportant à la possession telle qu'elle est reconnue ou constatée?

On ne trouve dans la discussion de la loi que des expressions contradictoires sur cette question, cependant si fondamentale. M. Persil, en présentant la loi à la Chambre des députés, fondait la compétence du juge de paix sur ce qu'il est juge ordinaire de la possession : « si le titre porte sur la propriété, ajoutait-il, dès lors doit cesser la juridiction exceptionnelle du juge de paix. »

M. Renouard, rapporteur, disait que « si des questions de propriété se trouvaient engagées dans le litige, le juge de paix n'en devrait pas connaître. »

M. Barthe, en présentant à la Chambre des pairs le projet de loi voté par la Chambre des députés, appelait les questions en bornage des *délimitations de propriété* : « Ces discussions ne se jugent bien, disait-il, que par la vue des lieux; c'est sur les lieux que les *titres s'interprètent sans équivoque*, que les subterfuges échappent à la mauvaise foi, que les *doutes s'éclaircissent;* mais s'il s'agit moins de *rechercher les bornes* et de les poser que de statuer sur une revendication de propriété, la compétence exceptionnelle s'arrêtera. »

Lorsque la loi fut reportée à la Chambre des députés, amendée par la Chambre des pairs, M. Taillandier, ayant fait sentir le vague des expressions de la disposition relative au bornage, et ayant demandé à la Commission « comment elle pouvait supposer qu'un procès en bornage s'établirait, s'il n'y avait pas contestation sur le titre », M. Amilhau, nouveau rapporteur, répondit : « Lorsque le titre n'est pas contesté, et que les parties ne sont pas d'accord sur le lieu du bornage, chacune remet ses titres au juge de paix, qui fait une visite des lieux et qui ordonne que la borne sera placée à l'endroit déterminé par l'expert; si l'on conteste le titre, alors c'est une question de propriété, il faut aller devant les tribunaux ordinaires. Voilà la distinction que la Commission a établie. »

446. La Cour de cassation a été plusieurs fois appelée à se prononcer sur cette question : par deux premiers arrêts, des 31 janvier 1842 (*Annales*, 1842, p. 57) et 12 avril 1843 (*Annales*, 1843, p. 172), elle a jugé que l'action en bornage n'est dévolue aux juges de paix qu'autant que les parties ne contestent pas l'étendue respective de leurs héritages limitrophes, et que l'incompétence a lieu lors même que la contestation sur la propriété n'est accompagnée d'aucun développement. Mais un troisième arrêt du 19 novembre 1845 (*Annales*, 1846, p. 223) a décidé qu'en matière de bornage, la contestation élevée par l'une des parties sur la contenance de sa propriété ne suffit pas pour dessaisir le juge de paix, alors que les titres ou la propriété ne sont pas contestés; qu'en d'autres termes, contester la contenance, ce n'est pas élever une contestation sur les titres ou sur la propriété; et spécialement, que le juge de paix est compétent pour connaître du bornage, bien que l'une des par-

ties y mette pour condition qu'il ne devra avoir lieu que conformément à sa possession actuelle et sans aucun retranchement, si d'ailleurs elle n'allègue pas avoir acquis par prescription une contenance supérieure à celle énoncée dans son titre, et si le juge de paix, dans son opération, n'a fait qu'attribuer à cette partie tout le terrain auquel ce titre lui donnait droit.

447. Quant aux auteurs, Carou et Curasson sont ceux qui étendent le plus la compétence des juges de paix en matière de bornage. Ce dernier, dans son ouvrage si remarquable, démontre de la manière la plus victorieuse, en se fondant principalement sur ce que la connaissance attribuée aux juges de paix est celle des *actions en bornage* que les Romains appelaient *finium regundorum*, que leur compétence ne consiste pas dans l'opération simplement matérielle d'un placement de bornes; qu'ils ont été substitués aux tribunaux de première instance pour prononcer sur cette espèce d'action; qu'ils ont le pouvoir, par conséquent, de reconnaître les limites des héritages à vue de titres et d'autres documents, et de fixer en conséquence la ligne de séparation sur laquelle les bornes doivent être placées. « Le juge de paix, ajoute-t-il, doit statuer sur toutes les difficultés et exceptions qui peuvent s'élever au sujet de la ligne délimitative; sa compétence ne cesse que dans le cas où la contestation porte sur la propriété, et non lorsque, les titres étant reconnus, il ne s'agit que d'en faire l'application, pour savoir quelle est la contenance de chacun, s'il existe une anticipation, et de quel côté. Dans ce cas, la propriété des fonds n'est point contestée, il n'y a de

contestation que sur la limite à déterminer par le bornage. »

On peut ajouter à ces autorités l'opinion de M. Delahaye, juge au tribunal de la Seine, et de M. Millet, juge de paix à Sissonne, auteur d'un *Traité sur le bornage*, développée dans les *Annales de la science des juges de paix*, année 1843, p. 41 et 279.

448. Si une question de propriété s'élevait en dehors de l'opération du bornage, si les titres étaient réellement contestés, le juge de paix devrait renvoyer purement et simplement la cause et les parties pour être statué sur le tout, même sur l'action en bornage, devant le tribunal compétent, puisque la connaissance de cette action ne lui est déférée par la loi que lorsque la propriété ou les titres qui l'établissent ne sont pas contestés.

449. La compétence des juges de paix en matière de bornage ne s'étend pas au bornage ou à la délimitation *générale* des bois soumis au régime forestier, tels que ceux de l'État et des communes; voici les dispositions du Code forestier sur cette espèce particulière de bornage. Code forestier, art. 8, 9, 10.

450. C'est devant le juge de paix de la situation des héritages que la citation en bornage doit être donnée. C. proc. 3.

451. S'il y a contestation de titres ou de propriété, le juge de paix n'a que la voie de conciliation. « Celui qui demande à borner, en vertu des titres ou de la possession actuelle, dit Curasson sur l'art. 6, partie II, section I, n° 14, peut assigner à cette fin devant le juge de

paix, en déclarant que l'assignation vaudra citation en conciliation pour le cas où une contestation sur la propriété ou les titres qui l'établissent nécessiterait le renvoi de la cause en justice ordinaire.

451 *bis*. Si les parties ne contestent pas les titres, et qu'il s'agisse de borner suivant leur possession actuelle, ou en vertu des titres et autres indications, le juge de paix fixe un jour pour l'opération, et nomme un ou plusieurs experts, à moins que le mesurage ne soit assez simple pour qu'il puisse y procéder lui-même. C. proc. 41 et 42.

452. Sur les lieux, il consulte les titres, les contenances, les limites indiquées par les actes anciens ou nouveaux, le livre d'arpentement de la commune, le cadastre, la disposition des lieux, les témoins, etc.

Les ruisseaux, sentiers et passages qui séparent les héritages doivent être comptés pour moitié à chacun d'eux dans les contenances.

Il faut, au reste, se défier des contenances mentionnées dans les actes, et s'en rapporter plutôt aux limites.

Les terrains limitrophes en pente étaient anciennement, d'après quelques Coutumes, considérés comme appartenant à l'héritage du côté duquel ils s'inclinaient, sauf qu'on laissait au propriétaire supérieur un espace suffisant pour le garantir des éboulements.

453. On doit avoir égard aussi aux vestiges de fossés, de murs ou de haies.

454. Si les deux héritages à borner ont plus d'étendue que n'en portent les deux titres, on peut, suivant les circonstances, partager l'excédant intermédiaire, en

en donnant à chacun une partie proportionnelle à l'étendue de sa propriété, tout en respectant, cependant, la possession lorsqu'elle est bien établie.

455. La restitution des fruits doit être ordonnée, mais seulement à partir de la demande en bornage, puisque les fruits antérieurs à la demande ne peuvent être réclamés que contre le possesseur de mauvaise foi.

456. Lorsque les limites ont été bien fixées, le juge de paix fait poser les bornes, qui consistent ordinairement en deux pierres réunies, ou une seulement, placées à chaque extrémité ou dans les parties où la ligne de délimitation se brise. — Si l'on ne place qu'une seule pierre sur chaque point, on pose ordinairement, au-dessous, les morceaux d'une autre pierre qui puissent se réunir et faire distinguer la véritable borne de celles qui, par malice ou par hasard, se seraient trouvées placées dans le voisinage. Ces morceaux de pierre sont appelés *témoins*.

457. La plantation des bornes, qu'elle soit pratiquée par les parties elles-mêmes ou sous la surveillance du juge, doit être constatée par un procès-verbal très-détaillé, dûment signé, et même, au besoin, un plan doit y être joint, suivant l'importance des propriétés.

458. Le bornage doit être fait à frais communs, aux termes de l'art. 646 C. civ. déjà cité. M. Pardessus fait remarquer que cette disposition ne peut s'entendre que de la plantation des bornes; quant aux frais de délimitation, il pense qu'ils doivent être supportés par chacune des parties, proportionnellement à l'étendue de sa propriété.

FORMULE 97ᵉ. *Jugement qui ordonne le bornage.*

« ... Par ces motifs, nous, juge de paix, statuant en premier ressort, ordonnons qu'il sera procédé à l'arpentage (*lorsque cette opération n'est pas nécessaire, on supprime ce mot*) et au bornage des propriétés respectives ci-dessus désignées, et ce d'après les titres qui seront produits, et, à défaut, d'après la possession respective. Disons que cette opération aura lieu le... et nommons pour nous assister le sieur... ou les sieurs... géomètres, lesquels, avant de procéder, prêteront en nos mains le serment préalable, pour être statué ce que de droit, dépens réservés... »

FORMULE 98ᵉ. *Procès-verbal de bornage et de mesurage.*

Entre A... demandeur, d'une part,

Et B... défendeur, d'autre part;

Par notre jugement contradictoirement rendu le... qui sera enregistré avec ou avant le présent, nous avons ordonné que cejourd'hui il serait, par nous, en présence des parties et d'après leurs titres, procédé au bornage de la pièce ci-après désignée de A... d'avec celle de B... et à cette fin, au mesurage de ces pièces; le tout à l'aide des sieurs... arpenteurs à... experts que nous avons nommés d'office.

En exécution de ce jugement, nous, juge de paix, nous sommes transporté, accompagné de notre greffier, sur les pièces A... et B... sises au terroir de... lieu dit... aboutissant au chemin, conduisant à... où s'étaient déjà rendus les arpenteurs et où se sont présentés devant nous A... et B... qui nous ont représenté leurs titres.

D'après ceux de A... qui consistent dans un contrat d'acquisition passé devant... notaire à... le... et dans un partage reçu par... notaire à... le... sa pièce doit contenir 25 ares.

Suivant les titres de B... qui consistent, entre autres, dans un acte de donation entre-vifs passé devant... notaire à... le... sa pièce doit avoir 31 ares.

Cet examen fait, et après avoir reçu des sieurs... le serment de bien et fidèlement remplir leur mission, nous avons, à leur aide, procédé aux opérations dont il s'agit.

Les pièces des parties ne sont séparées que par un sillon; celle de A... qui d'abord a été mesurée, ne contient que 24 ares, en sorte qu'elle éprouve un déficit de un are, et la pièce de B... mesurée à son tour, contient 33 ares, ou deux ares de plus que la quantité indiquée par les titres.

Puis, pour opérer le bornage entre ces deux pièces et de manière qu'un are se trouve distrait sur toute longueur de la pièce de B... et réuni à celle de A... pour lui compléter 25 ares, nous avons placé deux bornes entre lesquelles la démarcation sera en ligne droite, l'une à l'extrémité nord, l'autre au bout vers le midi desdites deux pièces, et qui sont, la première à tant de distance de... et la seconde à tant de distance de... (*Points invariables autant que possible*).

Ces deux bornes, en grès brut, sont enfoncées dans le sol de 50 centimètres, et au pied ont été mis des cailloux et des pierrailles.

Au moyen de ce bornage, la pièce de A... se trouve

maintenant avoir 25 ares, quantité conforme à son titre, et la pièce de B... se trouve réduite à 32 ares, mesure qui excède encore celle portée dans le sien.

La mission des experts étant terminée, ils ont ici signé après lecture. (*Signature des experts.*)

Puis, nous, juge de paix, avons donné acte aux parties de ce qu'elles ont réciproquement déclaré adhérer au bornage tel qu'il vient d'être opéré, et au sieur B... de ce que A... consent qu'il fasse la récolte instante sur la portion de terrain distraite de sa pièce et réunie à celle de ce dernier.

Et, à l'égard des frais, attendu qu'ils doivent être supportés en commun ;

Avons condamné les parties à les supporter chacune par moitié; lesdits frais taxés et liquidés à...

Ainsi fait et prononcé sur les lieux, par nous... juge de paix du canton de... assisté de... notre greffier, le...

(*Signatures du juge et du greffier.*)

(*Si les parties ne sont pas d'accord, le juge de paix fixe seulement la place des bornes sans les faire placer; il clôt son procès-verbal ainsi :*)

L'opération étant terminée, nous, juge de paix, renvoyons les parties à comparaître à notre audience de... pour y déduire leurs moyens et entendre la prononciation du jugement définitif. Le présent avertissement devant leur tenir lieu de citation, il sera statué tant en présence qu'en l'absence des parties.

Et de ce que dessus a été dressé le présent procès-verbal, qui a été signé par lesdites parties, par les experts, par nous et notre greffier, après lecture faite.

FORMULE 99e. *Jugement définitif sur le bornage.*

« Par ces motifs, nous, juge de paix, vidant le renvoi et statuant en premier ressort, vu ce qui résulte de notre procès-verbal de visite des lieux du... enregistré, disons et ordonnons que les bornes seront plantées aux lieux indiqués audit procès-verbal, et à cet effet commettons le sieur... un des experts, pour faire exécuter cette disposition, sous la foi du serment par lui déjà prêté; condamnons chacune des parties en la moitié des dépens liquidés à... ensemble en la moitié de ceux du présent jugement et de l'opération des experts, y compris le coût des bornes; et sur les autres demandes, fins et conclusions des parties, les mettons hors d'instance. »

CHAPITRE XVIII. — Exceptions. — Caution à fournir par des étrangers. — Demande en garantie. — Exception dilatoire opposée par l'héritier, la veuve, la femme séparée de corps ou de biens.

ARTICLE 1er. — *De la caution à fournir par les étrangers.*

459. « Tous étrangers, demandeurs principaux ou in-
« tervenants, sont tenus, si le défendeur le requiert
« avant toute exception, de fournir caution de payer
« les frais et dommages-intérêts auxquels ils pourraient
« être condamnés. C. proc. 166.

460. La caution à fournir par les étrangers, dite *caution judicatum solvi*, est exigible devant quelque tribunal que la cause soit portée; il n'y a d'autre exception que celles résultant de l'art. 16 du C. civ., ainsi conçu : « En toutes matières, autres que celles de commerce, l'étranger qui sera demandeur sera tenu de donner caution pour le payement des frais et domma-

ges-intérêts résultant du procès, à moins qu'il ne possède en France des immeubles d'une valeur suffisante pour assurer ce payement. »

Aussi tous les auteurs sont-ils d'accord que les articles 166 et 167 C. proc. s'appliquent aux affaires portées devant le juge de paix (Carré, *Lois de la procédure*, n° 701; *Questions* de Lepage, p. 156,), et aussi aux affaires portées devant les tribunaux criminels de tout genre. Carré, n° 705; Duranton, t. Ier, n° 161; Boncenne, t. III, p. 187.

461. Devant les tribunaux de première instance, la demande de la caution se forme par requête grossoyée, signifiée d'avoué à avoué; il y est répondu de la même manière (tarif 75). Devant le juge de paix, la réquisition est faite verbalement ou par conclusions prises à l'audience et consignée sur la feuille; mais il ne faut pas oublier que la caution *judicatum solvi* doit être demandée *avant toute exception;* ce sont les termes formels de l'art. 166, et par conséquent, à plus forte raison, avant outes conclusions au fond.

462. Le jugement qui ordonnera la caution fixera la somme jusqu'à concurrence de laquelle elle sera fournie.

463. Le demandeur qui consignera cette somme, ou qui justifiera que ses immeubles situés en France sont suffisants pour en répondre, sera dispensé de fournir caution. C. proc. 167.

464. La caution fournie sur ordonnance du juge de paix est reçue au greffe de la justice de paix. Boncenne, 3, 189.

FORMULE 100e. *Jugement ordonnant qu'un étranger demandeur sera tenu de fournir caution.*

Nous, juge de paix...

Attendu que le sieur A... est étranger, qu'il n'est point admis à exercer en France les droits civils, et qu'il n'a pas en France de biens qui puissent répondre des condamnations à intervenir contre lui sur la demande qu'il a formée, et que cependant il n'a pas, par son exploit introductif d'instance, offert caution de payer le montant desdites condamnations, comme il y était obligé, aux termes de l'art. 16 du C. civ.;

Ordonnons, avant faire droit, que le sieur... sera tenu de, dans huitaine pour tout délai, donner bonne et solvable caution, jusqu'à concurrence de la somme de... pour sûreté des condamnations de frais, dommages-intérêts qui pourraient être prononcées au profit du défendeur contre lui, sur la demande formée par ledit sieur... suivant exploit de... huissier, en date du... dépens réservés ; sinon, et faute par ledit sieur... de fournir ladite caution dans le délai ci-dessus, déclarons par le présent jugement, et sans qu'il en soit besoin d'autre, le sieur... purement et simplement non recevable en sa demande et le condamnons aux dépens.

Ainsi jugé, etc.

ARTICLE 2. — *De l'exception tendant à mettre garant en cause, et de l'appel en garantie.*

465. Le défendeur, contre lequel la demande est formée, peut avoir à exercer lui-même une demande en garantie contre un tiers, à appeler en cause un tiers pour le garantir : par exemple, un locataire ou un fermier

sont troublés dans leur jouissance par suite d'une action possessoire; ils ont droit évidemment à appeler le propriétaire pour les garantir; ils doivent même le faire sous peine de répondre à leur tour, vis-à-vis de celui-ci, de l'insuffisance des moyens de défense qu'ils auraient employés en son absence.

Cependant, il ne faut pas que l'action principale, que le jugement de la demande soit retardé outre mesure pour la mise en cause des garants. Pour obvier à un trop grand retard, la loi a voulu que les conclusions à fin de mettre garant en cause fussent prises par le défendeur à la 1re audience, et que le juge de paix accordât seulement un délai *suffisant*.

« Si, au jour de la première comparution, le défen-
« deur demande à mettre garant en cause, le juge accor-
« dera délai suffisant, en raison de la distance du domi-
« cile du garant; la citation donnée au garant sera li-
« bellée sans qu'il soit besoin de lui notifier le juge-
« ment qui ordonne sa mise en cause. » C. proc. 32.

« Si la mise en cause n'a pas été demandée à la pre-
« mière comparution, ou si la citation n'a pas été faite
« dans le délai fixé, il sera procédé, sans délai, au ju-
« gement de l'action principale, sauf à statuer séparé-
« ment sur la demande en garantie. » C. proc. 33.

466. Le délai suffisant dont parle l'art. 32 se compose du temps nécessaire pour que le défendeur se rende lui-même ou envoie quelqu'un sur les lieux où demeure le garant, et pour que celui-ci vienne se présenter devant le juge de paix. On sait que l'art. 1033 du C. proc. civ. accorde, pour la distance, un jour à

raison de trois myriamètres, et, quand il y a lieu à voyage ou à envoi et retour, le double, non compris le jour de la signification ni celui de l'échéance : cette règle devrait être observée; il serait même juste d'accorder quelques jours de plus, pour donner au défendeur le temps de rencontrer le garant sur les lieux et pour permettre à celui-ci de ne pas partir brusquement et à l'instant. Il doit y avoir un jour au moins, d'après l'art. 5 C. proc., entre celui de la citation et celui de la comparution; un jour donc au moins, et plus suivant les circonstances, devra être accordé pour appeler le garant, outre le délai des distances.

467. Au reste, il n'est pas nécessaire que le défendeur attende la comparution devant le juge de paix pour citer le garant; il peut, dès l'instant où il reçoit la citation du demandeur, la reporter en appelant en garantie, sauf à faire connaître, au jour de la comparution, la citation qu'il a donnée, et à obtenir un délai en conséquence.

468. Sous la loi de 1790, la citation au garant devait être autorisée par une cédule; cette formalité n'est plus exigée par l'art. 32 du C. de proc.

469. Si, par suite du retard apporté à demander la mise en cause du garant, il est procédé en son absence au jugement de l'action principale, le défendeur peut se trouver privé du bénéfice de l'art. 181 C. proc., d'après lequel ceux qui sont assignés en garantie sont tenus de procéder devant le tribunal où la demande originaire est pendante.

470. Comme on le voit, le garant ne peut opposer

l'incompétence du tribunal devant lequel il est appelé par le garanti, pour répondre aux conclusions du demandeur ; toutefois, les dispositions de l'art. 181 ne s'étendraient pas jusqu'à rendre compétent un tribunal incompétent à raison de la matière. Si même il paraissait, dit le même art. 181, par écrit ou par l'évidence du fait, que la demande originaire n'aurait été formée que pour traduire les garants hors de leur tribunal, ils devraient y être renvoyés.

471. Il pourrait arriver que le défendeur en garantie eût lui-même à exercer un recours contre un autre garant ; les règles des articles 32 et 33 devraient être appliquées à cette nouvelle action.

472. Après la demande en garantie formée, les parties doivent toutes se trouver en présence. Si le défendeur en garantie ne comparaissait pas, le juge de paix, tout en prononçant contradictoirement entre les comparants, donnerait défaut contre lui, en le condamnant à indemniser le garanti s'il y avait lieu, et si la demande en garantie paraissait fondée. Mais il pourrait arriver, soit que le défendeur en garantie comparût, soit qu'il ne comparût pas, qu'un avant faire droit, une enquête, une expertise, une visite des lieux, fût nécessaire : si cet avant faire droit ne concernait que le garant, celle des deux autres parties qui n'y aurait aucun intérêt pourrait être mise hors de cause, et ses conclusions même adjugées au demandeur, pour l'action être ensuite poursuivie et la procédure continuée entre les deux parties restantes.

FORMULE 101e. *Jugement de citation d'un garant.*

Entre le sieur A... demandeur... d'une part,

Et le sieur B... défendeur... d'autre part, lequel a dit qu'il a pour garant de l'action que le sieur A... intente contre lui, la personne du sieur D... (*prénoms, nom et profession du garant*), demeurant en la commune de... de ce canton (*ou bien* : hors de l'arrondissement de ce « canton, en la commune de... distante de la présente « commune de... myriamètres); pourquoi requiert qu'il nous plaise lui accorder délai suffisant pour faire citer devant nous ledit sieur D...

Nous... considérant que la demande de mettre garant en cause a été formée en temps utile, avons remis la cause au... heure de... pour lesquels jour et heure le sieur B... sera tenu de faire citer à comparaître devant nous le sieur D... comme garant de l'action que le sieur A... a formée contre lui : sinon sera fait droit sur la demande principale, sauf au sieur B... à exercer, comme il avisera, son action en garantie par demande principale devant les juges qui en doivent connaître; dépens réservés.

FORMULE 102e. *Jugement refusant la remise non demandée à la première comparution, pour faire citer un garant.*

Entre le sieur A... demandeur... d'une part,

Et le sieur B... défendeur... d'autre part, lequel a dit... (comme ci-dessus.)

Nous... considérant que le sieur B... a déjà comparu dans la présente instance à l'audience... sans avoir égard à la demande qu'il vient de former cejourd'hui, ordonnons que les parties s'expliqueront sur l'objet de la demande principale, sauf au sieur B... à exercer son action en garantie contre le sieur D... comme il avisera par demande principale devant les juges qui en doivent connaître, et le condamnons aux dépens de l'incident.

FORMULE 103e. *Citation en garantie.* C. proc. 32; Tarif, 21, par analogie. —Même coût que pour une citation, voir formule 4e.

(*Copier l'exploit introductif d'instance, en tête.*)

L'an... à la requête du sieur B... demeurant à... lequel fait élection de domicile à... j'ai... huissier soussigné, etc., cité le sieur D... demeurant à... parlant à... à comparaître devant M. le juge de paix du canton de... le... heure... dans le local ordinaire de ses audiences;

Pour, attendu que mondit requérant a été cité devant ce magistrat à la requête du sieur A... par exploit de... huissier en date du... enregistré... ci-devant copié au long, pour s'entendre condamner à lui payer la somme de... que le sieur D... a garanti le payement de cette somme à mondit requérant qui a droit d'obtenir contre lui recours et garantie des condamnations à intervenir;

Voir dire et ordonner qu'il sera tenu d'intervenir dans l'instance et de défendre à la demande du sieur A... et de faire cesser les poursuites dirigées contre mondit requérant, parce que, faute par lui de ce faire, il sera condamné par le jugement à intervenir, à garantir et indemniser ledit requérant de toutes les condamnations qui pourraient être prononcées contre lui au profit du sieur A... en principal, intérêts et frais; s'entendre en outre condamner aux dépens de la présente demande, sous toutes réserves;

Et à ce qu'il n'en ignore, je lui ai laissé copie tant

du présent que de l'exploit introductif d'instance, parlant comme dessus.

Le coût est de...

Formule 104e. *Jugement sur la demande principale et sur la demande incidente en garantie.*

Entre le sieur A... (*prénoms, nom, profession et domicile du demandeur originaire*), demandeur aux fins de la citation du... enregistrée le... et le sieur B... défendeur aux fins de la même citation;

Et encore entre ledit sieur B... demandeur en garantie aux fins d'une autre citation du ministère de... en date du... enregistrée le... tendant à ce que... et le sieur D... (*prénoms, nom, profession et domicile du défendeur en garantie*), défendeur aux fins de ladite citation;

Ouï le sieur A... demandeur originaire, lequel a dit qu'il...

Ouï le sieur B... lequel a conclu à être renvoyé de la demande contre lui formée par le sieur A... attendu que... et à ce que, dans le cas où le tribunal estimerait devoir accueillir en tout ou en partie la demande du sieur A... audit cas le sieur D... fût tenu de l'indemniser, aux termes de la demande sus-énoncée;

Ouï le sieur D... lequel a conclu à être déchargé de la demande en garantie contre lui formée, attendu que...

Nous... considérant 1°... 2°... 3°...

D'une part, condamnons le sieur B... à payer au sieur A... la somme de... pour... ensemble les intérêts à compter du... et les frais liquidés à...

Et *d'autre part,* condamnons le sieur D... à... garantir et indemniser le sieur B... des condamnations prononcées contre lui par le présent jugement, en principal, intérêts et frais, et en outre aux frais faits à son égard, liquidés à...

Formule 105e. *Jugement si la demande principale n'est pas accueillie.*

Entre le sieur A... (*comme ci-dessus*).

Nous... considérant 1°... 2°... 3°... renvoyons le sieur B... de la demande contre lui formée par le sieur A...; en conséquence disons qu'il n'y a lieu à prononcer sur la demande en garantie formée par le sieur B... contre le sieur D...; condamnons, en outre, le sieur A... en tous les dépens, tant de la demande principale que de la demande en garantie, liquidés à...

Formule 106e. *Jugement si la demande en garantie est rejetée.*

Entre (*comme ci-dessus*).

Nous...; considérant 1°... 2°... 3°...

D'une part, condamnons le sieur B... à... etc.; et *d'autre part*, renvoyons le sieur D... de la demande en garantie formée contre lui à la requête du sieur B... et condamnons B... aux dépens envers toutes les parties, liquidés, savoir : ceux du sieur A... à la somme de... et ceux du sieur D... à la somme de...

Formule 107e. *Jugement dans le cas où le juge de paix, prononçant sur la demande principale, se déclare incompétent pour prononcer sur la demande en garantie.*

Considérant 1°... 2°... 3°... que la demande en garantie, formée par action principale, ne serait pas de notre compétence, attendu que... que nous sommes, par conséquent, incompétent à raison de la matière...

condamnons, *d'une part*, le sieur B... envers le sieur A... à...; et, *d'autre part*, pour être fait droit sur la demande en garantie, renvoyons le sieur B... à se pourvoir contre le sieur D... par demande principale devant les juges qui en doivent connaître; condamnons en outre le sieur B... aux dépens envers toutes les parties, liquidés, savoir : ceux du sieur A... à la somme de... ceux du sieur D... à la somme de... y compris le coût du retrait et de la signification du présent jugement, etc.

ARTICLE 3. — *Exceptions dilatoires opposées par l'héritier, la veuve, la femme séparée de corps ou de biens.*

473. L'héritier, la veuve, la femme divorcée, ou séparée de biens, auront trois mois, du jour de l'ouverture de la succession, ou de la dissolution de la communauté, pour faire inventaire, et quarante jours pour délibérer. — Si l'inventaire a été fait avant les trois mois, le délai de quarante jours commencera du jour qu'il aura été parachevé. — S'ils justifient que l'inventaire n'a pu être fait dans les trois mois, il leur sera accordé un délai convenable pour le faire, et quarante jours pour délibérer; ce qui sera réglé sommairement. C. proc. 174.

474. D'après le même article, l'héritier conserve, même après l'expiration de ces délais, la faculté de faire encore inventaire, et de se porter héritier bénéficiaire, s'il n'a pas fait d'ailleurs acte d'héritier, ou s'il n'existe pas contre lui de jugement passé en force de chose jugée, qui le condamne en qualité d'héritier pur et simple. Mais il ne peut opposer aux créanciers l'exception dilatoire après tous les premiers délais expirés, c'est-à-

dire, après les trois mois pour faire inventaire, les quarante jours pour délibérer, et même le délai supplémentaire accordé en cas d'insuffisance des trois mois pour faire inventaire.

475. Pendant la durée des délais pour faire inventaire et pour délibérer, dit aussi l'art. 797 du Code civil, l'héritier ne peut être contraint à prendre qualité, et il ne peut être obtenu contre lui de condamnation. S'il renonce, lorsque les délais sont expirés, ou avant, les frais par lui faits légitimement jusqu'à cette époque sont à la charge de la succession.

476. Après l'expiration des délais ci-dessus, dit encore l'art. 798, l'héritier, en cas de poursuites dirigées contre lui, peut exiger un nouveau délai que le tribunal saisi de la contestation accorde ou refuse suivant les circonstances.

477. On conçoit qu'un héritier, une veuve, une femme séparée de corps ou de biens, aient à opposer devant le juge de paix, comme devant tous autres tribunaux, l'exception dilatoire pour faire inventaire ou pour délibérer, soit qu'il s'agisse d'une action personnelle ou mobilière contre l'auteur de l'héritier, ou contre la communauté, etc. Le juge de paix ne pourrait, en pareil cas, se dispenser de remettre la cause jusqu'après l'expiration des délais.

478. Si le défendeur, cité comme héritier, prétendait que la qualité d'héritier lui aurait été donnée à tort, il y aurait lieu, non à une simple remise, mais à renvoi des parties devant juge compétent pour prononcer sur la qualité.

479. L'exception de délai, pour faire inventaire et délibérer, se propose à la première audience et avant toute défense au fond (C. proc. 186). La défense au fond pourrait même être regardée comme acte d'héritier.

FORMULE 108e. *Jugement prononçant un renvoi sur exception dilatoire opposée par l'héritier.*

Nous, juge de paix, attendu que le sieur B... défendeur, assigné comme héritier du sieur D... son oncle maternel, a obtenu par jugement du tribunal de... en date du... enregistré... un délai de trois mois pour terminer l'inventaire de la succession dudit D... et quarante jours à partir de la confection de cet inventaire pour délibérer; attendu que lesdits trois mois et quarante jours n'écherront que le...

Par ces motifs, remettons la cause au... jour où les parties seront tenues de se présenter devant nous, sans nouvelle citation, dépens réservés.

Ainsi jugé en présence des parties, etc.

CHAPITRE XIX.—De l'intervention.

480. L'intervention est volontaire ou forcée : volontaire, lorsqu'une partie ayant droit et qualité intervient de son propre mouvement dans une contestation pendante entre deux autres parties.

481. On a droit d'intervenir dans une contestation lorsqu'on y a intérêt; ainsi, peuvent intervenir : 1° celui dont la chose, les droits ou la qualité sont l'objet des prétentions respectives des parties ou l'occasion d'un procès, comme cela arrive si souvent dans les actions

possessoires; 2° celui qui veut prévenir l'action en garantie à laquelle il est exposé; 3° les créanciers dans les instances où leurs débiteurs sont en cause. C. civ. 1166, 882, 2225.

482. Le subrogé tuteur a qualité pour intervenir dans toutes les instances introduites par le tuteur dans l'intérêt du mineur ou de l'interdit; sa présence ne peut jamais nuire à ce dernier, et peut quelquefois lui être profitable. Grenoble, 12 févr. 1835.

483. L'intervention est recevable devant les justices de paix; elle doit être formée par exploit signifié au domicile réel des parties, et non au domicile élu. Carré, 1267; Thomine, n° 387.

484. L'exploit d'intervention doit énoncer les noms, profession ou domicile de l'intervenant, et contenir les mentions exigées pour les autres exploits.

485. L'intervenant ne peut retarder le jugement de la cause principale lorsqu'elle est en état (C. proc. 340), il prend alors la procédure dans l'état où elle se trouve, et doit être prêt à plaider sur-le-champ. S'il ne l'est pas, il est obligé de laisser prononcer sur la contestation, sauf à se pourvoir par tierce opposition.

486. Mais lorsque la cause n'est pas en état, le tiers intervenant doit pouvoir, même en retardant la marche de la procédure, exposer et développer pleinement ses moyens, et opposer de nouvelles voies d'instruction à celles déjà existantes dans la cause. S'il en était autrement, on éluderait le but réel de la loi, qui n'a permis l'intervention que pour éviter des frais et des lenteurs; le tiers intéressé ne trouvant pas dans cette voie les ga-

ranties nécessaires, opterait toujours pour la tierce opposition. Thomine, n° 388.

FORMULE 109e. *Intervention par exploit au domicile réel des parties.* C. proc. 339; Tarif, 21, par analogie.—Même coût que pour une citation, voir formule 4e.

L'an... le... à la requête du sieur D... (*Nom, prénoms, profession et domicile de l'intervenant*) demandeur en intervention dans la cause pendante devant M. le juge de paix du canton de... entre le sieur A... et le sieur B... lequel requérant élit domicile en la demeure de...

J'ai... huissier... soussigné,

Signifié : 1° au sieur A... demandeur en principal, et défendeur à l'intervention;

2° Au sieur B... défendeur au principal, et défendeur à l'intervention ;

Attendu (*on expose les faits et les moyens*).

Que ledit sieur requérant intervient dans la cause d'entre lesdits sieurs... et que ses conclusions tendent à ce qu'il plaise à M. le juge de paix le recevoir partie intervenante; et faisant droit tant sur ladite intervention que sur la cause principale, en ce qui touche le sieur A... demandeur principal, donner acte audit sieur D... de ce qu'il entend prendre son fait et cause, et ordonner que ledit sieur B... sera, s'il le requiert, mis hors de cause; et, à l'égard du sieur A... le déclarer purement et simplement non recevable dans la demande par lui formée contre le sieur B... par exploit du... ou en tout cas l'en débouter, et en outre le condamner en tous dépens, tant de la demande principale que de celle en intervention; et il est, avec celle des présentes, donné copie de... (*énoncer les pièces justificatives de l'intervention*);

A ce que les sus-nommés n'en ignorent, je leur ai, en leur domicile et parlant à... laissé copie des pièces susénoncées et du présent dont le coût est de... non compris copie des pièces. (*Signature de l'huissier.*)

CHAPITRE XX. — Du désistement devant le juge de paix.

487. Le désistement est la renonciation volontaire à un droit quelconque, faite par un individu capable de transiger.

488. Les auteurs distinguent deux sortes de désistement : 1° le désistement de l'action, par lequel celui qui se désiste s'interdit à jamais la faculté de l'intenter de nouveau; 2° le désistement des poursuites. L'effet de ce désistement est seulement d'anéantir la procédure qui existait déjà, en laissant à celui qui s'est désisté la faculté de reproduire sa demande en justice.

489. Le désistement sur l'appel participe de l'un et de l'autre effet, lorsqu'il n'est pas restreint à un acte particulier dont on reconnaît la nullité. En effet, l'extinction de l'action est alors une suite nécessaire de l'anéantissement de la procédure, puisqu'en faisant cesser l'obstacle qui s'opposait à l'effet du jugement, on lui attribue l'autorité de la chose jugée en dernier ressort.

490. D'après le Code de procédure, le désistement consenti dans le cours d'une instance ne porte aucune atteinte à l'action, et anéantit seulement la procédure par laquelle elle a été intentée. C. proc. 40, 403.

491. Le désistement n'est irrévocable qu'autant qu'il a été accepté par la partie au profit de laquelle il a été consenti, et il emporte soumission de la part de celui qui se désiste de payer tous les frais jusqu'au jour du désistement; avant l'acceptation, la partie qui avait donné son désistement peut le rendre sans effet, en annulant l'acte par lequel il a été consenti ; en un mot, le désistement judiciaire forme un véritable contrat synallagmatique, qui n'est parfait que par le consentement réciproque des parties contractantes. C. proc. 403.

492. Il faut avoir la libre disposition des droits dont on dispose pour pouvoir se désister; il faut en un mot avoir la capacité de transiger ou d'acquiescer. Berriat, p. 367; Carré, 2, n° 1452, et Favard, *Rép.*, v° *Désistement.*

493. Le mineur, émancipé ou non, l'interdit, la femme mariée, l'individu pourvu d'un conseil judiciaire, les administrateurs de la fortune d'autrui ne peuvent se désister ou ne peuvent consentir à se désister qu'autant que l'objet pour lequel ils consentent un désistement rentre dans leur administration, et qu'après qu'ils ont rempli les formalités qui ont été exigées à l'égard les uns des autres. Bruxelles, 27 nov. 1823; Carré, *loc. cit.;* Pigeau, *Comment.* 1, 690; Berriat, 1, 367 ; Demiau, p. 293; Favard, t. II, p. 79; Thomine-Desmazures, t. Ier, p. 618.

494. Le ministère public ne peut jamais par un désistement dessaisir la juridiction à laquelle a été transféré un fait répréhensible, parce qu'il n'a que l'exercice et non la disposition du droit de poursuite (Cass. 6

brum. an VII, 14 pluv. an XII, 20 nov. 1811, 25 février 1813, 17 déc. 1824). — Cette doctrine s'applique à toutes les juridictions.

495. La loi écarte du désistement toutes formalités superflues, et de simples actes d'avoué à avoué suffisent pour le former, bien entendu après constitution d'avoué de la part du défendeur ; car s'il l'était antérieurement, ou s'il n'y avait pas d'avoué en cause, comme devant les justices de paix, il faudrait bien qu'il fût notifié par exploit à partie. C. proc. 402.

496. Aux termes de cet article, la forme du désistement et de l'acceptation est facultative; elles peuvent donc être faites de différentes manières; par exemple, à l'audience, en présence du juge qui en peut décerner acte; mais il faut que le demandeur et le défendeur se trouvent à l'audience en personne ou par des mandataires ayant pouvoir spécial de donner le désistement : alors leur présence est constatée par le juge et sans qu'il soit besoin de signatures (Cass. 12 mai 1813; Sirey, t. XIV, 1re part. p. 277; Pigeau, *Proc. civ.* liv. II, part. 2, t. V, ch. III, sect. 1re, art. 3, § 3; Favard, t. II, p. 79; Desmazures, t. Ier, p. 620; et Boitard, t. II, p. 333). Si le mandataire de celui qui se désiste n'avait pas pouvoir spécial de formuler le désistement, la partie adverse pourrait et devrait le refuser, car elle ne serait pas suffisamment garantie.

Formule 110e. *Signification d'un acte de désistement.*
C. proc. 402; Tarif, 21.

L'an... le... à la requête du sieur A...

J'ai...

Signifié et déclaré au sieur B...

Que ledit sieur A... se désiste de la demande formée à sa requête par exploit de... huissier à... en date du... enregistré, ainsi que de toute la procédure qui a suivi ladite demande, sans cependant entendre préjudicier ni renoncer à ses droits relatifs à l'objet de ladite demande, se soumettant en conséquence, ledit M... à payer tous les frais faits sur la demande dont il se désiste, conformément à la taxe qui en sera faite par qui de droit.

A ce que ledit sieur B... n'en ignore, je lui ai, à son domicile et parlant à...

FORMULE 111e. *Acceptation du désistement.* C. proc. 402; Tarif, 21.

L'an, etc... le... à la requête du sieur B...

J'ai...

Signifié et déclaré au sieur A...

Que ledit sieur B... accepte par ces présentes le désistement donné par le sieur A... suivant acte d'avoué à avoué signifié le... de la demande par lui formée par exploit de... huissier à... en date du... contre ledit sieur B... se réservant de poursuivre la taxe et le payement des frais faits sur ladite demande. A ce que mondit sieur A... n'en ignore, je lui ai, en son domicile, parlant à...

FORMULE 112e. *Acte d'un désistement donné à l'audience.*

Par le demandeur a été dit qu'il déclare se désister purement et simplement de la demande formée à sa requête par exploit de... huissier à... en date du... enregistré, ainsi que de toute la procédure qui a suivi ladite demande, sans cependant entendre préjudicier ni renoncer à ses droits relatifs à l'objet de ladite demande, se soumettant en conséquence, ledit sieur A... à payer tous les frais faits sur la demande dont il se désiste, conformément à la taxe qui en sera faite par nous.

Le défendeur, a déclaré accepter ledit désistement.

En conséquence, nous, juge de paix, donnons acte au sieur A... demandeur, de son désistement, et au sieur B... défendeur de l'acceptation par lui déclarée.

Ainsi prononcé, en présence des parties, les jour, mois et an que devant, et avons signé avec notre greffier.

CHAPITRE XXI. — De la reprise d'instance.

497. Le jugement de l'affaire qui sera en état ne sera différé, ni par le changement d'état des parties, ni par la cessation des fonctions dans lesquelles elles procédaient, ni par leur mort, ni par les décès, démissions, interdictions ou destitutions de leurs avoués. C. procédure, 342.

498. L'affaire sera en état, lorsque la plaidoirie sera commencée; la plaidoirie sera réputée commencée, quand les conclusions auront été contradictoirement prises à l'audience. — Dans les affaires qui s'instruisent par écrit, la cause sera en état quand l'instruction sera complète, ou quand les délais pour les productions et réponses seront expirés. C. proc. 343.

499. Dans les affaires qui ne seront pas en état, toutes procédures faites postérieurement à la notification de la mort de l'une des parties seront nulles; il ne sera

pas besoin de signifier les décès, démissions, interdictions ni destitutions des avoués ; les poursuites faites et les jugements obtenus depuis seront nuls, s'il n'y a constitution de nouvel avoué. C. proc. 344.

500. Ni le changement d'état des parties, ni la cessation des fonctions dans lesquelles elles procédaient, n'empêcheront la continuation des procédures.—Néanmoins, le défendeur qui n'aurait pas constitué avoué avant le changement d'état ou le décès du demandeur, sera assigné de nouveau, à un délai de huitaine, pour voir adjuger les conclusions, et sans qu'il soit besoin de conciliation préalable. C. proc. 345.

501. L'assignation en reprise ou en constitution sera donnée aux délais fixés au titre des *Ajournements*, avec indication des noms des avoués qui occupaient, et du rapporteur, s'il y en a. C. proc. 346.

502. L'instance sera reprise par acte d'avoué à avoué. C. proc. 347.

503. Si la partie assignée en reprise conteste, l'incident sera jugé sommairement. C. proc. 348.

504. Si, à l'expiration du délai, la partie assignée en reprise ou en constitution, ne comparaît pas, il sera rendu jugement qui tiendra la cause pour reprise, et ordonnera qu'il sera procédé suivant les derniers errements, sans qu'il puisse y avoir d'autres délais que ceux qui restaient à courir. C. proc. 349.

505. Le jugement rendu par défaut contre une partie sur la demande en reprise d'instance, ou en constitution de nouvel avoué, sera signifié par un huissier

commis : si l'affaire est en rapport, la signification énoncera le nom du rapporteur. C. proc. 350.

L'opposition au jugement sera portée à l'audience, même dans les affaires en rapport. C. proc. 351.

506. Telles sont les dispositions du Code de procédure civile sur la reprise d'instance; elles sont applicables à la reprise d'instance devant les juges de paix, sauf ce qui est particulier à la procédure des tribunaux de première instance, comme la constitution d'avoué, et les actes d'avoué à avoué.

507. Ainsi, il est bien évident que l'instance interrompue devant le juge de paix ne pourra jamais être reprise que par exploit signifié à personne ou domicile.

FORMULE 113e. *Assignation en reprise d'instance après le décès du défendeur.* C. proc. 346; Tarif, 21.

L'an... à la requête du sieur... j'ai... cité le sieur... seul et unique héritier de... son père, demeurant à... etc.

Pour, attendu que le requérant a formé contre le défunt, devant M. le juge de paix du canton de... par exploit de... huissier, en date du... une demande à fin de... (*rapporter l'objet de la demande*); sur laquelle demande avait été ordonnée une enquête et une descente sur les lieux contentieux, par jugement interlocutoire en date du... enregistré; voir dire et ordonner que le sus-nommé sera tenu de reprendre l'instance introduite par le sieur... contre le sieur... par l'exploit susdaté, pour procéder sur icelle, suivant les derniers errements de la procédure;

Sinon, et faute de ce faire, voir dire et ordonner, par le jugement à intervenir, que la cause sera tenue pour reprise, et qu'il sera procédé et passé outre à l'enquête, au jugement, suivant les derniers errements; ce faisant, que les conclusions de l'exploit introductif d'instance seront adjugées au demandeur; en conséquence, attendu (*reprendre les conclusions de la première demande*); et j'ai, etc. (*Signature de l'huissier.*)

Formule 114e. ***Assignation en reprise d'instance donnée par le défendeur après le décès du demandeur.*** **C. proc. 346; Tarif, 21 par anal.**

L'an... à la requête du sieur...

J'ai... soussigné, donné assignation au sieur... seul et unique héritier du sieur... demeurant à...

A comparaître, etc.

Pour, attendu que par exploit de... huissier, en date du... le sieur... a formé contre le requérant une demande tendant à... (*rapporter l'objet de la demande*);

Attendu que, depuis plus d'un an que le sieur... est décédé, le sieur... n'a pas encore repris ladite instance;

Voir dire et ordonner que M... sera tenu de reprendre l'instance dont s'agit, introduite par son auteur contre le requérant, suivant exploit de...; sinon, et faute de ce faire, voir dire et ordonner par le jugement à intervenir, et sans qu'il en soit besoin d'autre, que l'instance dont s'agit sera tenue pour reprise entre les parties; en conséquence, et statuant sur le fond, attendu (*rapporter les conclusions*), se voir, ledit sieur... déclarer purement et simplement non recevable, ou, en tous cas, mal fondé dans ladite demande, et se voir, en outre, condamner aux dépens; à ce qu'il n'en ignore, etc. (*Signature de l'huissier.*)

CHAPITRE XXII. — Du renvoi d'une justice de paix à une autre justice de paix.

508. Les art. 368 et suiv. du C. de proc. civ. déterminent les causes de renvoi, soit en cas de parenté ou alliance, soit en cas de récusation, soit lorsque les juges ou le tribunal tout entier se trouvent empêchés.

509. D'après l'art. 368, une partie peut demander le renvoi, lorsque son adversaire a deux parents ou alliés jusqu'au degré de cousin issu de germain inclusivement, parmi les juges du tribunal de 1re instance saisi de la contestation, ou lorsque cet adversaire a un parent à ce degré parmi les juges du tribunal dont il est lui-même membre.

510. Il pourrait arriver qu'une partie fût parente à ce degré à la fois du juge de paix et de ses suppléants, ou que les uns ou les autres fussent empêchés, de telle sorte que l'affaire ne pût être jugée; il y aurait alors lieu à se pourvoir en demande de renvoi.

511. On a prétendu, toutefois, que le renvoi pour cause de parenté ne peut s'appliquer aux juges de paix, à cause de la modicité de leur compétence en dernier ressort (Rodière, 2, 12); mais la compétence des juges de paix a été considérablement augmentée. Avant même la loi de 1838, les juges de paix pouvaient prononcer, au moins en premier ressort, sur des demandes fort importantes; nous ne comprenons donc pas qu'on ait repoussé à leur égard la demande de renvoi, surtout lors-

qu'on admettait la demande en récusation ou l'abstention.

512. C'est devant le tribunal de 1re instance dans l'arrondissement duquel est située la justice de paix, que la demande en renvoi doit être portée. Ce tribunal renvoie les parties devant le juge de paix du canton le plus voisin (loi du 16 ventôse an XII, art. 1er); le jugement est rendu à la demande de la partie la plus diligente, sur simple requête (art. 2). La partie adverse est présente ou dûment appelée (*eod.*). Le procureur de la République donne ses conclusions (*eod.*). La distance d'une justice de paix à l'autre est réglée d'après celle de leurs chefs-lieux (art. 3).

FORMULE 115e. *Assignation devant le tribunal compétent pour prononcer le renvoi.* Loi du 16 ventôse an XII; Tarif, 29.

L'an... le... à la requête du sieur... demeurant à... pour lequel domicile est élu à... en l'étude de Me... avoué près le tribunal de... lequel occupera sur l'assignation ci-après, j'ai (*immatricule de l'huissier*), soussigné, signifié, et avec celle des présentes laissé copie à M... demeurant à... en son domicile, où étant et parlant à... d'une requête présentée par le requérant à MM. les président et juges du tribunal de... le... enregistrée, à ce qu'il n'en ignore.

Et à pareilles requête, demeure, élection de domicile et constitution d'avoué que ci-dessus, j'ai, huissier susdit et soussigné, donné assignation à mondit sieur... à comparaître et se trouver le... par-devant MM. les... président... composant la première Chambre du tribunal de... séant à... heure de... pour procéder sur et aux fins de la requête sus-énoncée, et, dans le cas de contestation, s'entendre condamner aux dépens; à ce qu'il n'en ignore, je lui ai, audit domicile et parlant comme dit est, laissé sous toutes réserves, copie de ladite requête et du présent, dont le coût est de...

(*Signature de l'huissier.*)

FORMULE 116e. *Assignation devant le juge de paix devant lequel la cause a été renvoyée.* Loi du 16 ventôse an XII; Tarif, 25.

L'an... à la requête, etc.

J'ai... soussigné, signifié, et avec celle des présentes donné copie au sieur... etc., et à pareilles requête, demeure et élection de domicile que dessus, j'ai, huissier susdit et soussigné, cité ledit sieur... en son domicile et parlant comme dit est, à comparaître d'aujourd'hui à trois jours, outre un jour par trois myriamètres de distance, à l'audience du juge de paix du canton de...

Pour, attendu que, par le jugement sus-énoncé, les parties ont été renvoyées devant la justice de paix du canton de... pour être statué sur la demande formée par le requérant contre ledit sieur... par exploit de... en date du... dûment enregistré, voir dire et ordonner que la procédure de ladite demande sera continuée suivant les derniers errements; ce faisant, que les conclusions prises par ledit sieur... en son exploit dudit jour... lui seront adjugées; en conséquence (*reprendre les conclusions de cet exploit*); à ce que du tout le susnommé n'ignore, et je lui ai, en son domicile et parlant comme ci-dessus, laissé copie tant du jugement sus-énoncé que du présent, dont le coût est de...

(*Signature de l'huissier.*)

CHAPITRE XXIII. — De l'abstention du juge de paix et de la récusation.

513. Le juge de paix est obligé de s'abstenir, de même que tout autre juge, lorsqu'il sait qu'il y a cause de récusation en sa personne. Cependant, quelques auteurs pensent qu'il n'y a pas pour lui obligation rigoureuse (Carré et Chauveau, nº 192; Favard, 4, 765); un arrêt de la Cour de cassation du 20 avril 1812 a jugé en ce sens; mais le contraire résulte d'un arrêt de la même Cour du 14 octobre 1824. Selon Biret, il est tenu de s'abstenir aussi bien pour les causes énoncées en l'article 378, que pour celles prévues par l'art. 44; c'est aussi notre avis. Il serait, en effet, contraire à la dignité de la justice et au respect qu'elle doit inspirer, que le juge ne fût pas le premier à s'abstenir, lorsqu'il sait qu'il peut exister contre lui un motif réel de récusation.

514. Mais il faudrait que ce motif fût réel; le juge de paix ne devrait pas condescendre au désir qu'aurait une partie de l'éviter comme juge.

515. Le juge de paix qui s'abstient d'office peut le faire de son propre mouvement, sans consulter le tribunal. Chauveau sur Carré, nº 192.

516. En cas d'abstention, la cause est jugée par le suppléant.

517. Les juges de paix pourront être récusés : 1º quand ils auront intérêt personnel à la contestation; 2º quand ils seront parents ou alliés d'une des parties,

jusqu'au degré de cousin germain inclusivement; 3° si dans l'année qui a précédé la récusation, il y a eu procès criminel entre eux et l'une des parties, ou son conjoint, ou ses parents ou alliés en ligne directe; 4° s'il y a eu procès civil existant entre eux et l'une des parties et son conjoint; 5° s'ils ont donné un avis écrit dans l'affaire. C. proc. 44.

518. L'art. 44 du Code de procédure ne parle que des procès criminels ou civils qui auraient eu lieu entre le juge de paix et l'une des parties ou son conjoint; il y aurait même motif de récusation, s'il y avait eu procès criminel ou civil entre la partie et la femme du juge de paix.

519. L'avis verbal donné par le juge de paix dans une affaire qui lui serait soumise équivaudrait à l'avis écrit dont parle l'art. 44, comme motif de récusation. Mais il faudrait que le juge de paix reconnût avoir donné cet avis verbal, pour que la récusation fût fondée. Par arrêt du 21 avril 1812, la Cour de cass. a jugé que, de ce qu'un juge de paix serait membre d'un bureau de bienfaisance, il ne s'ensuivrait pas qu'il fût personnellement intéressé au succès d'un procès soutenu devant lui par ce bureau, et qu'il y eût lieu à le récuser. Le même arrêt décide que le juge de paix n'est pas obligé de s'abstenir par cela seul qu'il est dans le cas d'être récusé, et qu'il faut de plus que la récusation ait été proposée.

520. Cependant, ainsi que nous l'avons dit plus haut, si un juge de paix savait qu'il y eût motif réel de récusation en sa personne, il devrait être le premier à se ré-

cuser ou à s'abstenir : « Tout juge, dit l'art. 380, qui saura cause de récusation en sa personne, sera tenu de le déclarer à la Chambre, qui décidera s'il doit s'abstenir. » Le juge de paix, seul sur son siége, ne peut ainsi s'en rapporter à ses collègues; nous pensons donc qu'il doit, avant l'audience, prévenir son suppléant, qui le remplace pour cause d'empêchement légitime.

521. « La partie qui voudra récuser un juge de paix « sera tenue de former la récusation et d'en exposer les « motifs par un acte qu'elle fera signifier, par le premier « huissier requis, au greffier de la justice de paix, qui « signera l'original. L'exploit sera signé, sur l'original « et la copie, par la partie ou son fondé de pouvoir « spécial. La copie sera déposée au greffe et communi- « quée immédiatement au juge par le greffier. » C. procédure, 45.

522. Si le récusant ne savait pas signer, il donnerait, par-devant notaire, un pouvoir spécial à un mandataire qui signerait pour lui la récusation.

523. La loi autorise à faire signifier l'acte de récusation par le premier huissier requis. On sait qu'avant la loi du 25 mai 1838, l'huissier audiencier de la justice de paix pouvait seul notifier les actes de la justice de paix. Depuis la loi de 1838, ce droit appartient à tous les huissiers du canton; l'art. 45 du Code de procédure l'étend à tous les huissiers de l'arrondissement. On a craint que les huissiers du ressort de la justice de paix eussent quelque répugnance à se charger d'un pareil exploit.

524. Après avoir reçu communication de la copie,

le juge de paix sera tenu de donner au bas de cet acte, dans le délai de deux jours, sa déclaration par écrit, portant ou son acquiescement à la récusation, ou son refus de s'abstenir, avec ses réponses aux moyens de récusation. C. proc. 48.

Dès l'instant de la signification, la cause doit rester suspendue. Si le juge de paix acquiesce, il est remplacé par un de ses suppléants, qui connaît de l'affaire.

525. S'il refuse de s'abstenir, dans les trois jours de sa réponse, ou faute par lui de répondre, expédition de l'acte de récusation et de la déclaration du juge, s'il y en a, sera envoyée par le greffier, sur la réquisition de la partie la plus diligente, au procureur de la République près le tribunal de première instance dans le ressort duquel la justice de paix est située. La récusation y sera jugée en dernier ressort dans la huitaine, sur les conclusions du procureur de la République, sans qu'il soit besoin d'appeler les parties. C. proc. 47.

Il n'est donc pas besoin d'appeler les parties, soit le récusant, soit le juge de paix; mais rien n'empêche qu'ils se rendent et assistent à l'audience, et y proposent leurs moyens.

526. L'instance qui a donné lieu à la récusation reste suspendue jusqu'à ce que le tribunal ait prononcé. Si la récusation est rejetée, la cause revient devant le juge de paix. Elle est jugée par un des suppléants si la récusation est admise.

527. La présence de la partie à l'audience et sa comparution avant d'avoir exercé la récusation la rendent, suivant quelques auteurs, irrecevable. La récusation

devrait être, suivant eux, exercée avant la première audience à laquelle comparaît le récusant. L'arrêt de la Cour de cassation, cité plus haut, du 21 avril 1812, semble venir à l'appui de cette opinion. Ce ne serait cependant pas une raison pour que le juge de paix ne s'abstînt pas lui-même, si l'une des parties signalait à l'audience un mot sérieux de récusation.

FORMULE 117e. *Acte de récusation.* C. proc. 45; Tarif, 30.— Coût, à Paris, 3 fr.; ailleurs, 2 fr. 25, et pour la copie, le quart.

L'an... à la requête du sieur... demeurant à... lequel fait élection de domicile à... j'ai... huissier soussigné, signifié et déclaré à M... au nom et en sa qualité de greffier de la justice de paix du canton de... demeurant à... au lieu ordinaire du greffe, en parlant à lui-même,

Que mon requérant entend récuser, comme par ces présentes il récuse la personne de M... juge de paix dudit canton, dans la cause pendante devant lui entre mon requérant et le sieur... par le motif que M... juge de paix, est... qu'aux termes des articles... du Code de proc. civ., il y a lieu à récusation;

A ce que ledit sieur... greffier, n'en ignore et ait à communiquer la présente récusation à M... juge de paix, aux termes de la loi, je lui ai, en son domicile et parlant comme dessus, laissé copie du présent exploit, et a visé l'original, dont le coût est de... sous toutes réserves.

(*Signatures de l'huissier et de la partie.*)

Vu le présent original, et reçu la copie à... l'an... le...

(*Signature du greffier.*)

(*Le juge de paix fait au bas de cet acte sa déclaration en ces termes.*)

Nous, juge de paix du canton de... vu l'acte de récusation ci-dessus, à nous communiqué par notre greffier, déclarons acquiescer à ladite récusation, attendu qu'il est vrai que... et nous abstenir de juger la cause d'entre les sieurs... pendante devant notre juridiction.

(*Ou en ceux qui suivent :*)

Nous... (*comme dessus*), déclarons que les causes de récusation énoncées audit acte ne sont point fondées en droit (*énoncer les moyens s'il y a lieu*); que les faits allégués sont inexacts (*énoncer les faits reconnus*); qu'en conséquence nous refusons de nous abstenir de connaître de la cause pendante devant nous entre les sieurs...

(*Signature du juge de paix.*)

Formule 118e. *Réquisition d'envoi au procureur de la République de l'acte de récusation.* C. proc. 47; Tarif, 27 par analogie.— Coût, Paris, 2 fr.; ailleurs, 1 fr. 50; pour la copie, le quart.

L'an... le... à la requête du sieur... demeurant à... pour lequel domicile est élu à..., j'ai, huissier... sommé et requis le sieur... en sa qualité de greffier de la justice de paix du canton de... en son greffe, sis à... en parlant à... de transmettre dans le plus bref délai à M. le procureur de la République près le tribunal de première instance du ressort, l'expédition de l'acte par lequel mon requérant a déclaré qu'il entendait récuser M... juge de paix du canton de... dans la cause pendante devant son tribunal, entre le requérant et le sieur... signifié par exploit de mon ministère, en date du... enregistré... et visé par ledit greffier; et d'y joindre la réponse faite par M... juge de paix, aux moyens de récusation, parce que, faute par lui de satisfaire à la présente sommation, le sieur... se pourvoira ainsi que de droit.

Et à ce qu'il n'en ignore, je lui ai, en son greffe, et parlant comme dessus, laissé copie du présent exploit, dont le coût est de...

CHAPITRE XXIV. — De la prise à partie.

528. La prise à partie a lieu surtout en cas de déni de justice.

529. Le déni de justice est constaté par deux réquisitions faites au juge, en la personne du greffier, et signifiées de trois jours en trois jours au moins pour les juges de paix et de commerce, et de huitaine en huitaine au moins pour les autres juges. Tout huissier requis est tenu de faire ces réquisitions à peine d'interdiction. C. proc. 507.

530. Après les deux réquisitions, le juge peut être pris à partie. C. proc. 508.

531. La prise à partie contre le juge de paix, contre les tribunaux de commerce, ou de première instance, ou contre quelqu'un de leurs membres, est portée à la Cour d'appel du ressort. C. proc. 509.

532. Néanmoins, aucun juge ne peut être pris à partie sans permission préalable du tribunal devant lequel la prise à partie est portée. C. proc. 510.

533. Il est présenté à cet effet une requête signée de la partie, ou de son fondé de procuration authentique et spéciale, laquelle procuration sera annexée à la re-

quête, ainsi que les pièces justificatives, s'il y en a, à peine de nullité. C. proc. 511.

534. Il ne pourra être employé aucun terme injurieux contre les juges, à peine, contre la partie, de telle amende, et contre son avoué, de telle injonction ou suspension qu'il appartiendra. C. proc. 512.

535. Si la requête est rejetée, la partie sera condamnée à une amende qui ne pourra être moindre de 300 fr., sans préjudice des dommages et intérêts envers les parties, s'il y a lieu. C. proc. 513.

536. Si la requête est admise, elle sera signifiée dans trois jours au juge pris à partie, qui sera tenu de fournir ses défenses dans la huitaine. — Il s'abstiendra de la connaissance du différend; il s'abstiendra même, jusqu'au jugement définitif de la prise à partie, de toutes les causes que la partie, ou ses parents en ligne directe, ou son conjoint, pourront avoir dans son tribunal, à peine de nullité des jugements. C. proc. 514.

537. La prise à partie sera portée à l'audience sur un simple acte, et sera jugée par une autre section que celle qui l'aura admise; si la Cour d'appel n'est composée que d'une section, le jugement de la prise à partie sera renvoyé à la Cour d'appel la plus voisine par la Cour de cassation. C. proc. 515.

538. Si le demandeur est débouté, il sera condamné à une amende qui ne pourra être moindre de 300 fr., sans préjudice des dommages-intérêts envers les parties, s'il y a lieu. C. proc. 516.

FORMULE 119e. *Réquisition pour constater le déni de justice.* C. proc. 107 ; Tarif, 29.—Coût, 2 fr. orig. ; 50 c. copie.

L'an... le... à la requête du sieur... demeurant à... pour lequel domicile est élu en la demeure de... j'ai... soussigné, prié et requis, pour la première fois, M... juge de paix du canton de... en la personne de M... greffier dudit tribunal, en son greffe, sis à... en parlant à...

De répondre à la requête à lui présentée par ledit sieur... le... à l'effet d'obtenir l'indication des jour, lieu et heure auxquels le sieur... demeurant à... pourra être sommé de comparaître par-devant mondit sieur... pour convenir des pièces de comparaison dans une vérification d'écriture qui a été ordonnée par-devant lui, et pour laquelle il a été commis, par jugement de la... Chambre du tribunal de... en date du... dûment enregistré ; à ce que mondit sieur... n'en ignore, et ait en conséquence à satisfaire à la présente réquisition, je lui ai, en la personne de Me... greffier, parlant comme dessus, laissé copie du présent exploit, dont le coût est de... (*Signature de l'huissier.*)

CHAPITRE XXV. — De l'exécution des sentences des juges de paix. — De l'interprétation. — De l'exécutoire de dépens. — De la réception des cautions.

ARTICLE 1er. — *De l'exécution et de l'interprétation.*

539. Les juges de paix n'ayant pas la juridiction ordinaire, ne peuvent pas connaître de l'exécution de leurs jugements ; il n'existe cependant aucune disposition à cet égard dans le Code de procédure : lors de la discussion de ce Code, le Tribunat ayant proposé un article

portant que les juges de paix ne connaîtraient point de l'exécution de leurs jugements, *même entre parties*, cet article fut rejeté : Locré en conclut qu'ils doivent connaître de cette exécution; d'après M. Favard, qui était membre du Tribunat, la disposition ne fut omise que parce que le principe était incontestable. Cependant, on a trouvé convenable d'exprimer la prohibition, relativement aux tribunaux de commerce, qui, comme les juges de paix, sont juges d'exception. D'après l'art. 553 C. de proc., en effet, « les contestations élevées sur « l'exécution des jugements des tribunaux de com- « merce seront portées au tribunal de première in- « stance du lieu où l'exécution se poursuivra. »

540. Quoi qu'il en soit, il a toujours été admis que les juges de paix n'ont pas la connaissance de leurs jugements; et aucun doute ne peut plus s'élever à cet égard depuis la loi de 1838, puisqu'un art. 19, leur attribuant la connaissance des difficultés élevées sur cette exécution, fut rejeté de la nouvelle rédaction du projet soumis aux Chambres en 1837. « On a pensé, disait M. Persil, en présentant ce nouveau projet, que la règle qui défère aux tribunaux civils l'exécution des jugements émanés des juridictions extraordinaires, deviendrait sans force si elle éprouvait une exception dont l'application serait presque aussi fréquente que celle de la règle elle-même; qu'il n'existerait pas de motifs, dans ce cas, pour refuser d'attribuer aussi aux juridictions consulaires la connaissance des difficultés nées de l'exécution de leurs décisions; qu'une telle innovation aurait infailliblement pour effet d'appeler, autour du

tribunal de paix, ces praticiens sans titre reconnu, qu'il est si important d'en éloigner. »

541. Les juges de paix ne sont donc compétents pour connaître d'aucune des actions qui se rapportent à l'exécution des jugements, comme saisie-exécution, saisie immobilière, saisie-arrêt, poursuites de contrainte par corps, etc. (Voir *Annales* 1842, p. 255; et 1845, p. 77.) Une exception cependant résulte des art. 3 et 10 de la loi de 1838 : c'est celle relative à la saisie-gagerie.

542. Par jugement du tribunal de Bourges du 18 mars 1847, il a été jugé que le droit d'ordonner la délivrance d'une seconde grosse d'un jugement rendu par le juge de paix, appartient non à ce juge de paix, mais au président du tribunal de première instance du ressort (*Code de procédure,* 844 et 854). — Jugé de même par arrêt de la Cour de cassation du 11 août 1847, relativement à la seconde grosse d'un jugement rendu par le tribunal de commerce. *Annales* 1847, p. 257.

543. Mais la prohibition doit être restreinte aux actes d'exécution proprement dits. « On ne saurait, dit Curasson (sur l'art. 12, n° 15), considérer comme tels l'instruction servant non-seulement à parvenir au jugement définitif, mais aussi celle qui devient nécessaire pour le compléter : ainsi, par exemple, que le juge de paix prononce des dommages-intérêts, ou une restitution de fruits à liquider, c'est devant lui qu'il doit être procédé; qu'il ordonne la résolution d'un bail sur le défaut de payement des loyers et fermages, et, qu'au lieu d'exécuter son jugement, le preneur refuse de déguerpir, c'est à ce magistrat qu'il appartient d'ordonner

l'expulsion des lieux, et la mise des meubles sur le carreau; qu'il prescrive le bornage sur telle ou telle base, c'est à lui à vérifier s'il a été exécuté conformément à sa disposition : il en sera de même en fait d'élagage, de plantation, de distance à observer, ou de constructions à effectuer pour certains établissements; dans ces cas et autres semblables, la décision, quoique définitive, n'est complète qu'autant que les mesures qu'elle a prescrites étant accomplies, le juge extraordinaire a totalement exercé la juridiction que la loi lui conférait sur la matière. »

544. Quant aux demandes en validité d'offres réelles, si les offres étaient faites en vertu d'une condamnation même prononcée par le juge de paix, elles tiendraient à une exécution de jugement, et, par conséquent, le juge de paix n'en connaîtrait pas; mais celles qui auraient lieu avant toute demande seraient, comme action personnelle et mobilière, de la connaissance du juge de paix, dans les limites de sa compétence ordinaire.

545. En général, l'interprétation d'un jugement appartient au tribunal qui l'a rendu; cette règle est applicable aux juges de paix, comme à tous les autres tribunaux. Curasson, tout en soutenant ce principe sur l'art 12, n° 17, fait cependant une distinction : « Si c'est, dit-il, au sujet de l'exécution d'un jugement de justice de paix, sur l'opposition à une saisie ou contrainte, par exemple, qu'il s'agit d'interpréter, alors l'interprétation appartient au tribunal saisi de l'exécution; mais dans tous les autres cas, nous ne voyons pas le motif pour lequel la demande en interprétation ne

serait pas portée devant le tribunal qui a rendu la sentence. » — Il a été jugé par arrêt de la Cour de Caen, du 17 mai 1825, que les tribunaux même de commerce ont le droit d'interpréter leurs jugements : cet arrêt serait parfaitement applicable aux juges de paix, et nous pensons même que la véritable action en interprétation d'un jugement ne peut être portée que devant le tribunal qui l'a rendu; si les tribunaux ordinaires sont compétents pour statuer sur le sens d'un jugement du juge de paix, en cas de poursuites en exécution, c'est que les termes ne présentent pas d'ambiguïté, et qu'alors ils ont en effet le droit de déclarer que ces termes sont clairs et précis.

546. Mais il faut qu'il se garde, en interprétant, de modifier en rien la chose jugée.

547. La demande en interprétation du jugement s'introduit par exploit en la forme ordinaire.

548. S'il y avait contrariété entre deux sentences de juges de paix différents, rendues en dernier ressort entre les mêmes personnes, et à raison du même fait, il y aurait lieu au pourvoi en cassation (C. proc. 504). Cela a été jugé dans le cas spécial où un juge de paix avait rétracté expressément un jugement définitif par lui précédemment rendu (Cass. 21 avril 1813). Une rétractation aussi expresse constituerait aujourd'hui l'excès de pouvoir exigé par l'art. 15 de la loi de 1838, pour que les sentences des juges de paix puissent être attaquées par la voie du recours en cassation.

ARTICLE 2. — *De l'exécutoire de dépens.*

549. On appelle *exécutoire de dépens*, le mandement de payer ou de contraindre, délivré en forme d'expédition de jugement, et contenant l'énonciation de la taxe des dépens adjugés et de l'ordonnance du juge.

550. L'exécutoire n'est délivré que dans le cas où le jugement ne liquide pas les dépens. Décret 20 juillet 1806, art. 2 à 5; 16 févr. 1807, art. 5.

551. Si les dépens sont liquidés par le jugement, et leur montant énoncé dans la minute, l'expédition de ce jugement suffit; cette liquidation se fait sur l'état soumis à la taxe du juge dans les vingt-quatre heures de la prononciation du jugement, avant la signature de la feuille d'audience. Décret 16 févr. 1807, art. 1.

552. Si la liquidation n'a pas eu lieu par le jugement, on lève un exécutoire; mais la partie condamnée peut, en pareil cas, et si la liquidation dans le jugement a été possible, si, par exemple, il ne s'agit pas de frais faits postérieurement au jugement, se refuser à payer le coût de l'exécutoire. Cass. 25 mai 1830 et 5 juin 1839.

553. En justice de paix, les dépens sont liquidés par le jugement qui les adjuge : la liquidation appartient au juge de paix, lorsqu'il ne l'a pas faite dans son premier jugement; c'est ce que déclare d'une manière implicite l'art. 26 C. proc., lorsqu'il autorise le juge du pétitoire à fixer, pour cette liquidation, un délai après lequel l'action du pétitoire sera reçue.

554. Les exécutoires de dépens sont soumis à un droit proportionnel d'enregistrement de 50 centimes pour 100 francs (Loi 22 frim. an VII, art. 69, § 2,

n° 9); et ce droit ne peut jamais être inférieur à 1 franc. Instr. min. 429, § 4.

555. Les juges de paix ont, en outre, des attributions toutes particulières, dont nous parlerons en la seconde partie, ci-après, pour délivrer aux notaires, greffiers, huissiers et autres officiers publics, exécutoire pour le montant des droits d'enregistrement qu'ils ont avancés pour leurs clients.

FORMULE 120e. *Exécutoire de dépens.*

Nous, etc.;

Vu notre jugement rendu à l'audience du... par lequel nous avons condamné le sieur B... à extirper les plantations par lui faites sur le terrain désigné en cette sentence, et démolir les bâtiments et murs qu'il y avait élevés;

Vu la sommation qui lui a été faite à la requête de Paul A... demandeur, par exploit de M... huissier à... en date du... enregistré, pour le mettre en demeure de satisfaire à ladite condamnation;

Vu les quittances des sieurs Louis C... et Simon D... ouvriers chargés d'exécuter lesdits travaux, constatant qu'il leur a été payé par le sieur A... la somme de...;

Vu un état des diverses autres dépenses pour la même cause s'élevant à la somme de... payé par le sieur A... ledit état certifié et signé par lui;

Vu aussi l'art. 27 du Code de procédure, disons que, par le premier huissier de ce requis, le sieur B... sera contraint par toutes voies de droit à payer au sieur A... la somme de... pour le remboursement de l'avance des susdites dépenses faites à la charge du sieur B...

Délivré à...

(*Cet acte est mis au rang des minutes, et il en est délivré par le greffier une expédition revêtue de la formule exécutoire.*)

ARTICLE 3.— *De la réception des cautions.*

556. Les articles 517 et suivants du Code de procédure tracent les formes à suivre pour la réception des cautions devant les tribunaux de première instance; ces formes, en tant qu'elles peuvent s'appliquer aux justices de paix, doivent être suivies, selon plusieurs auteurs, la loi n'indiquant pas d'autres règles.

Dans la dernière discussion de la loi de 1838 à la Chambre des députés, M. Genoux ayant adressé à la Commission l'interpellation suivante : « Quel sera le mode de la réception de la caution? La Commission n'entend pas, sans doute, que la réception de caution dont elle s'occupe dans l'art. 11, soit astreinte à l'observation de toutes les formalités du titre du Code de procédure; comment veut-elle donc que la caution soit reçue par le juge de paix? » A quoi le rapporteur répondit : *Le juge de paix recevra la caution à l'audience.*

557. Curasson, en faisant remarquer le laconisme et l'insuffisance de cette réponse, critique l'opinion des auteurs, qui indiquent comme règles celles des articles 517 et suivants du Code de procédure. « Dans le silence de la loi, dit-il, on pourrait suivre plutôt les formes établies, par les articles 440 et 441, pour les tribunaux de commerce.—Exploit de présentation avec somma-

tion à la partie de prendre communication des titres déposés au greffe de la justice de paix; — soumission, au greffe, de la caution, si elle n'est pas contestée; et, dans le cas contraire, le jugement de la contestation à l'audience indiquée par la sommation. »

Si même la condamnation à garantir par la caution est de peu d'importance, ajoute Curasson, le juge de paix, en ordonnant l'exécution provisoire, peut, à la même audience, recevoir la caution offerte, ou, si elle est présente, donner acte de sa soumission.

558. Le mode le plus simple est, sans contredit, de recevoir la caution à l'audience. Si elle n'est pas présentée au moment du jugement, celui qui doit la fournir assigne son adversaire à comparaître à l'audience indiquée par le juge de paix. S'il s'élève alors des contestations sur la solvabilité ou la capacité de la caution, le juge de paix statue.

559. La loi ne prescrit aucune formalité, aucune écriture; elle n'exige pas le dépôt préalable, au greffe du juge de paix, des titres constatant la solvabilité de la caution. Benech, 375; Chauveau, n° 82; V. Foucher, 407, n° 413.

560. « Le débiteur obligé à fournir une caution doit « en présenter une qui ait la capacité de contracter, « qui ait un bien suffisant pour répondre de l'objet de « l'obligation, et dont le domicile soit dans le ressort « de la Cour d'appel où elle doit être donnée. » C. civ. 2018.

561. « La solvabilité d'une caution ne s'estime qu'eu « égard à ses propriétés foncières, excepté en matière

« de commerce, ou lorsque la dette est modique. On « n'a point égard aux immeubles litigieux ou dont la « discussion deviendrait trop difficile par l'éloignement « de leur situation. » C. civ. 2019.

562. Toutes les fois qu'une personne est obligée par « la loi ou *par une condamnation* à fournir une caution, « la caution offerte doit remplir les conditions pres« crites par les art. 2018 et 2019. Lorsqu'il s'agit d'un « cautionnement judiciaire, la caution doit, en outre, « être susceptible de contrainte par corps. » C. civ. 2040.

563. « Celui qui ne peut trouver une caution est « reçu à donner à sa place un gage ou nantissement « suffisant. » C. civ. 2041.

564. « La caution judiciaire ne peut point demander « la discussion du débiteur principal. » C. civ. 2042.

565. « Celui qui a simplement cautionné la caution « judiciaire ne peut demander la discussion du débiteur « principal et de la caution. » C. civ. 2043.

FORMULE 121e. *Réception de caution à la suite du jugement.*

Et à l'instant le sieur A... nous a présenté pour caution du montant des condamnations prononcées en sa faveur, et dont la restitution pourrait être ordonnée au profit du sieur B... en cas d'appel, la personne du sieur M... (*prénoms, nom, profession et domicile de la caution*), lequel a dit que par le jugement de la justice de paix de ce canton, en date du... sujet à l'appel, il avait été prononcé en faveur du sieur A... contre le sieur B... différentes condamnations; que le sieur A... désirant, en cas d'appel, mettre provisoirement à exécution ledit jugement, l'avait présenté et fait recevoir pour caution; qu'en conséquence il fait présentement sa soumission et se rend caution envers le sieur B... de la restitution, en cas d'infirmation sur l'appel, du montant des condamnations auxquelles il serait contraint provisoirement de satisfaire en vertu du jugement susdaté.

Le sieur B... a dit (*moyens du défendeur*).

Nous, considérant... recevons la personne du sieur M... présent à notre audience, pour caution de la restitution, au cas d'infirmation sur l'appel, du montant des condamnations qui viennent d'être prononcées en faveur du sieur A... contre le sieur B... par le jugement ci-dessus.

Et a ledit sieur M... déclaré caution, signé (*signature de la caution*) avec nous et le greffier.

CHAPITRE XXVI. — De la tierce-opposition.

566. La tierce opposition constitue une voie extraordinaire d'attaquer les jugements; elle n'est ouverte qu'à celui qui n'a pas été partie au jugement (C. proc. 474). Toute partie, dit l'art. 474 C. proc., peut former opposition à un jugement qui préjudicie à ses droits, et lors duquel ni elle ni ceux qu'elle représente n'ont été appelés.

567. La tierce opposition est principale ou incidente: — principale, lorsqu'elle n'est précédée d'aucune contestation entre le tiers opposant et celui qui a obtenu le jugement attaqué; — incidente, lorsqu'elle est formée contre un jugement produit dans une contestation par

une partie qui en tire argument en faveur de sa prétention.

Ainsi, celui qui n'a pas été partie à un jugement qui préjudicie à ses droits peut en prévenir l'exécution à son égard, en l'attaquant par tierce opposition, soit principale, soit incidente.

568. Mais il n'est pas tenu de prendre cette voie : l'art. 474 C. proc. ne lui ôte pas la faculté de se borner à invoquer la maxime *res inter alios judicata aliis non nocet*. Cass. 11 mai 1840; Carré, n° 1722; Berriat, sur l'art. 474 C. proc.

569. Il n'est pas douteux que la tierce opposition ne soit admise contre les jugements des juges de paix. Cass. 15 mars et 22 févr. 1830; Berriat, *eod.* Carou, n° 662.

570. La tierce opposition principale est portée au tribunal, quel qu'il soit, qui a rendu le jugement. C. proc. 475.

571. La tierce opposition incidente se porte devant le tribunal saisi de la cause, s'il est égal ou supérieur à celui qui a rendu le jugement (C. proc. 476); et, dans le cas contraire, devant ce dernier tribunal. Ainsi lorsque, dans une cause pendante devant un juge de paix, on produit un jugement d'un tribunal de première instance, on doit aller à ce tribunal pour faire statuer sur la tierce opposition.

572. La tierce opposition principale se forme devant les tribunaux de paix par exploit de citation, et la tierce opposition incidente par forme de conclusions verbales, et à l'audience.

573. L'étranger qui forme tierce opposition princi-

pale doit donner caution; il est demandeur principal ou intervenant. C. proc. 166.

574. Le tribunal devant lequel le jugement attaqué aura été produit pourra, *suivant les circonstances*, passer outre ou surseoir. C. proc. 477.

575. Mais lorsque le tribunal saisi de la cause principale est inférieur à celui qui a rendu le jugement auquel on forme incidemment tierce-opposition, il ne peut en surseoir l'exécution (Paris, 7 janvier 1812). On s'adresse, pour cela, au tribunal qui a prononcé. C. proc. 476.

576. Les *circonstances* dans lesquelles le tribunal peut passer outre ou surseoir sont déterminées par l'article 478 C. proc.

« Les jugements passés en force de chose jugée, dit cet article, portant condamnation à délaisser la possession d'un héritage, seront exécutés contre les parties condamnées, nonobstant la tierce-opposition et sans y préjudicier. — Dans les autres cas, les juges pourront, suivant les circonstances, suspendre l'exécution du jugement. »

577. Le jugement qui déclare la tierce-opposition bien fondée doit rétracter le jugement contre lequel elle est dirigée; mais seulement en ce qui concerne le droit et l'intérêt personnel de l'opposant. Cass. 23 germ. an VI, 15 pluv. an IX, D. 10, 349.

Cependant, il a été jugé que la tierce-opposition, admise contre un jugement de dernier ressort, entraîne la rétractation du jugement même en faveur de ceux qui y ont été parties, si l'objet du jugement attaqué est tellement indivisible, qu'il y ait impossibilité d'exécuter le second jugement en conservant au premier ses effets. Cass. 6 fruct. an X, 8 avril 1829; Nîmes, 18 févr. 1807; Besançon, 12 juillet 1828; Carré, n° 1733; Pigeau, *Comm.* 2, 66; Favard, 5, 615.

578. La partie dont la tierce opposition est rejetée, doit être condamnée sur la demande de l'adversaire, ou d'office (Carré, art. 479) à une amende, sans préjudice des dommages-intérêts de l'adversaire, s'il y a lieu. C. proc. 479-1029.

579. L'amende ne doit pas être moindre de 50 fr. (C. proc. 479). Elle ne pourrait être exigée si, malgré l'obligation impérative imposée aux juges (Cass. 25 mars 1813; circ. minist. des fin., 4 mars 1826), ceux-ci omettaient de la prononcer.

FORMULE 122e. *Acte de tierce opposition par exploit.* C. proc. 475; Tarif, 21 par analogie.

L'an... le... à la requête, etc., j'ai (*immatricule*), soussigné, signifié et déclaré au sieur... demeurant à... etc., que ledit sieur... se rend, par ces présentes, tiers opposant à l'exécution du jugement contradictoirement rendu entre ledit sieur... et le sieur... en la justice de paix du canton de... le... et signifié au requérant le... par exploit de... huissier à... à ce que le sus-nommé n'en ignore, et à pareilles requête, demeure et élection de domicile que dessus, j'ai, huissier susdit et soussigné, donné assignation audit sieur... domicile et parlant comme dessus, à comparaître, d'aujourd'hui à trois jours francs, délai de la loi... heures... par-devant M. le juge de paix du canton de, au lieu ordinaire de ses audiences, rue... séant à... au Palais de Justice, pour, attendu que par le jugement sus-énoncé ledit sieur... a été réintégré dans la possession d'une maison sise à... (*tenants et aboutissants*); attendu que ledit sieur... n'ayant pas été partie dans le jugement dont s'agit, quoique ayant dû y être appelé, a droit de l'attaquer par la voie de la tierce opposition; attendu, au fond, que c'est depuis plus d'un an et jour que le sieur... vendeur du sieur... requérant, possédait ladite maison... à titre de propriétaire et d'une manière paisible, publique et non interrompuè; voir recevoir ledit sieur... tiers opposant à l'exécution du jugement rendu contradictoirement entre le sieur... et le sieur... par M. le juge de paix du canton de... le... ce faisant, voir dire et ordonner que le sieur... sera maintenu dans la possession et jouissance de la maison dont s'agit, et qu'il sera fait défense audit sieur... de l'y troubler à l'avenir; en conséquence, qu'il sera fait défense audit sieur... d'exécuter ledit jugement en ce qui touche l'intérêt du demandeur, à peine de tous dommages et intérêts, et pour, en outre, répondre et procéder comme de raison à fin de dépens; et j'ai... etc. (*Signature de l'huissier.*)

FORMULE 123e. *Requête de tierce opposition.*

A M. le juge de paix du canton de...

Le sieur... demeurant à... demandeur aux fins de son exploit en date du... et tiers opposant par la présente requête à l'exécution du jugement dont est ci-après parlé...

Contre le sieur... demeurant à.., défendeur à l'exploit

sus-daté... et encore défendeur à la présente requête...

A l'honneur de vous exposer que... (*rappeler les faits et les moyens*).

Par tous ces motifs et autres à suppléer de droit et d'équité, il plaira à M. le juge de paix dire et ordonner qu'en venant plaider la cause d'entre les parties, elles viendront pareillement plaider sur la présente requête dont le sieur... emploie le contenu pour fins de non-recevoir et défenses contre le sieur... et encore pour moyens à l'appui de sa tierce opposition; ce faisant, etc.

(V. *les conclusions de la formule précédente.*)

CHAPITRE XXVII. — De l'appel des jugements des justices de paix.

580. « L'appel des jugements des juges de paix ne « sera recevable ni avant les trois jours qui suivront ce« lui de la prononciation des jugements, à moins qu'il « n'y ait lieu à exécution provisoire, ni après les trente « jours qui suivront la signification, à l'égard des per« sonnes domiciliées dans le canton.

« Les personnes domiciliées hors du canton auront « pour interjeter appel, outre le délai de trente jours, « le délai réglé par les art. 73 et 1033 du C. proc. civ. » Loi 25 mai 1838, art. 13.

581. Ne sera pas recevable l'appel des jugements mal « à propos qualifiés en premier ressort, ou qui, étant « en dernier ressort, n'auraient point été qualifiés.

582. « Seront sujets à l'appel les jugements qualifiés « en dernier ressort, s'ils ont statué, soit sur des ques« tions de compétence, soit sur des matières dont le juge « de paix ne pouvait connaître qu'en premier ressort.

533. « Néanmoins, si le juge de paix s'est déclaré « compétent, l'appel ne pourra être interjeté qu'après « le jugement définitif. »

Nous examinerons, dans ce chapitre, les délais de l'appel quant aux jugements définitifs et interlocutoires; les règles de l'acquiescement; enfin la procédure de l'appel et les attributions du juge d'appel.

ARTICLE 1er. — *Délai de l'appel quant aux jugements définitifs et interlocutoires, et aux jugements par défaut.*

584. L'art. 13 défend, d'une part, d'interjeter appel des jugements des juges de paix avant les trois jours qui suivront celui de la prononciation, à moins qu'il n'y ait lieu à exécution provisoire; d'autre part, il n'accorde que le délai de trente jours pour relever appel; la première de ces dispositions a pour but d'empêcher les appels téméraires, la seconde d'empêcher les appels tardifs. L. 25 mai 1838, art. 13.

585. L'art. 450 C. proc. dispose que « l'exécution des « jugements non exécutoires par provision sera sus« pendue pendant la huitaine, à dater du jour du ju« gement. » Cette disposition cadre avec celle qui défend d'appeler, avant l'expiration de la huitaine, des jugements des tribunaux de première instance : il semble donc que l'exécution des jugements des juges de paix doit être aussi, par analogie, suspendue pendant les trois jours avant l'expiration desquels l'appel est interdit; au moins l'exécution précipitée autoriserait l'appel, sans égard au délai de trois jours. Cass. 19 avril 1826, Dal., 16, 1, 331.

586. L'interdiction d'appel avant les trois jours est-

elle applicable aux jugements interlocutoires comme aux jugements définitifs? La loi ne distingue pas; mais comme aucun délai ne peut être assigné à l'exécution d'un jugement interlocutoire, c'est à ces jugements surtout que s'appliquerait la règle : que l'exécution dispense de tout délai d'appel.

Il faut, d'ailleurs, observer que la partie qui assiste à une enquête ou à une expertise est censée acquiescer par là même au jugement qui l'a ordonnée; on ne peut donc, à la fois, autoriser l'exécution d'un jugement interlocutoire avant le délai de trois jours, et empêcher de relever appel avant ce même délai.

587. L'appel des jugements dont l'exécution provisoire n'a pas été ordonnée est suspensif. Soit qu'il s'agisse d'un jugement définitif, soit qu'il s'agisse d'un jugement interlocutoire, toute exécution doit donc être suspendue du moment de l'appel, et lors même qu'il aurait été relevé après le délai, le tribunal d'appel étant seul juge de cette nullité.

588. Il n'est pas douteux, au reste, que l'appel d'un jugement interlocutoire ne puisse être interjeté avant le jugement définitif, l'art. 31 C. proc. le dit positivement.

589. Quant aux jugements qui ont statué sur la compétence, l'appel, d'après l'art. 14, ne peut en être interjeté qu'après le jugement définitif; cependant, si le jugement prononçant sur le déclinatoire est suivi d'un jugement interlocutoire, comme il est permis d'appeler de l'interlocutoire, tout porte à penser que l'on peut en même temps soumettre au juge d'appel la question de compétence : c'est l'opinion de Curasson

sur l'art. 14, nº 10; elle ne nous paraît pas pouvoir être sérieusement contestée.

590. La loi fixe les jours de délai, après lesquels il est permis d'appeler; la loi de 1838 les fixe à trente, au lieu des trois mois de l'art. 16 C. proc.

591. Il n'est plus nécessaire que le jugement soit signifié, pour faire courir le délai d'appel, par un huissier *commis*, ainsi que l'exigeait l'art. 16 du C. de proc., à défaut de l'huissier de la justice de paix. L'art. 16 de la loi de 1838 a aboli le droit exclusif de certains huissiers de notifier tous les actes relatifs à la juridiction des juges de paix, pour transporter ce droit à tous les huissiers du canton; et, afin de ne porter aucune atteinte à cette égalité de droits, la seconde Commission de la Chambre des députés supprima de l'art. 13 du projet, après ces mots : *qui suivront la signification*, ceux-ci : *faite par l'huissier commis par le jugement.*

592. Les personnes domiciliées hors du canton ont pour interjeter appel, outre le délai de trente jours, le délai réglé par les art. 73 et 1033 du C. proc. civ., c'est-à-dire que « le jour de la signification ni celui de l'é-« chéance du délai ne sont pas comptés; que le délai « est augmenté d'un jour à raison de trois myriamètres « de distance » (art. 1033); et que « si celui qui est assi-« gné demeure hors de la France continentale, le délai « est : — 1° pour ceux demeurant en Corse, dans l'île « d'Elbe ou de Capraja, en Angleterre et dans les États « limitrophes de la France, de deux mois; — 2° pour « ceux demeurant dans les autres États de l'Europe, de « quatre mois; — 3° pour ceux demeurant hors d'Eu-

« rope, en deçà du cap de Bonne-Espérance, de six « mois, et pour ceux demeurant au delà, d'un an. »

593. D'après l'art. 446 C. proc., « ceux qui sont ab- « sents du territoire européen du royaume pour ser- « vice de terre ou de mer, ou employés dans les négo- « ciations extérieures pour le service de l'Etat, auront « pour interjeter appel, outre le délai de trois mois de- « puis la signification du jugement, le délai d'une an- « née. » — Cet article est applicable à l'appel des jugements des juges de paix, ainsi que cela résulte d'une interpellation positive à ce sujet de M. Martin de l'Isère, et d'une réponse affirmative du rapporteur de la Chambre des députés : M. le rapporteur explique dans cette réponse « que la Commission s'en est tenue aux termes du droit commun, et qu'elle n'a pas voulu déroger à l'art. du C. de proc. » Ceux dont il est mention dans cet article ont donc, pour interjeter appel d'un jugement de justice de paix, outre le délai de trente jours depuis la signification du jugement, le délai d'une année.

594. D'après l'art. 443 C. proc., relatif aux tribunaux de première instance, le délai d'appel des jugements par défaut rendus par ces tribunaux, ne court que *du jour où l'opposition n'est plus recevable* : cette disposition est-elle applicable à l'appel des jugements par défaut rendus par les juges de paix? — L'art. 4, tit. III de la loi du 26 octobre 1790, défendait aux tribunaux de district « de recevoir dans aucun cas l'appel d'un jugement « du juge de paix, lorsqu'il aurait été rendu par défaut » ; mais cette disposition n'est reproduite, ni dans le Code

de proc., ni dans la loi de 1838; au contraire, le Code parle du droit d'appeler, et fixe le délai d'appel, sans distinguer entre les jugements contradictoires et les jugements par défaut : aussi était-il admis, sous le Code de proc., que les jugements par défaut étaient susceptibles d'appel, et que le délai d'appel ne courait que du jour où l'opposition n'était plus recevable (Cass. 8 août 1815 et 7 nov. 1821); et dès lors aussi l'on reconnaissait que la règle de l'art. 455, d'après laquelle « les appels des « jugements susceptibles d'opposition ne sont point re- « cevables pendant la durée du délai d'opposition », était également applicable aux appels des jugements des juges de paix.

Il n'est pas douteux que ces principes ne doivent encore être appliqués sous la loi nouvelle : ainsi, aujourd'hui comme autrefois, l'appel ne peut être interjeté pendant les délais de l'opposition, et le délai pour appeler d'un jugement par défaut ne court que de l'expiration du délai d'opposition.

Or, suivant l'art. 20 C. proc., « la partie condamnée « par défaut peut former opposition dans les trois jours « de la signification faite par l'huissier du juge de paix « ou tel autre qu'il aura commis. »

Suivant l'art. 21, « si le juge de paix sait par lui- « même, ou par les représentations qui lui seraient fai- « tes à l'audience par les proches, voisins ou amis du « défendeur, que celui-ci n'a pu être instruit de la pro- « cédure, il pourra, en adjugeant le défaut, fixer, pour « le délai de l'opposition, le temps qui lui paraîtra con- « venable; et dans le cas où la prorogation n'aurait été

« ni accordée d'office, ni demandée, le défaillant pourra « être relevé de la rigueur du délai et admis à opposi- « tion, en justifiant qu'à raison d'absence ou de mala- « die grave il n'a pu être instruit de la procédure. »

595. La nullité provenant de ce qu'un acte d'appel a été signifié après les délais doit être prononcée d'office : c'est là une nullité d'ordre public. Rennes, 25 mai 1838, Dall., 39, 2, 69.

596. Quant à l'appel prématuré, Curasson pense que la nullité n'en doit pas être prononcée d'office, parce que, en ce cas, la partie déclarée non recevable peut renouveler son appel. Cela est vrai si, au moment où le jugement est prononcé, les délais d'appel ne sont pas encore expirés. Quoi qu'il en soit, comme la disposition relative à l'appel prématuré n'a été établie que pour arrêter l'appelant téméraire, elle n'a pas, en effet, le caractère d'ordre public, et la nullité ne doit pas être suppléée d'office par le juge.

ARTICLE 2. *De l'acquiescement au jugement.*

597. On ne saurait appeler d'un jugement auquel on a acquiescé : l'acquiescement est donc une fin de non-recevoir contre l'appel.

L'acquiescement résulte ou d'une déclaration formelle par laquelle on se soumet à la condamnation, ou d'un acte qui fait présumer cette intention.

598. Payer tout ou partie de la somme à laquelle on est condamné, c'est exécuter la sentence, et par conséquent acquiescer, à moins que la condamnation ne fût exécutoire par provision, et que l'on ne fût sommé par

commandement judiciaire et forcé par contrainte, auxquels cas encore il est prudent de faire toute protestation et réserves d'appeler. Il en serait de même du payement des dépens.

599. On acquiesce encore en paraissant et coopérant, sans protestation ni réserves, à une opération ordonnée par un jugement interlocutoire; et même, comme la loi permet d'appeler du jugement interlocutoire avant le jugement définitif, plusieurs auteurs ont pensé que les réserves ne sauveraient pas, en pareil cas, le droit d'appel.

600. La signification d'un jugement, sans réserve du droit d'appeler, emporterait aussi acquiescement.

601. Quant aux jugements qui prononcent sur un déclinatoire, l'art. 14 ne permettant d'en appeler qu'après le jugement définitif, il s'ensuit évidemment qu'on n'acquiesce pas à la compétence en continuant de procéder devant le juge incompétent.

ARTICLE 3.— *Procédure de l'appel.— Attribution du juge d'appel.*

602. L'appel peut ne porter que sur une partie du jugement rendu; et, lorsqu'il en est ainsi, il importe de l'exprimer dans l'exploit, pour éviter les dépens d'appel relativement à la partie bien jugée.

603. Les formes de l'acte d'appel et la procédure sur l'appel sont réglées par les art. 443 à 473 du Code de procédure, livre III, titre unique, *de l'appel et de l'instruction sur l'appel*, et par les articles 404 à 413 du même Code, titre XXIV du second livre, relatif *aux matières sommaires*.

604. Ainsi l'intimé peut interjeter incidemment appel en tout état de cause, quand même il aurait signifié le jugement sans protestation ni réserves. C. proc. 443.

605. Ainsi, « il ne doit être formé, en cause d'appel, « aucune demande nouvelle, à moins qu'il ne s'agisse de « compensation, ou que la demande nouvelle ne soit la « défense à l'action principale. — Pourront aussi les « parties demander des intérêts, arrérages, loyers et au- « tres accessoires échus depuis le jugement de première « instance, et les dommages et intérêts pour le préju- « dice souffert depuis ledit jugement. » C. proc. 464.

606. Ainsi, en cas d'appel d'un jugement interlocutoire, si le jugement est infirmé, et que *la matière soit disposée à recevoir une décision définitive*, les tribunaux d'appel peuvent statuer, en même temps, sur le fond, définitivement, par un seul et même jugement. Il en est de même dans les cas où les tribunaux d'appel infirment, soit pour vice de forme, soit pour toute autre cause, des jugements définitifs. C. proc. 473.

607. La matière *est disposée à recevoir une décision définitive,* lorsqu'il n'est besoin d'ordonner, avant faire droit, ni enquête, ni expertise, ni autre mesure préparatoire ou interlocutoire.

608. Au reste, l'évocation, hors les cas prévus par la loi, n'entraîne pas nullité d'ordre public; de telle sorte que la partie qui, après évocation par le tribunal d'appel, a conclu au fond, est non recevable plus tard à se prévaloir de la compétence : une espèce de prorogation de juridiction ayant lieu en pareil cas, autorisée par les

art. 7, 168 et 169 du Code de proc. Cass. 24 décembre 1838, Dall. 39, 1, 93.

609. C'est devant le suppléant de la justice de paix où le jugement a été rendu, ou au tribunal de paix d'un autre canton du même arrondissement, que la cause doit être renvoyée, lorsque le tribunal d'appel ne la retient pas, ou ne peut pas la retenir.

610. Le tribunal ne peut retenir la cause, même dans les cas où l'évocation lui est permise, si elle eût dû être portée devant le juge de paix d'un canton situé en dehors de l'arrondissement.

611. De même, il ne peut, lorsqu'il évoque, juger que dans les limites de la compétence du juge de paix, quoique, si la contestation eût été portée directement devant lui, elle fût rentrée dans les limites de sa propre juridiction. — Quand il annule une sentence, en se fondant sur ce que le juge de paix a prononcé sur un taux supérieur au dernier ressort, ou sur une question de propriété en dehors de sa compétence, il doit donc s'abstenir de retenir la cause et renvoyer la partie devant le tribunal compétent. Cass. 11 avril 1837, Dall. 37, 1, 310; 26 déc. 1843, *Annales* 1845, page 23.

612. Si le juge de paix a cumulé le pétitoire avec le possessoire, le juge d'appel ne statuera encore que sur le possessoire, lors même que le pétitoire lui appartiendrait comme tribunal d'arrondissement. — S'il ne pouvait, sans cumuler les deux espèces de juridiction, statuer sur le possessoire, il devrait renvoyer purement et simplement au pétitoire. Cass. 29 août 1836, Dall. 37, 1, 39; *Annales*, vol. de 1837, p. 88, n° 324.

613. Les exceptions d'incompétence à raison de la matière peuvent être proposées, pour la première fois, en appel; elles ne sont pas couvertes par la défense au fond devant le juge de paix. Cass. 22 juin 1808 et 20 mai 1829.

Formule 124e. *Acte d'appel d'un jugement de juge de paix.*
C. proc. 456; Tarif, 2.—Original, 2 fr.; copie 1 fr. 50.

L'an... le... à la requête de... pour lequel domicile est élu en l'étude de Me... lequel occupera pour le requérant sur l'appel et assignation ci-après;

J'ai... soussigné, signifié et déclaré au sieur... que le requérant est appelant comme de fait il déclare formellement interjeter appel d'un jugement (*Si le jugement est par défaut, non susceptible d'opposition, on met* : d'un jugement par défaut) rendu contre le requérant, par le tribunal, etc.

S'il y a eu jugement de débouté d'opposition à un premier jugement par défaut, on met : d'un jugement rendu par défaut contre le requérant, ainsi que d'un second jugement également par défaut (*ou* contradictoirement rendu entre les parties), lequel déboute ledit requérant de l'opposition par lui formée à celui-ci; lesdits jugements rendus par... (*Voir, pour les* PARLANT A... les formules et règles des citations, ci-dessus, nos 33 et suiv.) contradictoirement rendu entre les parties, par le juge de paix du canton de... en date du... ledit jugement enregistré et signifié le... à ce qu'il n'en ignore et à mêmes requête, demeure, élection de domicile et constitution d'avoué que dessus, j'ai, huissier susdit et soussigné, donné assignation audit sieur... en parlant comme dessus... à comparaître d'aujourd'hui à huitaine franche, suivant la loi, à l'audience et par-devant MM. les président et juges composant la première Chambre du tribunal de...

Pour, — Attendu que le sieur... est débiteur envers le requérant d'une somme de... que c'est à tort que le juge de paix du canton de... a déclaré que cette créance était prescrite, etc.

Voir dire qu'il a été mal jugé, bien appelé dudit jugement; ce faisant, que ledit jugement sera mis au néant;

Émendant et faisant droit au principal, voir ordonner que le sieur... sera condamné à payer au requérant la somme de... pour les causes ci-dessus, et le condamner en outre aux dépens des causes principale et d'appel... et je... lui ai, à domicile et parlant comme dessus, laissé copie du présent, dont le coût est de...

(*Signature de l'huissier.*)

CHAPITRE XXVIII. — Du recours en cassation contre les jugements des juges de paix. — De la requête civile. — Du conflit et du règlement de juges.

ARTICLE 1er. — *Du recours en cassation.*

614. « Les jugements rendus par les juges de paix ne « pourront être attaqués par la voie du recours en cas- « sation que pour excès de pouvoir. » Loi, art. 15.

615. Diverses voies de recours sont ouvertes contre les jugements : ainsi, nous avons vu, dans le titre qui précède, que l'on peut appeler, devant le tribunal de première instance, des jugements rendus par les juges de paix dans les limites du premier ressort, et même de ceux rendus en dernier ressort, qui ont statué sur des

questions de compétence, ou sur des matières dont le juge de paix ne pouvait connaître qu'en premier ressort.

616. Quant aux jugements rendus en dernier ressort par les juges de paix, dans les limites de ce dernier ressort et de leur juridiction, la loi ne permet contre eux le recours en cassation, que s'il y a eu *excès de pouvoir*.

617. Le sens de ce mot *excès de pouvoir* est, dans l'acception ordinaire, fort étendu; mais la discussion de la loi l'a restreint dans d'étroites limites. « Quant aux excès de pouvoir, disait M. Barthe, en présentant le projet de loi à la Chambre des pairs, en les distinguant des cas d'incompétence, ils *consistent non dans les actes par lesquels le juge de paix aurait empiété sur les attributions d'une autre juridiction*, mais dans ceux par lesquels *il aurait fait ce qui ne serait permis à aucune juridiction établie*, comme, par exemple, s'il avait disposé par voie réglementaire, fait un statut de police, taxé des denrées, défendu l'exécution d'une loi, d'un jugement, contrarié des mesures prises par l'administration : dans ces circonstances toujours rares, mais importantes, l'ordre général est troublé. L'annulation de l'acte illégal ne peut être demandée à une autorité trop élevée. Le pourvoi doit d'autant mieux rester ouvert, que l'appel ne serait pas permis à la partie publique qui n'est pas représentée auprès du tribunal de paix jugeant civilement, et que c'est dans un intérêt public que sont demandées ordinairement les cassations pour excès de pouvoir, en vertu d'un droit constitutionnel dont le principe est écrit dans l'art. 80 de la loi du 27 ventôse an VIII. »

618. L'excès de pouvoir ne peut donc consister ni dans l'incompétence, qui donne toujours lieu à l'appel, ni dans la violation de la chose jugée, lors même que le juge de paix statuerait sciemment, et en le déclarant dans son jugement, contrairement à une décision judiciaire précédemment rendue sur les mêmes faits; c'est au moins là l'opinion de Curasson; mais elle est contredite par un arrêt de la Cour de cassation du 6 avril 1813, qui a, sur le réquisitoire du procureur général et dans l'intérêt de la loi, cassé un jugement d'un juge de paix annulant un jugement contradictoire précédemment rendu par le même juge. — L'interprétation donnée à la loi par M. le garde des sceaux, dans son discours du 8 mai 1837, est si restrictive, qu'il nous paraît aussi que l'on doit borner le recours pour excès de pouvoir au cas où le juge de paix aurait empiété sur les attributions du pouvoir administratif, ou disposé par voie réglementaire (Code civ. 50), ordonné, en un mot, ce qui est en dehors des attributions judiciaires, ou contraire à l'ordre public et aux bonnes mœurs. C. civ. 6.

619. La décision par laquelle un juge de paix, avant que l'interlocutoire par lui ordonné soit vidé, et sur les seuls renseignements par lui recueillis, condamne une partie défaillante, sans exprimer que le demandeur a justifié sa demande, n'est point entachée *d'excès de pouvoir* dans le sens de l'article 15 de la loi du 25 mai 1838, et, par suite, ne peut, quelque grosses que soient les irrégularités qu'elle renferme, être déférée à la Cour de cassation. Cass. 10 mars 1847, *Annales*, 1847, p. 239. Voir aussi *Annales*, vol. de 1843, p. 170, et aussi

notre *Répertoire génér. des juges de paix*, v° *Excès de pouvoir*, n° 14; mais surtout l'observation qui se trouve à la suite de l'arrêt du 10 mars 1847 que nous venons de citer.

Cependant, par arrêt du 16 janvier 1844, la Cour de cassation a cassé, pour *excès de pouvoir*, sur les poursuites du ministère public, dans l'intérêt de la loi, la sentence d'un juge de paix qui avait, en dehors de ses attributions, condamné un huissier à l'amende. *Annales* 1844, p. 90.

620. Ajoutons en terminant que, dans l'origine des justices de paix, tout recours en cassation était interdit contre les jugements rendus en dernier ressort par les juges de paix (art. 4 du décret du 27 novembre; 1er novembre 1790, constitutif du tribunal de cassation); mais que l'art. 77 de la loi du 27 ventôse an VIII ouvrit la voie du recours, *seulement pour incompétence ou excès de pouvoir*, contre ces mêmes jugements en dernier ressort; qu'enfin l'art. 454 du Code de procédure est venu autoriser *l'appel* dans tous les cas d'incompétence. — Tel était l'état de la législation lors de la loi de 1838.

ARTICLE 2.— *De la requête civile.*

621. « Les jugements contradictoires, rendus *en der-« nier ressort par les tribunaux de première instance et « les Cours d'appel*, et les jugements par défaut, ren-« dus aussi *en dernier ressort* et qui *ne sont plus suscep-« tibles d'opposition*, peuvent être rétractés sur la re-« quête de ceux qui y ont été parties ou dûment « appelés, pour les causes ci-après : 1° s'il y a eu dol

« personnel; 2° si les formes prescrites à peine de nul-
« lité ont été violées, soit avant, soit lors des jugements,
« pourvu que la nullité n'ait pas été couverte par les
« parties; 3° s'il a été prononcé sur choses non deman-
« dées; 4° s'il a été adjugé plus qu'il n'a été demandé;
« 5° s'il a été omis de prononcer sur l'un des chefs de
« demande; 6° s'il y a contrariété de jugements en der-
« nier ressort entre les mêmes parties et sur les mêmes
« moyens, dans les mêmes Cours ou tribunaux; 7° si
« dans un même jugement il y a des dispositions con-
« traires; 8° si dans les cas où la loi exige la commu-
« nication au ministère public, cette communication
« n'a pas eu lieu, et que le jugement ait été rendu
« contre celui pour qui elle était ordonnée; 9° si l'on a
« jugé sur pièces reconnues ou déclarées fausses depuis
« le jugement; 10° si depuis le jugement il a été recou-
« vré des pièces décisives et qui avaient été retenues par
« le fait de la partie. » C. proc. 480.

« L'État, les communes, les établissements publics
« et les mineurs seront encore reçus à se pourvoir s'ils
« n'ont été défendus, ou s'ils ne l'ont été valablement. »
C. proc. 481.

622. Les auteurs ne sont pas d'accord sur le point de savoir si la requête civile est applicable aux sentences des juges de paix : « La requête civile, dit Pigeau, l'un des commissaires rédacteurs du projet du Code de procédure, n'a pas lieu contre les jugements des tribunaux *de paix ou de commerce*, l'art. 480 du Code de proc. ne parlant que des jugements rendus par les tribunaux *de première instance ou d'appel*. D'ailleurs, les tribunaux

de paix ne prononcent ordinairement que sur des objets peu considérables.

Merlin, après avoir embrassé cette opinion et l'avoir fait consacrer, quant aux justices de paix, par un arrêt de la Cour de cassation, du 6 avril 1813, soutient, dans ses additions au *Répertoire*, v° *Requête civile*, que la requête civile peut être admise contre les jugements en dernier ressort des tribunaux de commerce, et cite un arrêt de la Cour de cassation du 24 août 1819, qui l'a décidé ainsi. »

Henrion de Pausey (*Traité de la compétence*, c. XLVIII), veut que les jugements en dernier ressort des juges de paix puissent être attaqués par la voie de la requête civile, hors cependant les cas des numéros 2, 3, 4, 5 et 6 de l'art. 480 ; les juges de paix prononçant sur des intérêts si minces, que l'on a peine à concevoir comment il pourrait y avoir de la contrariété entre les dispositions de leurs jugements, et comment ils pourraient adjuger plus ou moins qu'il ne leur serait demandé.

Curasson, de son côté, se fondant sur ce que le recours en cassation a été restreint dans ses plus étroites limites, ce qui prouve l'intention du législateur d'interdire toutes voies extraordinaires aux parties, et aussi sur la modicité du taux du dernier ressort en matière des justices de paix, rejette complétement la voie de la requête civile. Pour nous, qui considérons la requête civile comme une voie extraordinaire ouverte, non plus contre une fausse application de la loi, mais contre une erreur palpable, une contrariété de jugements, le dol ou le faux, nous croyons que la requête civile est ouverte contre les sentences des juges de paix comme contre tous les autres jugements rendus *en dernier ressort*, en première instance ou en appel. Sans doute, les frais de la requête civile seront le plus souvent bien supérieurs à l'intérêt sur lequel les juges de paix peuvent prononcer en dernier ressort; mais cette considération même arrêtera le plaideur téméraire; et, dans tous les cas, les frais retomberont sur celui qui aura voulu profiter de l'erreur, ou qui aura exercé le dol et la fraude. Nous serions porté cependant à exclure des moyens de requête civile ceux qui ont rapport aux formes, le recours en cassation auquel donnerait lieu la violation des formes étant interdit, pour ce cas, par l'art. 14 de la loi du 25 mai 1838.

623. Quant à la procédure en requête civile, elle est détaillée aux art. 482 et suivants, lesquels doivent être appliqués à la requête civile en justice de paix, suivant les modifications que comporte et qu'exige la constitution de ces tribunaux.

FORMULE 125ᵉ. *Assignation en requête civile devant le juge de paix.*
C. proc. 492, 495; Tarif, 21 par analogie.

L'an... le... à la requête du sieur... demeurant à... pour lequel domicile est élu en la demeure du... j'ai... (*immatricule*), soussigné, signifié, et avec celle des présentes donné copie à M... demeurant à... en son domicile, où étant et parlant à...

1° De la consultation en date du... dûment timbrée et enregistrée, à Paris, le... délibérée par MM... avocats, exerçant depuis plus de dix ans près le tribunal de...

2° De la quittance de M... receveur de l'enregistrement à... en date du... dûment timbrée, constatant le dépôt aux termes de la loi, par le requérant de la somme de... pour l'amende et dommages et intérêts, exigés par l'art. 494 C. proc.

A ce qu'il n'en ignore, et à pareilles requête, demeure et élection de domicile que ci-dessus, j'ai... huissier susdit et soussigné, cité le sus-nommé, en parlant comme dit est, à comparaître d'aujourd'hui à trois jours francs, suivant la loi, heure de... à l'audience, et par-devant M. le juge de paix du canton de... au lieu ordinaire de ses audiences, à... rue...

Pour, attendu que le jugement rendu par ledit juge de paix, en date du... par lequel le requérant a été condamné à payer au sieur... une somme de... a adjugé au défendeur plus qu'il n'avait demandé, ce qui constitue, aux termes de l'art. 480, n° 8 du C. de proc., une ouverture de requête civile;

Attendu que le sieur... justifie de la consignation d'amende et de la consultation d'avocats prescrite par la loi;

Donner acte au requérant de ce qu'il déclare se pourvoir par requête civile contre le jugement rendu par le juge de paix du canton de... contradictoirement entre l'exposant et le sieur... le...; admettre et entériner ladite requête civile;

En conséquence, voir ordonner que ledit jugement sera rétracté, et que les parties seront remises au même et semblable état où elles étaient avant ledit jugement; voir pareillement dire et ordonner que la somme de...

consignée aux termes de la loi pour être admis en requête civile, sera rendue au sieur... par le receveur de l'enregistrement, sur la présentation qui lui sera faite de l'expédition du jugement à intervenir; à quoi faire, en vertu d'icelui, il sera contraint; quoi faisant, bien et valablement déchargé;

Et attendu qu'en exécution du jugement susdit, le sieur... a payé, comme forcé et contraint, audit sieur... une somme de... voir encore dire et ordonner que ledit sieur... sera condamné à rendre et à restituer, sans délai, ladite somme au sieur... avec les intérêts depuis le jour du payement, et le condamner, en outre, aux dépens;

Et j'ai au sus-nommé, audit domicile et parlant comme ci-dessus, laissé copie, certifiée sincère et véritable, tant de la quittance, de la consultation, des requêtes et ordonnances sus-énoncées, que du présent, dont le coût est de... (*Signature de l'huissier.*)

Nota. Généralement, il faut deux jugements : — le premier admet la requête civile, c'est le but des conclusions de l'exploit d'assignation. — Après le premier jugement dûment signifié, on donne avenir à l'audience, pour, attendu que la requête civile a été admise, voir déclarer celui qui a obtenu gain de cause, non recevable dans ses prétentions (Thomine, n° 549). — On peut signifier en même temps des conclusions, pour développer les moyens qu'on prétend invoquer. — Cette procédure si dispendieuse et si compliquée rendra les requêtes civiles fort rares en justice de paix.

ARTICLE 3. — *Du conflit et du règlement de juges.*

624. Le conflit consiste dans la prétention de deux corps judiciaires, ou de deux tribunaux différents à retenir ou à revendiquer une contestation, ou à se déclarer incompétents pour en connaître.

625. Lorsque la prétention existe entre deux tribunaux de l'ordre judiciaire, le conflit se nomme *conflit de juridiction*, et donne lieu à un *règlement de juges*.

626. Lorsqu'il s'établit entre l'autorité judiciaire et l'autorité administrative, le conflit prend le nom de *conflit d'attribution*.

§ 1er. — Du conflit de juridiction, ou règlement de juges.

627. « Si un différend est porté à deux ou à plusieurs « tribunaux de paix, ressortissant au même tribunal, le « règlement de juges sera porté à ce tribunal. — Si les « tribunaux de paix relèvent de tribunaux différents, « le règlement de juges sera porté à la Cour d'appel. — « Si ces tribunaux ne ressortissent pas à la même Cour « d'appel, le règlement sera porté à la Cour de cassa- « tion. » C. proc. 363.

628. La demande en règlement de juges sur un conflit négatif (ou le refus de se déclarer compétent) entre un tribunal de paix et un tribunal de première instance, situés dans le ressort de la même Cour d'appel, ne doit pas être portée devant cette Cour dont les deux juridictions en conflit ne relèvent pas également d'une manière immédiate, mais devant la Cour de cassation (Cass. 3 février 1818). — En pareil cas, il n'y a réellement lieu à règlement de juges que si c'est le juge de

paix qui s'est déclaré incompétent après renvoi du tribunal de première instance; car, si le tribunal de première instance a déclaré son incompétence après renvoi du juge de paix, le recours en cassation est ouvert, et remplace la demande en règlement de juges.

§ 2.— Du conflit d'attribution.

629. Le conflit d'attribution, ou celui qui s'élève entre l'autorité judiciaire et l'autorité administrative ne peut être formé, soit d'office, soit sur la réquisition des parties intéressées, que par les préfets des départements, ou à Paris par le préfet de police dans les limites de ses attributions. Ord. 1er juin 1828, art. 5; décret 16 frimaire an XIV.

630. Les formes du conflit sont réglées par l'ordonnance du 1er juin 1828 : lorsqu'un préfet estime que la connaissance d'une question portée devant un tribunal de première instance est attribuée par une disposition législative à l'autorité administrative, il peut, alors même que l'administration n'est pas en cause, demander le renvoi de l'affaire devant l'autorité compétente; à cet effet, le préfet adresse au procureur de la République un Mémoire dans lequel sont rapportées les dispositions législatives qui attribuent à l'administration la connaissance du litige; le procureur de la République fait connaître, dans tous les cas, au tribunal la demande formée par le préfet, et requiert le renvoi si la revendication lui paraît fondée. Même ordonnance, article 7.

631. Après que le tribunal aura statué sur le déclinatoire, le procureur de la République adressera au préfet,

dans les cinq jours qui suivront le jugement, copie de ses conclusions ou réquisitions et du jugement rendu sur la compétence. — La date de l'envoi sera consignée sur un registre à ce destiné. Ord. art. 7.

632. Si le déclinatoire est rejeté, dans la quinzaine de cet envoi pour tout délai, le préfet du département, s'il estime qu'il y ait lieu, pourra élever le conflit; si le déclinatoire est admis, le préfet pourra également élever le conflit dans la quinzaine qui suivra la signification de l'acte d'appel, si la partie interjette appel du jugement; le conflit pourra être élevé dans ledit délai, alors même que le tribunal aurait, avant l'expiration de ce délai, passé outre au jugement du fond. Ord. art. 8.

633. L'ordonnance n'a pas prévu le cas où le conflit serait élevé dans une instance portée devant un juge de paix, ou devant un tribunal de commerce; cependant, M. Duvergier (t. XXVIII, p. 183) pense que, dans le cas où il s'agirait d'une procédure devant le juge de paix ou devant un tribunal de commerce, prononçant sans appel, le préfet devrait observer toutes les formalités qui sont praticables, malgré l'absence du ministère public; qu'en conséquence, si l'administration est en cause, elle doit proposer le déclinatoire avant d'élever le conflit; que même lorsqu'elle ne sera pas partie au procès, elle devra adresser son Mémoire au tribunal et attendre sa décision sur la compétence, avant de recourir à la voie extrême du conflit. M. Foucard (*Droit public et administratif*, t. III, p. 287) se range à l'avis de M. Duvergier; mais M. Taillandier qualifie cette opinion d'erreur. « Ce n'est pas, dit-il, sans motif que, dans l'or-

donnance de 1828 sur les conflits, les matières de la compétence en dernier ressort des justices de paix et des tribunaux de commerce ont été passées sous silence : la Commission chargée de préparer l'ordonnance s'est livrée à une controverse animée sur cette grande question, et la majorité a pensé que les cas dans lesquels les juges de paix prononcent sans appel sont trop minimes pour que le gouvernement ait un intérêt réel à élever le conflit.

« Quant aux matières commerciales, la seule idée d'un conflit pourrait jeter la terreur parmi ceux qui se livrent à ces transactions, si utiles pour la prospérité de l'État. » Il ajoute que la Commission avait formellement énoncé, dans l'avis proposé par M. de Cormenin et qu'elle a présenté au gouvernement, « qu'elle considérait la suppression des conflits, dans ces deux cas, comme une importante amélioration ». *Commentaire sur l'ordonnance de* 1838, p. 159 à 161.

Le Conseil d'État a adopté cette opinion, pour ce qui concerne les juges de paix, par ordonnances du 3 décembre 1828, du 5 septembre 1836 (*Annales* 1837, p. 69), et des 28 juin et 4 avril 1837 (Dall. 38, 3, 50). *Annales de la science des juges de paix*, vol. de 1837, p. 308.

634. Mais, sur l'appel formé tout à la fois contre le jugement rendu sur la compétence et sur le fond par le juge de paix, le préfet peut élever un conflit. Ord. C. d'Ét. 5 septembre 1836; *Annales de la science des juges de paix*, vol. de 1837, p. 69.

635. L'article 554 du Code de procédure civile, placé sous la rubrique *Règles générales sur l'exécution forcée des jugements et actes*, porte que : « Si les difficultés éle« vées pour l'exécution des jugements et actes ré« quièrent célérité, le *tribunal du lieu* y statuera provi« soirement, et renverra la connaissance du fond au « tribunal d'exécution. » Carré élève sur cet article, n° 1915, une question ainsi conçue : Peut-on, d'après l'art. 554, s'adresser à un juge de paix pour faire statuer sur un cas urgent? Il répond : « C'est notre opinion, fondée sur ce que la loi se sert de l'expression générale *juge du lieu*; mais il faudrait que la difficulté exigeât une décision tellement urgente que le recours au tribunal civil pourrait, à raison du retard qui résulterait de la distance, causer un préjudice à la partie. Le remède à tout inconvénient nous semble d'ailleurs dans la disposition qui ne rend la décision que provisoire, et autorise à la soumettre à l'examen du tribunal d'exécution.

M. Thomine-Desmazures (t. II, p. 54 et 55) exprime la même opinion, et ajoute que ces mots : *le tribunal du lieu*, peuvent bien désigner aussi le président du tribunal civil, jugeant en référé, conformément à l'art. 806 C. proc.

M. Chauveau sur Carré (*Question* 1915) adopte aussi la compétence du juge de paix, pour prononcer sur l'exécution en cas d'urgence. « Il y a d'autant plus lieu de penser ainsi, dit-il, que l'art. 553 ayant appris que le tribunal compétent est le tribunal de première instance du lieu de l'exécution, la disposition de l'art. 554 ne serait qu'une redondance si elle désignait le même tribunal.

MM. Bioche et Goujet, après avoir exposé aussi que le juge de paix ne connaît pas de l'exécution des jugements, ajoutent : « Toutefois le juge de paix *du lieu* peut statuer *provisoirement* sur les difficultés élevées à l'occasion des jugements, actes qui requièrent célérité, lorsque l'urgence est telle, qu'il y aurait péril à recourir au tribunal civil, à cause de l'éloignement. L'art. 554 (C. proc.) attribue compétence au juge *du lieu*, sans distinction. »

FORMULE 126e. *Ordonnance du juge de paix prononçant en cas d'urgence.*

L'an... le...

S'est présenté devant nous, assisté de... notre greffier,

Le sieur...

Lequel nous a exposé que, sur cédule par nous délivrée ce jour, et par exploit du ministère de... lesquels seront enregistrés avant la présente ordonnance, il a fait citer devant nous, 1° M[e]... huissier... 2° le sieur... (*le saisi*); 3° le sieur... (*le créancier saisissant*); que, par suite de saisie-exécution, les meubles du sieur... vont être vendus, cejourd'hui, par le ministère dudit M[e]... huissier, en la demeure du sieur... à... heures du...

Qu'au nombre de ces meubles se trouvent, 1° un coffret garni... (*décrire les meubles revendiqués*), lesquels appartiennent à l'exposant;

Qu'arrivant à l'instant même de voyage, il n'a pu être instruit de la susdite vente;

Qu'il lui serait impossible, vu la distance, de se pourvoir en référé devant M. le président du tribunal civil de... avant que la vente desdits objets fût consommée;

Qu'il nous requiert donc d'ordonner que, provisoirement, et sauf décision ultérieure du juge, les objets par lui revendiqués seront extraits de la vente.

Et ont comparu également, 1° ledit M^{e}... huissier, lequel a dit que lesdits objets ayant été saisis sans aucune réclamation, et leur vente ayant été annoncée, il s'en rapportait à notre justice; 2° le sieur... saisi, lequel a reconnu que les droits du sieur... étaient fondés; 3° le sieur... créancier saisissant, lequel s'est opposé à ce que, vu la réclamation tardive, lesdits objets fussent distraits de la vente.

Sur quoi, nous, juge de paix,

Attendu l'urgence, et vu la disposition de l'art. 554 du Code de procédure civile,

Au principal, renvoyons les parties à se pourvoir; et cependant, dès à présent, et par provision, disons que, provisoirement, les objets ci-dessus décrits seront distraits de la vente.

Et notre ordonnance sera exécutée par provision, nonobstant appel, sous caution, sur minute, avant l'enregistrement, vu l'urgence.

Commettons... huissier, pour surveiller l'enregistrement de notre ordonnance et son dépôt au rang des minutes du greffe de la justice de paix.

Fait à... le... (*Signatures du juge de paix et du greffier.*)

TITRE II.

DES DÉLÉGATIONS OU COMMISSIONS ROGATOIRES.

CHAPITRE UNIQUE. — Des délégations et commissions rogatoires. — Enquêtes. — Descentes sur les lieux. — Expertise. — Serment des parties. — Vérification d'écriture ou des livres de commerce.

636. Quand il s'agira de recevoir un serment, une caution, de procéder à une enquête, à un interrogatoire sur faits et articles, de nommer des experts, et généralement de faire une opération quelconque en vertu d'un jugement, et que les parties ou les lieux contentieux seront trop éloignés, les juges pourront commettre un tribunal voisin, un juge, ou même un juge de paix, suivant l'exigence des cas; ils pourront même autoriser un tribunal à nommer, soit un de ses membres, soit un juge de paix, pour procéder aux opérations ordonnées. C. proc. 1035.

637. Le juge de paix commis par un tribunal de première instance ou par une Cour, à l'effet d'entendre des témoins, doit procéder à l'enquête suivant la forme établie pour les enquêtes des tribunaux de première instance (Rennes, 5 avril 1808; Paris, 26 juin 1809; Limoges, 6 août 1822 et 4 juillet 1827; Cass. 17 décembre 1811, et 22 juillet 1828). Tous les auteurs embrassent la même opinion (Carré, et Chauveau sur Carré, *Questions* 163 et 985; Dalloz, t. VI, p. 845, n° 11; Boncenne, t. IV, p. 234). Le juge de paix représente le tribunal, lorsqu'il est commis par une enquête : il doit donc agir comme aurait agi le tribunal; d'ailleurs l'affaire ne change pas d'importance, parce que l'enquête a lieu

devant un juge de paix; il ne peut donc dès lors être permis de la dépouiller des garanties dont la loi a voulu entourer l'instruction des affaires qu'elle soumet à la juridiction des tribunaux ordinaires.

638. Ainsi délégué par une Cour d'appel ou un tribunal de première instance, le juge de paix suivrait donc toutes les formes prescrites par les art. 252 et suivants du Code de procédure civile; il prendrait les attributions et encourrait la responsabilité du juge commissaire. En cas de transport, il percevrait les mêmes indemnités; il taxerait les témoins, en vertu de l'article 167 du tarif, relatif aux enquêtes devant les tribunaux de première instance et des Cours d'appel.

639. Si la délégation venait d'un autre juge de paix, le juge de paix délégué agirait, au contraire, suivant les art. 34 et suiv. du Code de procédure, et taxerait les témoins, en vertu de l'art. 24 du tarif.

640. Les mêmes règles seraient suivies si la commission rogatoire avait pour objet de recevoir un serment, une caution, de procéder à un interrogatoire sur faits et articles, de nommer des experts.

641. Le juge de paix délégué ne peut refuser la commission qui lui est donnée, à moins qu'il ne soit commis pour remplir des fonctions pour lesquelles il serait essentiellement incompétent, ou pour procéder en dehors du ressort de sa juridiction.

642. Un juge de paix peut être désigné par une Cour d'appel pour procéder à une enquête, alors même que l'enquête doit être faite au lieu où siége la Cour. Rennes, 21 décembre 1833.

643. S'il se présente sur une enquête des incidents qui ne tiennent pas à l'audition même des témoins, par exemple une demande à fin de prorogation de délai, pour faire la contre-enquête, le juge de paix doit se borner à renvoyer les parties à se pourvoir, au jour qu'il indique, devant le tribunal qui a ordonné l'enquête; la décision d'une pareille demande ne peut, en effet, appartenir qu'au juge saisi du principal; lui seul peut apprécier les circonstances qui peuvent militer en faveur de la prorogation. Besançon, 4 mai 1808; Carré, n° 1096; Favard, v° *Enquête*, 353; Pigeau, 1, 332.

644. Le greffier du tribunal commis doit-il envoyer la minute ou seulement une expédition au tribunal commettant? Pigeau, *Comment.* t. II, p. 745, résout cette question au moyen d'une distinction : « Le greffier doit, dit cet auteur, envoyer la minute, s'il s'agit d'une enquête, d'un interrogatoire, d'un rapport d'experts, ou de toute autre opération où la vue de la minute peut jeter plus de jour sur l'affaire. Il doit envoyer une expédition seulement, s'il s'agit d'un serment, d'une réception de caution, d'une nomination d'experts, etc., où la vue de la minute est indifférente à la décision du juge. » M. Chauveau critique cette opinion : « Il nous paraît plus exact, dit-il (sur Carré, *Question* 3419 *ter*), et plus conforme aux véritables principes, de décider que, le tribunal commis ne remplissant pas son propre office, la minute doit être, dans tous les cas, envoyée au tribunal commettant, qui est censé avoir fait lui-même l'acte en question. » Carré émet la même opinion dans son *Traité des justices de paix*, t. IV, p. 113, n° 2074.

FORMULE 127e. *Requête au juge de paix commis pour assigner les témoins.* C. proc. 255; Tarif, 76.

A M... juge de paix du canton de... commis à cet effet.

Le sieur... ayant Me... pour avoué,

A l'honneur de vous exposer que, par jugement rendu par le tribunal de... en date du... vous avez été commis pour procéder à l'enquête ordonnée par ledit jugement.

Pour quoi il vous plaira, monsieur le juge commis...

Autoriser l'exposant à faire assigner devant vous les témoins qu'il se propose de faire entendre dans ladite enquête, pour les jour, lieu et heure qu'il vous plaira indiquer, et ce sera justice.

(*Signature de l'avoué.*)

FORMULE 128e. *Ordonnance du juge de paix permettant de citer les parties et les témoins d'une enquête sur commission rogatoire.*

Nous, juge de paix de... vu le jugement rendu entre C... et P... par le tribunal de... enregistré le... signifié le ... etc., lequel jugement nous commet pour procéder à l'enquête qu'il ordonne; vu la requête à nous présentée par Me... avoué de P... demeurant à... autorisons ledit P... à faire citer à comparaître devant nous, en notre prétoire, le... de ce mois... heure du... les témoins qu'il jugera convenable de faire entendre dans l'enquête dont il s'agit, à laquelle sera appelé le sieur C... demeurant à... défendeur, par acte signifié au domicile de son avoué, suivant la loi.

Fait en notre prétoire à... le... etc.

FORMULE 129e. *Procès-verbal d'enquête sur commission rogatoire.*

Aujourd'hui... 185... heures du... a comparu Me... avoué près le tribunal de... du sieur... demeurant à... lequel nous a représenté une expédition dûment en forme exécutoire d'un jugement contradictoire... (*ou* par défaut)... rendu le... par le tribunal de... entre ledit C... et le sieur P... demeurant à... par lequel il est ordonné que ledit P... fera preuve par témoins devant nous, juge commis et délégué à cet effet, que... (*exprimer l'objet de la preuve...*), lequel jugement a été signifié tant à avoué qu'à domicile au sieur C... ainsi qu'il appert d'un exploit de... huissier, en date du... enregistré le... dont l'original est joint à l'expédition dudit jugement. En conséquence, ledit Me... avoué, a requis qu'il nous plût déclarer présentement ouverte l'enquête ordonnée, et à cet effet lui délivrer au bas de la requête qu'il nous présente une ordonnance à l'effet de faire appeler les témoins qui doivent déposer sur les faits énoncés dans ledit jugement, et a signé sous toutes réserves. (*Signature de l'avoué.*)

Vu lesquels jugement, signification et requête susmentionnés, avons donné acte à Me... de ses comparution, dires et réquisition, et lui avons délivré au bas de sa requête une ordonnance permettant d'assigner les témoins par-devant nous, au délai de la loi, et avons signé avec le greffier.

(*Signatures du juge et du greffier.*)

Et le... à... heures du... devant nous, juge-commissaire nommé par le jugement susdaté, assisté du greffier, a comparu au prétoire Me..., avoué de P... etc., lequel a dit qu'en vertu de notre ordonnance du... enregistrée le... il a, par exploit du ministère de... huissier à... enregistré le... fait citer le sieur... (*la partie adverse*) au domicile de Me... son avoué, à comparaître ces jour et heure, pour être présent à l'enquête ordonnée par le jugement dudit jour, et lui a en même temps notifié les noms et demeures des témoins que le comparant veut faire entendre, avec déclaration qu'il sera procédé, ces jour, lieu et heure, à leur audition; que par autre exploit du ministère de... huissier, enregistré le... il a fait citer à comparaître devant nous les témoins ci-après nommés, pour déposer présentement sur les faits articulés par ledit jugement; qu'au surplus, ayant rempli toutes les formalités voulues par les lois, il requiert qu'il nous plaise procéder à l'audition de ses témoins, tant en présence qu'en l'absence du sieur C... contre lequel il sera donné défaut en cas de non-comparution.

(*Signature de l'avoué.*)

Est aussi comparu Me... avoué du sieur... lequel nous a déclaré qu'il ne s'opposait point pour sa partie à ce qu'il fût procédé à l'audition desdits témoins, et a signé sous toutes réserves. (*Signature de l'avoué.*)

Desquelles comparutions et déclarations nous avons donné acte aux parties; après quoi, en présence desdits Me... et Me... nous avons procédé à ladite enquête, et à l'audition des témoins, dans l'ordre qui suit :

Premier témoin.

Est comparu le sieur (*nom, prénoms, profession, âge, demeure*);

Lequel, après avoir prêté serment de dire vérité, et

nous avoir déclaré qu'il n'est parent ni allié, serviteur ni domestique d'aucune des parties, et nous avoir représenté la copie de l'assignation à lui donnée, *a déposé* de vive voix, et séparément des autres témoins, ainsi qu'il suit : (*transcrire la déposition*) ;

Lecture faite au témoin de sa déposition, après lui avoir demandé s'il y persiste, a répondu y persister, comme contenant vérité;

Demandé au témoin s'il requérait taxe, a répondu négativement ;

Et a ledit témoin signé avec nous, et le greffier soussigné.

(*Signatures du témoin, du juge et du greffier.*)

Deuxième témoin.

Le sieur (*nom, prénoms*, etc. comme ci-dessus).

Constatation de reproches.

Avant qu'il fût passé outre à la déposition de ce témoin, Me... avoué du sieur... a proposé contre lui les motifs de reproches ci-après (*les énoncer*).

Ledit témoin a répondu, etc.

Sur quoi, nous, juge commis, avons donné acte audit Me... du reproche qu'il a proposé contre ledit témoin, et à ce dernier de ses réponses, pour être statué par le tribunal ce qu'il appartiendra.

(*Signature du juge et du greffier.*)

Et de suite nous avons entendu la déposition du sieur... lequel s'est exprimé de la manière suivante :

(*Énoncer la déposition comme ci-dessus.*)

Défaut contre l'un des témoins.

Après l'audition des témoins susnommés, Me... avoué du sieur... nous a requis, attendu la non-comparution du sieur... quoique dûment assigné, ainsi qu'il résulte de l'exploit susdaté, qu'il nous plaise donner défaut contre ledit témoin, et pour le profit, le condamner aux dommages et intérêts prononcés par la loi, et ordonner qu'il sera réassigné à ses frais, à tels jour et heure qu'il nous plaira indiquer. Et a signé sous toutes réserves. (*Signature de l'avoué.*)

Sur quoi, nous, juge commis susdit et soussigné, faisant droit à ladite réquisition, avons donné défaut contre ledit sieur... non comparant, lequel est condamné à 10 francs de dommages et intérêts envers le sieur... et à 50 francs d'amende, comme aussi autorisons ledit sieur... à le faire assigner de nouveau, à ses frais, à comparaître le...

Fait à... (*Signatures du juge de paix et du greffier.*)

Cas où un témoin fait proposer ses motifs d'excuse.

Me... avoué du sieur... assigné pareillement à comparaître comme témoin par-devant nous, nous a exposé que depuis quinze jours ledit sieur... était absent pour affaire de son commerce, et qu'il ne serait de retour que dans cinq jours, et nous a requis de lui accorder ce délai pour comparaître.

Sur quoi, ayant égard aux observations dudit Me... nous avons accordé audit sieur... nouveau délai, et nous avons ordonné qu'il serait réassigné à comparaître par-devant nous, le... en conséquence, nous avons continué les opérations de ladite enquête, au... jour auquel les parties seront tenues de comparaître sans nouvelle assignation, et disons qu'il sera procédé à la nouvelle audition des témoins, tant en présence qu'en l'absence desdites parties.

De tout ce que dessus nous avons dressé le présent procès-verbal, lesdits jour, mois et an, et ont les parties et leurs avoués, signé avec nous et le greffier soussigné.

(*Signatures des parties, des avoués, du juge et du greffier.*)

Nouveau procès-verbal a la suite du premier, *lorsque l'enquête a été continuée dans la huitaine, ou prorogée à un délai plus éloigné.*

Et le... 185..., heure de... par suite de l'ajournement de nos opérations indiqué dans notre procès-verbal qui précède, par-devant nous, juge susdit et soussigné, assisté de...

Est comparu Me... avoué du sieur... lequel nous a dit qu'en vertu de notre ordonnance, énoncée au procès-verbal qui précède (*ou en vertu du jugement du, etc.*), il avait fait réassigner les sieurs, etc... et a signé sous toutes réserves. (*Signature.*)

Et à l'instant est aussi comparu Me... avoué du sieur ... lequel a déclaré pour sa partie ne point s'opposer à l'audition desdits témoins réassignés, et a signé sous toutes réserves. (*Signature.*)

Et est également comparu, 1° le sieur... lequel nous a représenté un certificat du docteur... constatant l'état de maladie qui l'avait empêché de comparaître le... et pourquoi il nous suppliait d'être déchargé de l'amende prononcée contre lui.

Sur quoi nous, juge commis, ayant égard à l'excuse

légitime et justifiée dudit témoin, l'avons déchargé de l'amende et des dommages et intérêts prononcés contre lui, ainsi que des frais de la réassignation à lui donnée, et avons ordonné qu'il serait passé outre à son audition, ainsi qu'à celle du sieur...

Et à l'instant ils ont déposé ainsi qu'il suit :

1° Le sieur... 2° le sieur... (— *V. Modèle de déposition ci-dessus.*)

Et attendu qu'il ne s'est plus trouvé d'autres témoins cités, nous avons clos le présent procès-verbal, lesdits jour, mois et an, que lesdites parties et leurs avoués ont signé avec nous et le greffier soussigné.

(*Signatures des parties, des avoués, du juge et du greffier.*)

FORMULE 130e. *Requête au juge de paix commis pour demander l'ordonnance portant indication des jour, lieu et heure d'une descente sur les lieux, et ordonnance.* C. proc. 297; Tarif, 76.

A M... juge de paix du canton de... commis pour la descente des lieux ci-après relatée...

Le sieur... demeurant à...

A l'honneur de vous exposer que, par jugement contradictoirement rendu entre les parties par la Chambre du tribunal... en la date du... dûment enregistré, il a été ordonné, avant faire droit, que la maison de l'exposant, sise à... serait par vous vue, visitée et sa position constatée.

Pour quoi il vous plaira, monsieur le juge de paix, indiquer les jour, lieu et heure auxquels il vous plaira procéder auxdites opérations, et vous ferez justice.

(*Signature de l'avoué.*)

(*Ordonnance comme ci-dessus pour l'enquête par le juge de paix commis, formule...*)

Nota. Avant la requête, ou plus tard, en la présentant, la partie requérante doit consigner au greffe les frais de transport. C. proc. 301.

Ils sont évalués approximativement par le greffier.

FORMULE 131e. *Signification de l'ordonnance du juge de paix commis, portant indication.* C. proc. 297; Tarif, 70.

A la requête du sieur... soit signifié, et avec celle des présentes donné copie à M... avoué du sieur M...

D'une ordonnance de M. le juge de paix du canton de... en date du... enregistrée, étant au bas de la requête à lui présentée le même jour, ensemble de ladite requête, à ce que le dit M[e]... pour sa partie, n'en ignore; lui faisant en conséquence sommation de comparaître et se trouver, et faire trouver sa partie, le... heure du matin, en une maison sise à Paris, rue... pour être présent, si bon lui semble, à la descente qu'y fera mondit sieur... juge commis à cet effet, et aux opérations ordonnées par le jugement du tribunal, en date du...

Lui déclarant qu'il sera procédé auxdites opérations tant en absence qu'en présence.

A ce qu'il n'en ignore. (*Signature de l'avoué.*)

(*Si la descente a été ordonnée par défaut, la signification des requête et ordonnance doit être faite à personne ou domicile.*)

FORMULE 132e. *Requête au juge de paix commis, à l'effet d'obtenir son ordonnance portant indication du jour où le serment des experts sera prêté, et ordonnance.* C. proc. 307; Tarif, 76.

A M. le juge de paix du canton de...

Le sieur... demeurant à... ayant pour avoué Me...

A l'honneur de vous exposer que, par jugement en date du... rendu entre l'exposant et le sieur... dûment enregistré et signifié, il a été ordonné qu'il serait procédé par les sieurs... commis à cet effet, aux opérations d'expertise énoncées audit jugement, après serment par eux préalablement prêté devant vous, délégué par le même jugement pour recevoir le serment.

Pour quoi il vous plaira, M. le juge de paix, indiquer les jour, lieu et heure auxquels il vous plaira recevoir le serment desdits experts; et vous ferez justice.

(*Signature de l'avoué*).

Ordonnance. — Nous, juge de paix, vu la présente requête, indiquons le... heure de... en notre prétoire, pour la prestation de serment dont s'agit.

Fait à... le... (*Signature du juge de paix.*)

FORMULE 133e. *Procès-verbal de prestation de serment des experts devant le juge de paix commis.*

L'an... le... heures du matin, par-devant nous, juge de paix du canton de... assisté de... greffier...

Est comparu Me... avoué au tribunal de... et du sieur... demeurant à... lequel nous a dit que, par jugement de la... Chambre du tribunal de... en date du... enregistré et signifié, contradictoirement rendu entre... il a été, entre autres choses, ordonné qu'aux requête, poursuite et diligence de... et en présence des autres parties, ou elles dûment appelées, il serait par... experts par le tribunal commis à cet effet, serment préalablement prêté entre nos mains, procédé aux visite, prisée et estimation de... et que, par le même jugement, nous avons été délégué à cet effet.

Qu'en exécution de ce jugement, et en vertu de notre ordonnance... en date du... il a fait faire sommation, savoir : par exploit du ministère de... huissier à Paris, enregistré, aux sieurs... de comparaître et se trouver aux jour, lieu et heure par nous indiqués, pour prêter entre nos mains le serment de bien et fidèlement procéder aux visite, prisée et estimation de... et par acte de... huissier audiencier, en date du... enregistré, à Me... avoué du sieur... de comparaître et faire comparaître sa partie, si bon lui semblait, auxdits jour, lieu et heure, pour être présente à ladite prestation de serment.

Pour quoi ledit Me... audit nom, a requis défaut contre les non-comparants, et pour le profit, qu'il fût passé outre à ladite prestation de serment.

(*Signature de l'avoué.*)

Est aussi comparu Me... avoué du sieur... lequel a dit qu'il comparaissait au désir de la sommation à lui faite, et ne s'opposait pas à la réception du serment de MM... experts, et même en tant que de besoin la requérait, et a signé sous toutes réserves.

(*Signature de l'avoué du défendeur.*)

Et à l'instant sont aussi comparus, 1° le sieur... architecte, demeurant à... 2° le sieur... 3° le sieur...

Lesquels nous ont dit qu'ils comparaissaient au désir de la sommation à eux faite et offraient de prêter entre nos mains le serment de bien et fidèlement procéder aux opérations à eux confiées par le jugement susdaté, et ont signé. (*Signatures des experts.*)

Desquels comparutions, dires et réquisition, nous, juges de paix susdit et soussigné, avons donné acte aux parties et aux experts, ainsi que du serment prêté par ces derniers de bien et fidèlement remplir la mission qui leur est confiée, et de l'indication faite par eux du... heure de... défaut à... en une maison sise... pour procéder aux opérations à eux confiées par le jugement susdaté, et avons signé avec le greffier, les jour, mois et an que dessus.

(*Signatures du juge de paix et du greffier.*)

Nota. Quand les parties ou leurs avoués comparaissent, il faut constater leur présence au procès-verbal, parce qu'alors l'indication faite par les experts du jour où ils procéderont à leurs opérations, vaut sommation.

FORMULE 134e. *Sommation à la partie de se trouver aux opérations quand elle n'a pas été présente au serment.* C. proc. 315; Tarif, 70.

A la requête du sieur...

Soit signifié, et avec celle des présentes laissé copie à Me... avoué près le tribunal de... et du sieur...

D'une expédition, en forme et enregistrée, d'un procès-verbal dressé par M. le juge de paix du canton de... commis par jugement du... pour recevoir le serment des experts nommés par le même jugement, dans la cause d'entre le requérant et le sieur... lequel procès-verbal constatant la prestation de serment faite par MM... experts, de bien et fidèlement remplir la mission à eux confiée par jugement, etc., avec indication du jour auquel ils procéderont à ladite opération.

En conséquence, soit sommé ledit Me... audit nom, de comparaître et faire comparaître sa partie, si bon lui semble, le... heure de... défaut à... en une maison sise... lesdits jour, lieu et heure indiqués par les experts, à l'effet d'être présente, si bon lui semble, aux opérations dont il s'agit, lui déclarant que, faute par lui de satisfaire à la présente sommation, il sera donné défaut et procédé auxdites opérations, tant en absence que présence, à ce qu'il n'en ignore, dont acte. (*Signature de l'avoué.*)

FORMULE 135e. *Assignation aux experts pour faire déposer au greffe leur rapport.* C. proc. 320; Tarif, 29.

L'an... le... à la requête du sieur... ayant pour avoué Me... lequel occupera sur l'assignation ci-après, j'ai (*immatricule de l'huissier*), soussigné, donné assignation, 1° au sieur... architecte, demeurant à... 2° au sieur... 3° au sieur...

A comparaître d'aujourd'hui à trois jours... heures du matin, à l'audience et par-devant M. le juge de paix du canton de... pour...

Attendu que, désignés par le requérant et le sieur... pour procéder aux opérations énoncées au jugement rendu contradictoirement entre les parties, en la... Chambre du tribunal de... dûment enregistré, ils ont accepté ladite mission ;

Que cependant depuis le... jour auquel ils ont procédé aux opérations dont s'agit... mois se sont écoulés et qu'ils n'ont pas encore déposé au greffe de la justice de paix du canton de... leur procès-verbal de rapport;

Se voir condamner solidairement, et même par corps, aux termes de l'art. 320 du C. de proc., à effectuer, dans les trois jours de la signification du jugement à intervenir, le dépôt au greffe de ladite justice de paix, du rapport de l'expertise par eux faite, conformément au jugement susdit, en date du... qui a commis M. le juge de paix du canton de... pour recevoir leur serment, aux offres qu'a toujours faites le sieur... et qu'il réitère de payer leurs vacations d'après la taxe qui en sera faite, en la manière accoutumée, lors du dépôt de leur rapport, et pour, en outre, répondre et procéder comme de raison à fins de dépens, et je leur ai, à chacun séparément, laissé, auxdits domiciles et parlant comme dit est, copie du présent, dont le coût est de...

(*Signature de l'huissier.*)

FORMULE 136ᵉ. *Acte de dépôt, au greffe, d'un procès-verbal de rapport d'experts.* C. proc. 319.

L'an... le... au greffe, est comparu M... architecte, demeurant à...

Lequel, conformément au jugement du tribunal de... en date du... qui a commis M. le juge de paix du canton de... pour recevoir le serment des experts, dans l'instance pendante devant ledit tribunal, entre le sieur... et le sieur... a déposé en ce greffe la minute d'un procès-verbal en date au commencement du... clos le... suivant, enregistré...

Ledit procès-verbal contenant le rapport dressé par les sieurs... experts, des visite, prisée et estimation par eux faites en exécution d'un jugement, etc.

D'une maison sise, etc.;

Duquel dépôt il a requis acte, à lui octroyé, et a signé avec nous, greffier, après lecture.

(*Signatures de l'expert et du greffier.*)

FORMULE 137e. *Procès-verbal constatant le serment d'une partie reçu par le juge de paix commis.*

L'an... le... heures du matin, par-devant nous, juge de paix du canton de... assisté de... greffier,

Est comparu Me... avoué au tribunal de... et du sieur... demeurant à... lequel nous a dit que, par jugement de la... Chambre du tribunal de... en date du... enregistré et signifié, contradictoirement rendu entre... il a été, entre autres choses, ordonné qu'aux requête, poursuite et diligence de... et en présence des autres parties, de celles dûment appelées, il serait, par... le sieur... affirmé par serment que... Et que par le même jugement nous avons été délégué à l'effet de recevoir ledit serment.

Qu'en exécution dudit jugement et en vertu de notre ordonnance, en date du... il a, par exploit du ministère de... huissier audiencier, en date du... enregistré, fait sommation à Me... avoué du sieur... de comparaître et faire comparaître la partie, si bon lui semblait, auxdits jour lieu et heure, pour être présente à ladite prestation de serment.

Pour quoi ledit Me... audit nom, a requis défaut contre les non-comparants, et, pour le profit, qu'il fût passé outre à ladite prestation de serment.

(*Signature de l'avoué.*)

Est aussi comparu Me... avoué du sieur... lequel a dit qu'il comparaissait au désir de la sommation à lui faite et ne s'opposait pas à la réception du serment du sieur... et même en tant que de besoin la requérait, et a signé sous toutes réserves.

(*Signature de l'avoué du défendeur.*)

Après quoi, sur notre interpellation ainsi conçue... le sieur... a répondu : Oui, je le jure!

Desquels comparution, dires et serment, nous, juge de paix susdit et soussigné, avons donné acte aux parties et dressé le présent procès-verbal que nous avons signé avec le greffier, les jour, mois et an que devant.

(*Signatures du juge de paix et du greffier.*)

FORMULE 138°. *Requête au juge de paix commis pour avoir permission d'assigner le défendeur, à l'effet de convenir des pièces de comparaison, en cas de vérification d'écriture.* C. proc. 196; Tarif, 76.

A M... juge de paix du canton de... etc., commis pour la vérification d'écritures dont il sera ci-après parlé.

Le sieur... etc., expose que, par jugement contradictoire du... enregistré et signifié, il a été autorisé à faire devant vous, tant par titres et témoins que par experts, la vérification des écriture et signature d'une obligation, etc.;

Que ladite obligation ayant été déposée au greffe de votre tribunal le... il s'agit aujourd'hui de convenir des pièces de comparaison à l'effet de parvenir à la vérification ordonnée par le susdit jugement.

Pourquoi, monsieur, il vous plaira indiquer les jour et heure auxquels le sieur... sera sommé de comparaître devant vous pour convenir des pièces de comparaison; et vous ferez justice.

Ordonnance. Vu la requête ci-dessus, permettons, etc.

Nota. Le procès-verbal de la vérification se fait suivant la forme des procès-verbaux ci-dessus.

Formule 139e. *Rapport du juge de paix délégué pour prendre connaissance des livres d'un commerçant et dresser procès-verbal de leur contenu.*

1° Aujourd'hui, etc.

Nous, etc.

Sur la réquisition du sieur Charles A... négociant, demeurant à...

Vu l'expédition en forme authentique du jugement rendu par le tribunal de commerce de... en date du... enregistré, et par lequel nous sommes délégué pour vérifier le livre journal dudit sieur A... et en constater l'état.

2° En vertu de cette commission, nous sommes transporté au domicile dudit A... où étant, il nous a représenté le livre dont il s'agit, à l'examen duquel nous avons procédé comme il suit :

Le livre contient quatre cents feuillets, dont trois cent cinquante feuillets sont écrits et les autres en blanc.

Pour en garantir l'identité et assurer son état actuel, nous l'avons visé, coté et paraphé *ne varietur*, sur le revers du trois cent cinquantième feuillet, immédiatement après le dernier article écrit.

Après avoir parcouru tous les feuillets écrits, nous avons remarqué qu'il existe plusieurs ratures, surcharges, interlignes, renvois, notamment aux pages...

Nous portant à la page cent deuxième, où se trouve

l'article qui donne lieu à la contestation, nous avons reconnu que ledit article est conçu en ces termes. (*Copier cet article.*)

De tout ce qui précède, nous avons dressé le présent procès-verbal pour valoir ce que de droit, et avons signé avec le greffier, à... les jour, mois et an susdits.

TITRE III.

DE LA CONCILIATION.

CHAPITRE UNIQUE. — Demandes soumises au préliminaire de la conciliation. — Juge de paix compétent. — Comparution volontaire. — Citation et comparution des parties, procuration. — Pouvoirs du juge de paix, serment déféré en conciliation. — Force des procès-verbaux, authenticité. — Amende pour non-comparution. — Effet de la citation, prescription interrompue, péremption.

ARTICLE 1er. — *Demandes soumises au préliminaire de la conciliation.*

645. Aucune demande principale introductive d'instance entre parties capables de transiger, et sur des objets qui peuvent être la matière d'une transaction, ne sera reçue devant les tribunaux de première instance, que le défendeur n'ait été préalablement appelé en conciliation devant le juge de paix, ou que les parties n'y aient volontairement comparu. C. proc. 48.

646. Sont dispensées du préliminaire de la conciliation : 1° Les demandes qui intéressent l'État et le domaine, les communes, les établissements publics, les mineurs, les interdits, les curateurs aux successions vacantes. C. proc. 49.

2° Les demandes qui requièrent célérité. C. proc. 49.

3° Les demandes en intervention ou en garantie. C. proc. 49.

4° Les demandes en matière de commerce. C. proc. 49.

5° Les demandes de mise en liberté; C. proc. 49.

6° Celles en mainlevée de saisie ou opposition. C. proc. 49.

7° Les demandes en payement de loyers, fermages, arrérages de rentes ou pensions. C. proc. 49.

8° Celles des avoués en payement de leurs frais. C. proc. 49.

9° Les demandes formées contre plus de deux parties, encore qu'elles aient le même intérêt. C. proc. 49.

10° Les demandes en vérification d'écriture, en désaveu, en règlement de juges, en renvoi, en prise à partie. C. proc. 49.

11° Les demandes contre un tiers saisi, et en général sur les saisies, sur les offres réelles. C. proc. 49.

12° Les demandes sur la remise des titres, sur leur communication. C. proc. 49.

13° Celles sur les séparations de biens, sur les tutelles et curatelles. C. proc. 49.

14° Enfin toutes les causes exceptées par la loi. C. proc. 49.

647. La demande en exécution de conventions arrêtées au bureau de conciliation doit-elle être portée en conciliation? Il faut répondre négativement. Il y a déjà eu, en effet, conciliation, en pareil cas, sur l'objet de la demande, et le refus d'exécuter les conventions stipulées alors replace le demandeur dans la situation où il

se serait trouvé si la conciliation n'avait pas eu lieu. Cette opinion, adoptée par Carré, tome Ier, p. 113, et par Dalloz aîné, au mot *Conciliation*, était formulée dans le décret du 6 mars 1791.

ARTICLE 2. — *Juge de paix compétent, comparution volontaire.*

648. Le défendeur doit être cité en conciliation :

1° En matière personnelle et réelle, devant le juge de paix de son domicile; s'il y a deux défendeurs, devant le juge de l'un d'eux, au choix du demandeur. C. proc. 50.

2° En matière de société autre que celle de commerce, tant qu'elle existe, devant le juge du lieu où elle est établie. C. proc. 50.

3° En matière de succession, sur les demandes entre héritiers, jusqu'au partage inclusivement, sur les demandes qui seraient intentées par les créanciers du défunt avant le partage, sur les demandes relatives à l'exécution des dispositions à cause de mort, jusqu'au jugement définitif, devant le juge de paix du lieu où la succession est ouverte. C. proc. 50.

649. La citation en conciliation sur les demandes, entre héritiers, en rescision ou en garantie de partage, se portent, même après le partage définitif, devant le juge du lieu de l'ouverture de la succession. Argument de l'art. 822 C. civ.; alors l'existence légale du partage étant remise en question, c'est comme s'il n'y en avait pas eu. Boncenne, 2, 27.

650. Il n'y a pas lieu d'appliquer le troisième alinéa de l'art. 50, lorsqu'il s'agit d'une demande formée contre un héritier unique : c'est devant le juge de son do-

micile qu'il doit être cité en conciliation. Boncenne, 2, 27.

651. L'incompétence du juge de paix serait couverte par la comparution du défendeur, sans réclamation de sa part. Rennes, 9 février 1813.

652. Du reste, les règles ci-dessus ne sont d'aucune application pour le juge de paix devant lequel les parties comparaissent volontairement : il a toujours pouvoir de les concilier, quel que soit leur domicile, et quelle que soit la situation des biens litigieux; ainsi, par exemple, le procès-verbal de conciliation dressé par le juge du domicile du demandeur, devant lequel le défendeur a comparu, n'a pas moins de force que si cet acte avait été dressé par le juge du domicile du défendeur.

ARTICLE 3.— *Citation.— Délai.— Comparution des parties.— Procuration.*

653. Lorsque les parties ne comparaissent pas volontairement, le délai de la citation doit être de trois jours francs au moins (C. proc. 51 et 1033), sauf, si la partie citée est domiciliée au delà de la distance de 3 myriamètres, l'augmentation d'un jour de délai par 3 myriamètres. C. proc. 1033.

654. La citation sera donnée par un huissier de la justice de paix du défendeur; elle énoncera sommairement l'objet de la conciliation. C. proc. 52.

655. Les parties comparaîtront en personne; en cas d'empêchement, par un fondé de pouvoir. C. proc. 53.

Il est dans le vœu de la loi que les parties comparaissent en personne au bureau de conciliation. C'est par cette raison que le décret du 6 mars 1791 avait autorisé le juge de paix à accorder un sauf-conduit (art. 23) à celui qui était exposé à l'exécution d'une prise de corps pour contrainte civile; mais le Code de procédure ne contient aucune disposition pareille; aussi est-il admis que le juge ne peut contraindre à la comparution personnelle, et que la partie qui se fait représenter par un fondé de pouvoir n'est pas tenue d'alléguer les motifs de l'empêchement. Le Code n'exclut pas non plus, comme l'avait fait la loi de 1791, les personnes attachées à l'ordre judiciaire. Mais la défense faite par l'art. 18 de la loi du 25 mai 1838 à tout huissier d'assister comme conseil, ou de représenter les parties en qualité de procureur fondé, à peine d'une amende de 25 à 50 francs, qui sera prononcée sans appel par le juge de paix, s'étend-elle aux affaires portées au bureau de paix ou de conciliation? Contrairement à l'avis de M. Benech, Curasson se prononce pour la négative, se fondant sur ce qu'au bureau de paix le juge n'exerce qu'une juridiction gracieuse; l'huissier, d'ailleurs, est plus propre que personne à représenter ceux qui, éloignés de leur domicile, sont obligés de recourir à la tentative de conciliation.

Quoi qu'il en soit, l'interdiction ne pourrait être opposée à l'huissier qui représenterait un de ses parents au degré fixé par l'art. 86 du Code de procédure. (Loi de 1838, art. 18.)

656. Pour prévenir toutes difficultés, il est prudent de remettre au fondé de pouvoir une procuration authentique. Dans l'usage, on se contente le plus souvent d'une simple procuration sous seing privé, sur papier

timbré et enregistrée. Mais l'autre partie peut refuser d'en connaître l'écriture; en ce cas, la partie absente ne se trouve plus valablement représentée, et encourt l'amende prononcée par l'art. 56. Favard, *Rép.* v° *Conciliation*.

657. La loi du 27 mars 1791 exigeait que la procuration de comparaître pour autrui au bureau de paix contînt des pouvoirs suffisants à l'effet de transiger. Pigeau, t. Ier, p. 43, estime que cette disposition est encore obligatoire, quoique non renouvelée par le Code de proc., parce que l'essai de conciliation n'a d'autre but que d'amener les parties à un arrangement; mais il fut observé par le Tribunat qu'il serait déraisonnable de contraindre les parties, qui ne peuvent se présenter elles-mêmes, de remettre à un tiers la disposition de leur fortune, quand, d'ailleurs, il dépend de ces mêmes parties de rendre sans objet la tentative de conciliation, en refusant de s'arranger (Berriat, t. Ier, p. 189; Carré, t. Ier, p. 106). On voit par là que la procuration pour comparaître au bureau de paix ne contient pas implicitement le pouvoir de transiger; un tel pouvoir doit être spécial et exprès.

658. Le mari peut valablement représenter sa femme en conciliation, sans être muni de sa procuration, lorsqu'il s'agit d'actions purement mobilières et personnelles. Mais une procuration est indispensable s'il s'agit d'actions immobilières. Arg. de l'art. 1428 C. civ.; Carré, p. 105. Il est vrai que le mari pourrait se porter fort pour sa femme, et la représenter ainsi sans procuration au bureau de paix, même lorsqu'il s'agit d'une action

immobilière; mais la garantie du mari ne vaudrait, au moins en cas de conciliation, que si elle était acceptée par l'autre partie.

ARTICLE 4. — *Pouvoirs du juge de paix au bureau de conciliation. — Serment déféré. — Force du procès-verbal. — Authenticité.*

659. Lors de la comparution, le demandeur pourra expliquer, même augmenter sa demande, et le défendeur former celles qu'il jugera convenables; le procès-verbal qui en sera dressé contiendra les conditions de l'arrangement, s'il y en a. Dans le cas contraire, il fera sommairement mention que les parties n'ont pu s'accorder. Les conventions des parties, insérées au procès-verbal, ont force d'obligation privée. C. proc. 54.

660. Si l'une des parties défère le serment à l'autre, le juge de paix le recevra, ou fera mention du refus de le prêter. C. proc. 55.

661. La comparution en conciliation ne doit pas être publique.

662. Le procès-verbal devait, d'après la loi des 16-24 août 1790, tit. X, art. 3, contenir les dires respectifs des parties, les interpellations qu'elles se sont faites, et leurs réponses; mais l'art. 54 du Code de proc. porte que, dans le cas *de non-conciliation*, il suffit d'indiquer *sommairement* que les parties n'ont pu s'accorder; on en a conclu avec raison que le procès-verbal de non-conciliation doit énoncer seulement que les parties n'ont pu se concilier. Le vœu de la loi a été que les parties, en paraissant devant le magistrat conciliateur, aient la certitude que leur inexpérience ou leur ignorance des affaires ne pourra, dans aucun cas, préjudicier à leurs

intérêts. Cette sécurité n'existerait pas si elles savaient que leurs déclarations dussent être enregistrées, et qu'elles pourront leur être opposées ultérieurement. D'ailleurs, un adversaire habile parviendrait, par des questions captieuses et détournées, à embarrasser l'autre partie, et amènerait ainsi des réponses et des déclarations compromettantes pour les intérêts de celle-ci. Boncenne, 2, 40; Boitard, 1, 148; Carré, art. 54; Victor Augier, 2, 150; Pigeau, 1, 90, note 2; Thomine, 1, 138. *Contrà*, Toullier, 8, 120.

Mais toutes les parties peuvent, d'un commun accord, charger le juge de paix de mentionner dans son procès-verbal leurs dires respectifs.

663. Un mandataire ne peut déférer le serment ou consentir, pour son mandant, à le prêter, que si son pouvoir contient mention expresse à ce sujet.

664. Lorsque le juge de paix reçoit le serment déféré à l'une des parties, il doit en appliquer les effets tels qu'ils sont établis par les art. 1358 et suiv. du Code civ.

665. Le juge de paix ne peut ordonner la comparution personnelle de la partie à laquelle le serment est déféré, lorsque celle-ci est représentée par un mandataire; seulement il constaterait, le cas échéant, que le mandataire est convenu avec l'autre partie du renvoi de l'essai en conciliation à tel jour, pour que le mandant vienne, s'il le juge convenable, s'expliquer sur l'offre qu'on lui fait de s'en rapporter à son serment. Boncenne, 2, 43.

666. La partie à qui le serment est déféré peut, sans contredit, le référer à l'autre. Carré, sur l'art. 55.

667. Le serment décisoire déféré au bureau de conciliation n'est pas un serment *déféré en justice*. Ainsi, la partie qui refuse de le prêter n'est passible d'aucune des conséquences prévues par l'art. 1361 C. civ.; elle conserve le droit de le prêter, ou de le déférer devant le tribunal civil. Cass. 17 juillet 1810. Boncenne, 2, 44.

668. La partie qui, devant le bureau de paix, a déféré le serment, peut, s'il a été refusé, se rétracter ensuite devant le tribunal.

669. Les conventions des parties insérées au procès-verbal de conciliation ont, dit l'art. 54 C. proc., force d'obligation privée; on n'aurait pu attribuer à ces conventions, porte l'exposé des motifs, le caractère d'un acte public, sans porter une atteinte grave aux fonctions des notaires établis pour donner l'authenticité aux actes.

Cependant Pigeau, t. Ier, p. 43, et Favard, p. 631, pensent que les procès-verbaux sont des actes authentiques (Arg. de l'art. 1317 C. civ.); et que ce n'est qu'à certains égards qu'ils sont privés des priviléges de l'exécution parée.

Ils ne sont pas, en effet, revêtus de la formule exécutoire, et ils ne peuvent conférer hypothèque, parce que la loi n'attribue cet effet qu'aux jugements, ou aux actes reçus par notaires; mais, sous tous les autres rapports, ces procès-verbaux sont authentiques. Toullier, t. X, p. 409, qui considère les aveux faits au bureau de paix comme authentiques, sans leur donner cependant la qualité d'aveux judiciaires, semble partager la même opinion. — Il en résulterait qu'un procès-verbal de conciliation fait foi jusqu'à inscription de faux ; qu'il est valable, nonobstant le défaut des signatures des parties, s'il est fait mention de leur refus ou de leur impuissance de signer, et qu'enfin il n'est pas nécessaire d'en rédiger plus d'un original, lorsqu'il y a plusieurs parties. Voir dans le même sens, Boncenne, 2, 45.

Cette opinion est combattue par Berriat, t. Ier, p. 190 : « Quoique le juge qui préside au bureau de paix soit un officier public, dit-il, il n'a pas caractère pour recevoir des actes volontaires, ainsi que le remarque avec raison Merlin, *Rép.*, t. V, p. 830 et 863, 4e édition, et que le donnent à entendre Treilhard et Faure, qui déclarent l'un et l'autre que lorsque la conciliation s'est opérée, et qu'on passe aux conditions de l'arrangement, la compétence et la juridiction de ce magistrat cessent sur-le-champ. » Dalloz incline à penser avec Carré, t. Ier, p. 112, que, s'il est vrai que le juge de paix soit sans caractère pour recevoir des actes volontaires, indépendamment de toute contestation, la loi lui donne qualité pour les constater lorsqu'ils se rattachent à quelque difficulté. Arm. Dalloz, v° *Conciliation.* Pour nous, nous pensons aussi que le procès-verbal de conciliation portant la signature du juge de paix et du greffier, outre celles des parties, a une véritable authenticité.

670. La cause qui empêcherait une partie de signer serait valablement constatée par le juge de paix, et suppléerait à la signature de cette partie. Ainsi, on a validé un compromis contenu dans un procès-verbal de con-

ciliation, avec déclaration que les parties n'avaient pas pu signer (Cass. 11 février 1824; Levasseur, n° 217); Carré, sur l'art. 54, exprime la même opinion; elle est combattue par Chauveau sur Carré, n° 229.

671. Si l'une des parties refuse de signer un arrangement consenti, c'est qu'elle y renonce; dès lors, il n'y a pas conciliation : le juge de paix doit se borner à constater le défaut de conciliation. Rennes, 13 mars 1837; Dall. 40, 22; Carou, n° 816. *Contrà*, Favard, 1, 631.

672. La minute du procès-verbal est rédigée par le greffier, et reste au greffe, il n'y a pas lieu à autant d'originaux qu'il y a de parties intéressées dans l'arrangement. Carré, *ibid.*

673. Les procès-verbaux de non-conciliation, et les mentions de non-comparution au bureau de paix, sont inscrits sur un registre particulier.

ARTICLE 5.— *Amende pour non-comparution.*

674. Celle des parties qui ne comparaîtra pas sera condamnée à une amende de 10 fr.; et toute audience lui sera refusée jusqu'à ce qu'elle ait justifié de la quittance. C. proc. 56.

« Il résulte de cette disposition, porte une décision du ministre de la justice du 31 juillet 1808, que l'amende n'est pas encourue de plein droit, et qu'elle ne pourrait pas être exigée si la demande n'était pas portée au tribunal de première instance; mais quand le demandeur poursuit devant le tribunal, et y obtient contre le défendeur un jugement qui le condamne au payement du principal et aux dépens, ce jugement, quoique par défaut, doit comprendre l'amende comme un accessoire de la condamnation principale, parce que c'est un véritable jugement définitif qui termine le procès, et qui, pour cette raison, doit contenir toutes les condamnations qui résultent de la loi, conséquemment celle portée par l'art. 56 du Code judiciaire; autrement ce serait violer la disposition formelle de cet article; tel était également le vœu formel de la loi du 27 mars 1791. »

675. On voit, par cette décision, que ce n'est pas au juge de paix qu'il appartient de condamner à l'amende la partie qui ne comparaît pas; le tribunal de première instance seul peut et doit prononcer cette condamnation (Pigeau, 1, 152; Favard, 1, 628). A l'appui de cette opinion, qu'il adopte, Carré cite un arrêt de la Cour de Rennes, du 2 septembre 1808. Un arrêt de la Cour de cassation du 8 août 1832, Dall. 32, 1, 340, a jugé dans le même sens.

ARTICLE 6. — *Effets de la citation en conciliation. — Prescription. — Interruption. — Péremption.*

676. La citation en conciliation interrompra la prescription, et fera courir les intérêts; le tout, pourvu que la demande soit formée dans le mois, à dater du jour de la non-comparution ou de la non-conciliation. C. proc. 57.

677. En cas de non-comparution de l'une des parties, il en sera fait mention sur le registre du greffe de la justice de paix, et sur l'original ou la copie de la citation, sans qu'il soit besoin de dresser procès-verbal. C. proc. 58.

678. L'essai de conciliation est soumis à la péremp-

tion triennale de l'art. 397 du C. de proc. : cela résulte des paroles prononcées par le rapporteur, lors de la discussion de l'art. 57 au Conseil d'Etat : « On n'a voulu faire de la citation un moyen d'interrompre la prescription, que quand elle sera réellement le préliminaire de l'action à laquelle seule cet effet appartient : il ne faut pas que la partie puisse se borner à citer en conciliation, tous les trois ans, en éludant toujours de faire juger son droit. » Cette dernière opinion, qui, du reste, ne semble pas à l'abri de doutes sérieux, est professée par Favard, v° *Conciliation ;* par Boncenne, 2, 61.

FORMULE 141e. *Citation en conciliation.*

L'an 1850 et le... à la requête de P. N... propriétaire, demeurant à... où il fait élection de domicile; J'ai... (*ici l'immatricule de l'huissier*), au sieur S... marchand, demeurant à... en parlant à sa personne (*ou* portier ou domestique), donné citation à comparaître le... de ce mois, heures... devant le juge de paix de... en son prétoire, pour se concilier, si faire se peut, sur l'action que le requérant se propose de former contre ledit S... devant les juges compétents, pour le faire condamner à... (*écrire ici les conclusions du demandeur*), et en outre aux dépens;

Attendu que... (énoncer sommairement les motifs de la demande). Se réservant ledit requérant de se pourvoir ainsi que de droit en cas de non-conciliation ou de non-comparution. Fait et délaissé copie du présent acte, dont le coût est de... au domicile déjà dit du sieur S... et parlant comme dessus, aux injonctions de droit, par moi... (*Signature de l'huissier, et enregistrement dans les quatre jours de la date de la citation.*)

FORMULE 141e. *Procès-verbal de conciliation.*

L'an 1850, et le... mars... heures du... devant nous, juge de paix de... assisté du greffier de la justice, étant dans notre prétoire;—A comparu L. G... peintre, demeurant à... lequel a dit que, par citation de... huissier, en date du... de ce mois, il a fait citer devant nous, à ces jour, lieu et heure, le sieur D... rentier, demeurant à... pour se concilier, s'il y a lieu, sur l'action que lui comparant se propose d'intenter pour le faire condamner à... (*exprimer ici les conclusions de la demande*). Attendu que... (*ici les motifs de cette demande*). En conséquence, il a requis la comparution dudit sieur D... aux fins de droit, et a signé.

A aussi comparu le sieur D... rentier, demeurant à... lequel a dit que... (*exprimer sommairement sa réponse*), et a signé.

A quoi il a été répondu par le sieur L. G... (*écrire aussi cette réponse*), et a signé.

En cet endroit les parties, s'étant rapprochées par notre médiation, sont convenues de ce qui suit :

Art. 1er. (*Rédiger les conventions par articles séparés s'il y en a plusieurs.*)

Art.... et dernier...

De tout quoi nous, juge de paix... sur la réquisition des comparants, nous avons dressé le présent procès-verbal qui a été signé par les parties, par nous et le greffier, après lecture. (*Suivent les signatures. Si les parties ne savent signer, ou l'une d'elles, il faut en faire mention.)*

FORMULE 142e. *Procès-verbal en cas de serment déféré.*

S'est présenté le sieur A... (*la comparution du citant comme ci-dessus*).

S'est aussi présenté le sieur B... (*prénoms, nom, profession et domicile du cité*),

Lequel a dit qu'il avait souscrit au profit du sieur A... le billet de cinq cent cinquante francs à lui représenté; mais que le... il avait payé à compte dudit billet la somme de trois cent soixante francs par lui remise au sieur M... qui s'était chargé de la rendre le même jour au sieur A... qu'ainsi, il ne devait plus que la somme de cent trente francs qu'il offrait payer présentement, déclarant s'en rapporter au serment du sieur A... sur le payement des trois cent soixante francs, et a signé.

(*Signature du sieur B...*)

Et à l'instant, le sieur A... a juré et affirmé par-devant nous qu'il n'avait pas reçu les trois cent soixante francs dont il s'agit, du sieur M... ni au jour indiqué, ni depuis, et lui en avons accordé acte.

Le sieur B... s'est déterminé de payer en notre présence la somme entière de cinq cent cinquante francs audit sieur A... qui le reconnaît, et a signé.

(*Signature du sieur A...*)

Fait à... lesdits jour et an.

(*Signatures du juge de paix et du greffier.*)

(*Si le sieur A... ne veut pas prêter le serment, il en sera fait mention ainsi dans le procès-verbal.*)

Le sieur A... a refusé de prêter le serment à lui déféré par le sieur B... et a persisté à réclamer les cent cinquante francs contenus au billet par lui représenté.

N'ayant pu parvenir à concilier les parties, etc.

FORMULE 143e. *Procès-verbal de conciliation, portant compromis et arbitrage.*

(*Suivez la précédente formule jusqu'à ce qui suit :*)

En cet endroit les parties s'étant rapprochées par notre médiation, ont stipulé le compromis suivant :

Art. 1er. Il est convenu et accordé que la contestation ci-dessus énoncée, existant entre les parties, sera décidée par la voie de l'arbitrage, en dernier ressort (*ou* en première instance).

Art. 2. Les parties nomment pour leurs arbitres, savoir (*énoncer les noms, professions et demeures des trois arbitres ; et s'il n'en est nommé qu'un seul, on dit*) : Les parties ont nommé pour leur arbitre unique le sieur... demeurant à... auquel (*ou* auxquels), elles donnent les pouvoirs nécessaires pour les juger comme il est dit ci-dessus.

Art. 3. Les arbitres seront tenus de prononcer leur jugement dans... mois, à peine d'annulation du présent ; à cet effet, les parties s'obligent à remettre à leurs arbitres, dans huitaine, leurs pièces et mémoires, faute de quoi ils pourront juger sans lesdites pièces.

Art. 4. Les arbitres sont dispensés d'observer les formalités de justice; ils pourront même juger comme amiables compositeurs...

Fait et rédigé le présent procès-verbal, en présence

des parties, auxquelles lecture en a été faite par le greffier, et ont lesdites parties signé avec nous. (*Signatures.*)

FORMULE 144e. *Procès-verbal de non-conciliation.*

L'an 1850 et le... mars... heures du... Devant nous... (*Suivre la première formule de procès-verbal de conciliation, et après avoir écrit les comparutions des parties, on dit*) :

Et n'ayant pu concilier les parties, nous les avons renvoyées à se pourvoir devant les juges compétents.

Fait et rédigé le présent procès-verbal... (*Le reste comme à la précédente formule.*) (*Signatures.*)

FORMULE 145e. *Mention à mettre sur le registre en cas de non-comparution de l'une des parties.*

Citation à comparaître cejourd'hui, donnée le... à la requête du sieur... contre le sieur... Défaut contre le sieur... non comparant.

(*Signatures du juge de paix et du greffier.*)

FORMULE 146e. *Mention à mettre audit cas sur l'original ou la copie.*

Le sieur... demandeur (ou défendeur) aux fins de la présente citation, a fait défaut. Cejourd'hui... l'an...

(*Signature du juge de paix.*)

TITRE IV.

DES JUGEMENTS EN MATIÈRE D'OCTROI. — PROCÉDURE. — FORMES.

CHAPITRE Ier. — Compétence des juges de paix en matière d'octroi.

679. La loi du 2 vendémiaire an VIII porte :

« Art. 1er. Les contestations *civiles* qui pourront

« s'élever sur l'application du tarif ou sur la quotité « des droits exigés par les receveurs des octrois muni« cipaux et de bienfaisance créés par les lois existantes, « ou qui pourront être créés dans les diverses commu« nes de la République, pour l'acquit de leurs dépenses « locales, celles des hospices civils et secours à domicile, « seront portées devant le juge de paix de l'arrondisse« ment, à quelque somme que le droit contesté puisse « s'élever, pour être par lui jugées sommairement et « sans frais, soit en dernier ressort, soit à la charge de « l'appel, suivant la quotité de la somme.

« Art. 2. Les *amendes* encourues en vertu desdites « lois seront prononcées *par les tribunaux de simple po« lice ou de police correctionnelle*, suivant la quotité de « la somme.

« Art. 3. Lorsqu'il y aura lieu à contestation sur l'ap« plication du tarif ou sur la quotité du droit exigé par « le receveur, tout porteur ou conducteur d'objets com« pris dans le tarif sera tenu de consigner, entre les « mains du receveur, le droit exigé; il ne pourra être « entendu qu'en rapportant au juge qui devra en con« naître la quittance de ladite consignation. »

680. Cette loi contient, sur la compétence en matière d'octroi, deux dispositions bien distinctes : l'une attribuant *au juge de paix* la connaissance exclusive des contestations civiles qui pourront s'élever sur l'application du tarif, soit en dernier ressort, soit à charge d'appel, suivant la quotité de la somme.

L'autre réglant la compétence quant aux amendes encourues, et les déférant, suivant leur importance, soit aux tribunaux de simple police, soit aux tribunaux de police correctionnelle.

681. Une ordonnance du 9 décembre 1814 contient aussi (titre IX, art. 75 et suivants) des dispositions sur le contentieux des octrois; mais il a été jugé que cette ordonnance n'avait porté aucune atteinte aux règles de compétence telles qu'elles avaient été fixées par les lois antérieures, et notamment par celle du 2 vendémiaire an VIII (Rouen, 2 janvier 1819). — Les contestations civiles en matière d'octroi doivent donc toujours être portées en premier ressort devant le juge de paix, à la différence des contestations en matière de droits-réunis, qui sont de la compétence des tribunaux de première instance (1).

682. Quant à la compétence en matière d'octroi des juges de paix, comme juges de simple police, elle est devenue nulle, par suite de l'élévation des amendes, qui toutes sont aujourd'hui supérieures à 15 fr. et excèdent par conséquent le taux de la simple police, ainsi que cela résulte de l'art. 8 de la loi du 29 mars 1822, et de l'art. 9 de la loi du 24 mai 1834, combinés avec les articles 27 et 46 de la loi sur les octrois du 28 avril 1816.

683. C'est donc par voie correctionnelle que l'administration poursuit la répression des contraventions ou

(1) Les juges de paix sont seulement chargés de déclarer exécutoires et de viser, sans frais, les contraintes décernées par le directeur ou le receveur de la *régie des contributions indirectes,* contre les redevables. — Ils ne peuvent refuser leur visa pour l'exécution, sous peine d'être responsables des valeurs pour lesquelles la contrainte aura été décernée. Décret du 1er germinal an XIII, art. 43 et 44.

délits en matière d'octroi; mais si, devant le tribunal correctionnel, le prévenu prétend que les objets qu'il est accusé d'avoir introduits en fraude ne sont pas soumis aux droits, le tribunal doit renvoyer devant le juge de paix, pour prononcer sur cette question préjudicielle, et surseoir jusqu'à ce qu'il ait été statué. Cass. 27 juillet 1825, Dal. 25, 1, 401; et 18 avril 1833, Dal. 33, 1, 224.

684. Et ce n'est pas seulement dans ces cas que l'action civile peut être intentée; ainsi, lorsqu'en vertu de l'art. 3 de la loi du 2 vendémiaire an VIII, ou de l'article 81 du 9 décembre 1814, qui rappelle la même disposition, le porteur ou conducteur d'objets compris dans le tarif aura, en cas de contestation sur l'application du droit, consigné la somme exigée aux mains du receveur, il pourra appeler devant le juge de paix pour faire décider la question.

685. Les juges de paix sont compétents en matière d'octroi pour décider sur l'application du tarif, entre le fermier de l'octroi d'une commune et le maire réclamant relativement à du bois de chauffage acheté pour l'hôtel-de-ville. Cass. 20 décembre 1841, *Annales* 1842, p. 198.

686. A plus forte raison, sur une question semblablable entre le fermier et un simple redevable. Cass. *eodem*, p. 286.

687. Ou encore sur la question élevée entre une commune et des particuliers, de savoir si une ordonnance qui a imposé, à l'entrée d'une ville, des charbons destinés au commerce général, est inconstitutionnelle; une

pareille action peut être intentée contre la commune, sans autorisation préalable de plaider. Trib. civ. de Douai, 2 mai 1843, *Annales* 1843, p. 157; Cass. 26 novembre 1844, 19 septembre 1845, *Annales* 1846, p. 61; et 8 mars 1847, *Annales*, p. 163.

CHAPITRE II. — Procédure, formes.

688. Les lois sur les octrois n'indiquant aucunes formes particulières pour la procédure devant le juge de paix, dans les contestations civiles en matière d'octroi, ces contestations sont soumises, soit en première instance, soit en appel, aux règles de la procédure ordinaire des justices de paix.

689. La compétence en dernier ressort des juges de paix ayant été portée de 50 fr. à 100 fr. par la loi de 1838, les juges de paix prononceront, sans appel, sur les contestations civiles en matière d'octroi, jusqu'à la valeur de 100 fr., comme sur les actions personnelles et mobilières.

FORMULE 147°. *Jugement sur une affaire d'octroi.*

Entre le sieur A... demandeur,

Et le sieur B... fermier de l'octroi de la ville de... défendeur.

Par le demandeur a été dit qu'au moment où il passait devant le bureau de l'octroi, situé au faubourg de Paris, en ladite ville, le préposé lui a demandé s'il portait quelque chose soumis aux droits d'octroi : à quoi le sieur... a répondu négativement, ajoutant néanmoins qu'il avait dans sa voiture deux hectolitres de... mais que cette denrée n'était pas soumise aux droits d'octroi.

Le préposé ayant prétendu le contraire, le comparant, pour se conformer à la loi, a payé par forme de consignation une somme de... dont il nous a représenté la quittance. Mais, ne croyant pas devoir cette somme, il a cité ledit sieur... fermier de l'octroi, à se présenter devant nous, par exploit de... en date du... enregistré, en tête duquel a été donné copie de la susdite quittance.

Par ledit sieur... fermier de l'octroi, a été répondu que, d'après le tarif, etc.

Nous, juge de paix, vu la quittance à nous présentée,

Considérant...

Par ces motifs, statuant en... ressort, ordonnons que ledit sieur... fermier des droits d'octroi de la ville de... remboursera au sieur... la somme de... mal à propos perçue, et condamnons ledit fermier aux dépens.

TITRE V.

JUGEMENTS SUR LES MATIÈRES DE DOUANE. — COMPÉTENCE DES JUGES DE PAIX. — PROCÉDURE. — FORME. — TRANSACTION. — PRESCRIPTION. — TIMBRE. — ENREGISTREMENT.

CHAPITRE Ier. — Compétence des juges de paix en matière de douane.

690. Les contraventions de douane sont poursuivies par la voie civile, toutes les fois qu'elles n'entraînent qu'une condamnation à l'amende, l'amende étant considérée comme réparation civile. Si la contravention entraîne la peine de l'emprisonnement ou autre peine plus sévère, elle est de la compétence, suivant la durée

de l'emprisonnement, ou des tribunaux de police, ou des tribunaux correctionnels, lesquels prononcent en même temps l'amende et la confiscation. Arrêté du 27 thermidor an IV.

691. La loi du 4 germinal an II a transporté des tribunaux de district aux juges de paix la connaissance des contraventions *civiles* en matière de douanes, sauf appel aux tribunaux de première instance.

692. La compétence des juges de paix en cette matière n'est même pas bornée aux contraventions et saisies : d'après l'art. 10 de la loi du 14 fructidor an III, « ils connaissent également, en première instance, des « contestations concernant le refus de payer les droits, « le non-rapport des acquits-à-caution, et les autres af- « faires relatives aux douanes. »

693. La loi du 17 décembre 1814 est venue mettre le complément aux règles de la compétence des juges de paix en matière de douane, par les articles 15, 16, 17, 18 et 29, ainsi conçus : « Toutes marchandises prohi- « bées à l'entrée, que l'on tenterait d'introduire par « terre ou par mer, seront confisquées, ainsi que les « bâtiments, chevaux, voitures et équipages servant au « transport. Les propriétaires desdites marchandises, « maîtres de bâtiments, voituriers et autres préposés à « la conduite, seront solidairement condamnés en une « amende de 500 francs, quand la valeur de l'objet de « contrebande n'excédera pas cette somme ; et, dans le « cas contraire, en une amende égale à la valeur de « l'objet. » Art. 15.

« Les juges de paix du lieu de l'arrondissement du

« bureau où l'objet de contrebande aura été déposé se« ront seuls compétents pour connaître de ces contra« ventions, sauf dans les cas prévus par les articles sui« vants. — Les tribunaux de première instance con« naîtront des appels qui seraient interjetés. » Art. 16.

« Si l'introduction d'objets prohibés est commise « par une réunion de trois individus et plus, il y aura « lieu à l'arrestation des contrevenants, et à leur tra« duction devant le tribunal correctionnel; et indé« pendamment des confiscations et des peines pécu« niaires édictées par l'art. 15, ils seront condamnés en « un emprisonnement qui ne pourra être moindre de « trois mois, ni excéder un an. » Art. 17.

« Dans le cas où, à l'égard d'un individu traduit de« vant le juge de paix, en conformité de l'article 16, « pour cause d'importation prohibée, ce juge recon« naîtrait, soit par l'énoncé du procès-verbal dûment « rédigé, et non argué de faux, soit par le résultat de « l'instruction, que cet individu est en récidive, il s'abs« tiendra de prononcer, et renverra le prévenu et les « pièces devant le tribunal correctionnel, qui pronon« cera contre lui les condamnations portées en l'article « précédent, en modérant néanmoins la durée de la dé« tention à quinze jours au moins, et à trois mois au « plus. » Art. 18.

694. « Les juges de paix de l'arrondissement seront « seuls compétents, sauf appel, s'il y a lieu, pour con« naître des contraventions à la loi du 24 avril 1806, et « à tous les règlements relatifs à la perception de la taxe « établie sur les sels, excepté dans les cas prévus par les

« articles suivants. — L'amende de 100 fr., prononcée « par l'art. 57 de ladite loi du 4 avril 1806, est indivi- « duelle. » Art. 29.

695. La loi sur les douanes du 28 avril 1816, titre V, ayant appliqué à la contrebande des peines autres que les lois précédentes, et notamment des peines corporelles, il en est résulté, sous l'empire de cette loi, quelques changements à la compétence des juges de paix; mais la loi de finances du 15 mars 1817, art. 12 et suivants, a remis en vigueur la loi du 17 décembre 1814, et rétabli la compétence des juges de paix, telle qu'elle était auparavant.

696. Ainsi les juges de paix ont le droit de prononcer, non-seulement sur tout ce qui tient aux saisies de marchandises ou autres objets introduits en fraude, ou sur la sortie des mêmes objets, lorsqu'elle est défendue; mais même, en cas de trouble, opposition à l'exercice et mauvais traitements des employés, la connaissance de l'action leur appartient, si la poursuite est exercée par l'administration et non par le ministère public. Cass. 10 janvier 1840. Dall. 40, 1, 89.

697. Au reste, en matière de douane, la loi distingue deux espèces d'opposition à l'exercice des fonctions des employés : la première, qui est l'opposition simple, donne lieu, par la voie civile, à la condamnation en une amende de 500 francs; la seconde, qui est l'opposition avec voies de fait, est justiciable des tribunaux criminels. Cass. 29 avril 1838. Dall. 38, 1, 364.

Par suite, on ne doit pas confondre ces deux actions, et le juge de paix, saisi de la première, ne peut se déclarer incompétent, sous le prétexte que l'opposition a été accompagnée d'actes de violence qui lui donnent un caractère criminel. Cass. 30 mars 1841, Dall. 41, 1, 206; *Annales* 1841, p. 174.

698. Cependant, il est quelques exceptions à ces règles, résultant de lois ou dispositions spéciales; ainsi les saisies de grains à l'exportation, les saisies de tissus, exercées dans l'intérieur de la France, doivent être portées devant le tribunal correctionnel, quoique n'entraînant que la confiscation des marchandises, avec amende de 500 francs, les articles 65 et 66 de la loi du 28 avril 1816 (non abrogés par la loi du 27 mars 1817) chargeant le procureur de la République près le tribunal correctionnel de ces espèces de poursuites.

699. Le juge de paix saisi d'une contravention en matière de douane est compétent pour prononcer si la suppression des douanes, dans une portion du territoire, influe sur l'exigibilité des droits dus avant cette suppréssion. Cass. 28 mai 1811.

700. C'est à lui également, et non à l'autorité administrative, qu'il appartient de statuer sur la question constitutionnelle de savoir si une ordonnance royale qui, dans certaines circonstances, a élevé le tarif des droits, est ou non obligatoire. Cass. 4 juillet 1827, Dall. 27, 1, 291; 29 novembre 1842 et 24 mars 1847.

701. La compétence du juge de paix en matière de douane se reconnaît donc uniquement, sauf les rares exceptions que nous avons signalées, au caractère civil de la peine : si la contravention est punissable de l'amende et de la confiscation seulement, et si l'adminis-

tration des douanes poursuit seule en demandant la réparation civile du délit, sans l'intervention du ministère public, l'action doit être portée devant le juge de paix. — Au contraire, si la contravention ou le délit est passible de peines correctionnelles, et que les poursuites soient intentées par le ministère public, elles doivent être portées devant le tribunal correctionnel ou même devant la Cour d'assises, selon leur gravité.

CHAPITRE II. — Procédure. — Formes de la saisie. — Procès-verbal ou rapport. — Affirmation. — Citation. — Jugement.

ARTICLE 1er. — *Du procès-verbal ou rapport. — Saisie. — Citation.*

702. La saisie est assujettie à des formalités différentes, suivant qu'elle est faite dans l'étendue du rayon frontière, en rase campagne, ou qu'elle est faite à domicile, ou sur un navire. Nous ferons ressortir, ci-après, ces différences.

703. Les contraventions aux lois de douane sont constatées par un procès-verbal qui sert de base à toute la procédure en cette matière, et qui peut être rédigé par deux préposés des douanes, ou même par deux citoyens français, étrangers à l'administration (Loi du 9 floréal an VII, t. IV, art. 1er), auquel dernier cas, la preuve testimoniale, suivant Favard (*Rép.*, v° *Douanes*, § 1er, n° 2), peut être invoquée, soit contre les faits qu'il contient, soit à leur appui.

704. Ceux qui procèdent aux saisies font conduire dans un bureau de douane, et, autant que les circonstances le permettent, au plus prochain du lieu de l'arrestation, les marchandises, voitures, chevaux et bateaux

servant au transport. Ils y rédigent de suite leur rapport. *Même loi*, art. 2.

705. Les rapports énoncent la date et la cause de la saisie, la déclaration qui en aura été faite au prévenu; les noms, qualités et demeure des saisissants, et de celui chargé des poursuites; l'espèce, poids ou nombre des objets saisis; la présence de la partie à leur description, ou la sommation qui lui aura été faite d'y assister; le nom et la qualité du gardien; le lieu de la rédaction du rapport et l'heure de sa clôture. *Même loi*, art. 3.

706. Les faits qui peuvent caractériser la saisie doivent être rapportés exactement; mais la cause est suffisamment exprimée par la mention de la loi à laquelle il est contrevenu. Cass. 3 ventôse an X.

707. Il suffit que le procès-verbal constate qu'il a été dressé par tel ou tel, faisant partie de la brigade de tel endroit, la demeure d'un douanier étant au lieu où sa brigade est établie et ne dépendant pas de son domicile. Cass. 3 août 1827.

708. Dans le cas où le motif de la saisie portera sur le faux ou l'altération des expéditions, le rapport énoncera le genre de faux, les altérations ou surcharges.

709. Lesdites expéditions, signées et paraphées des saisissants, *ne varietur*, seront annexées au rapport qui contiendra la sommation faite à la partie de les signer (si elle est présente), et sa réponse. Art. 4.

Le rapport ou procès-verbal est nul, si la date n'est pas la même sur l'original et la copie. Cass. 22 juillet 1808.

710. Il sera offert mainlevée sous caution solvable,

ou en consignant la valeur des bâtiments, bateaux, voitures, chevaux et équipages saisis pour autre cause que pour prohibition de marchandises dont la consommation est défendue; et cette offre, ainsi que la réponse de la partie, sera mentionnée au rapport. Art. 5.

Si cette offre est refusée, l'administration, en vertu de la permission du juge de paix le plus voisin, peut procéder à la vente aux enchères des objets saisis. Il en est de même des objets de consommation sujets à dépérissement (Décret du 18 septembre 1811, art. 1er). Dans tous les cas, le procès-verbal doit énoncer que les objets sont laissés provisoirement à la garde du receveur.

711. Si le prévenu est présent, le rapport énoncera qu'il lui en a été donné lecture, qu'il a été interpellé de le signer, et qu'il en a reçu de suite copie, et une citation à comparaître dans les vingt-quatre heures devant le juge de paix du canton.

En cas d'absence du prévenu, la copie sera affichée, dans le jour, à la porte du bureau.

Les rapports, citations et affiches devront être faits tous les jours indistinctement. *Même loi*, art. 6.

712. Il n'est pas nécessaire que la copie représentée par le prévenu énonce que la remise lui en a été faite, lorsque cette énonciation se trouve dans l'original. Cass. 22 mai 1834, Devil. 34, 1, 659.

713. Un procès-verbal est nul : — 1° Si la copie n'en a pas été délivrée au prévenu, encore bien que sa présence à la rédaction et à la lecture dudit procès-verbal ait été constatée (Cass. 1 février 1806). — Il en est

autrement : si le prévenu a refusé de recevoir une copie (Cass. 27 déc. 1834, 10 novembre 1836); ou si la mention de la remise de la copie n'a pas été constatée sur cette copie, mais sur l'original. Arg. Cass. 18 mai 1808, S. 8, 398; 22 mai 1834, Devil. 34, 659.

2° S'il n'y a pas eu autant de copies qu'il y a de prévenus. *Lett. administ.* 25 février 1818.

3° Si les marchandises ont été laissées au saisi, au lieu d'être transportées au bureau voisin. Cass. 1er févr. 1806, Bioche et Goujet, *Dictionnaire de procédure*, v° *Douanes*.

714. En cas de saisie à domicile dans l'étendue des frontières de terre et de mer, les préposés, accompagnés du maire ou de l'adjoint, ou d'un conseiller municipal délégué (Cass. 21 août 1828), peuvent, dans l'étendue des frontières de terre et de mer, visiter, après le lever et avant le coucher du soleil, les maisons qui leur sont indiquées pour contenir et recéler des marchandises prohibées (L. 10 brum. an V, art. 11); ou celles dans lesquelles ils ont vu introduire la fraude qu'ils avaient poursuivie jusqu'au moment de l'introduction. L. 22 août 1791, t. XIII, art. 36.

715. Lorsque les préposés n'ont pas perdu de vue des marchandises qui ont franchi la limite du rayon, ils peuvent les arrêter : — 1° en pleine campagne, au moment où ils les atteignent; 2° dans les maisons ou autres bâtiments où ils les ont vu introduire, en se faisant accompagner d'un agent municipal. L. 28 avril 1816, art. 39.

716. Les préposés sont tenus de constater qu'ils ont

suivi, sans les perdre de vue, les objets introduits en fraude, lorsqu'ils les saisissent, soit dans l'intérieur d'une maison, soit hors du rayon frontière. L. 28 avril 1816, art. 39.

La poursuite à vue peut être constatée par un seul préposé.

717. Lorsqu'il y aura lieu de saisir dans une maison, la description y sera faite, et le rapport y sera rédigé. Les marchandises dont la consommation n'est pas prohibée ne seront pas déplacées, pourvu que la partie donne caution solvable pour leur valeur. Si la partie ne fournit pas caution, ou s'il s'agit d'objets prohibés, les marchandises seront transportées au plus prochain bureau. Même loi, art. 7.

718. A l'égard des saisies faites sur les bâtiments de mer pontés, lorsque le déchargement ne pourra pas avoir lieu de suite, les saisissants apposeront les scellés sur les fermants et écoutilles des bâtiments. Le procès-verbal, qui sera dressé à fur et mesure du déchargement, fera mention du nombre, des marques et des numéros des ballots, caisses et tonneaux. La description en détail ne sera faite qu'au bureau, en présence de la partie, ou après sommation d'y assister : il lui sera donné copie à chaque vacation.

719. Au cas de saisie faite sur un navire étranger, les préposés ne sont pas forcés de se servir d'un interprète lors de la lecture de leur procès-verbal (Cass. 29 avr. 1830) ; spécialement, lorsqu'il s'agit d'un navire espagnol louvoyant en mer dans les eaux françaises, et dont la saisie est faite en mer. Même arrêt.

L'apposition des scellés sur les portes, ou d'un plomb ou cachet sur les caisses ou ballots, aura lieu toutes les fois que la continuation de la description sera renvoyée à une autre séance ou vacation. Même loi, art. 8.

720. Les rapports ne sont dispensés de l'enregistrement qu'autant qu'il ne se trouvera pas de bureau dans la commune du dépôt de la marchandise, ni dans celle où est placé le tribunal qui doit connaître de l'affaire; auquel cas, le rapport sera visé le jour de sa clôture, ou le lendemain avant midi, par le juge de paix du lieu, ou, à son défaut, par l'agent municipal. Même loi, article 9.

En dehors de ces exceptions, les procès-verbaux de saisie sont soumis, comme tous les autres actes, à la formalité de l'enregistrement, qui doit être remplie au plus tard dans les quatre jours de leur date. Loi du 22 frim. an VII, art. 20. Cass. 12 août 1835, Dall. 35, 1, 405.

721. Les rapports seront affirmés au moins par deux des saisissants, devant le juge de paix ou l'un de ses suppléants, dans le délai donné pour comparaître; l'affirmation énoncera qu'il en a été donné lecture aux affirmants. Art. 10.

722. Il suffit que deux des saisissants, quel que soit leur nombre, affirment la sincérité du procès-verbal. Cass. 10 févr. 1810.

723. L'affirmation peut être faite, dans tous les cas, devant le juge de paix du lieu de la rédaction. Cass. 15 frim. an X.

724. Le défaut d'affirmation dans le délai ne rend

pas les rapports nuls, lorsqu'il provient uniquement d'une force majeure, telle que l'absence ou le refus du juge de paix. *Circ.* 13 avril 1837; Souquet, tabl. 111, 5ᵉ col. nº 145.

725. Il n'est pas indispensable que la partie saisie soit présente ou appelée à l'affirmation. Cass. 6 nivôse an VI; 18 niv., 24 vent. an VIII; 9 et 16 germ. an VII; 11 flor. an IX; Sir. 1, 2, 319.

726. Selon que le juge de paix, le tribunal correctionnel ou la Cour d'assises doivent connaître de la saisie, les procès-verbaux, dûment affirmés, sont déposés, dans le premier cas, au greffe de la justice de paix; dans le deuxième, au parquet du procureur de la République; et enfin, dans le troisième, au parquet du procureur général. Arrêté 4ᵉ jour compl. an XI, art. 6.

727. Les préposés peuvent faire, pour les droits de la douane, les exploits et autres actes de justice que les huissiers ont coutume de faire, ou se servir de tel huissier que bon leur semble, sans être tenus, par exemple, de s'adresser à l'huissier de la justice de paix.

728. La forme de ces actes n'est pas soumise aux règles générales de la procédure; il suffit qu'ils contiennent les énonciations prescrites par les lois spéciales. Ainsi est valable, 1° un exploit qui ne contient pas les noms, prénoms et domiciles des préposés qui le signifient (Cass. 7 brum. an VIII); — 2° un acte d'appel qui ne contient ni les motifs, ni les conclusions de l'appelant. Cass. 19 frim. an VIII.

729. Le juge de paix doit être saisi des contraven-

tions à la requête de l'administration, et non du ministère public. Carou, n° 424. Cass. 8 déc. 1837.

730. Il est donné citation au saisi à comparaître, dans les vingt-quatre heures, devant le juge de paix dans le ressort duquel se trouve le bureau de douane où la marchandise a été déposée.

731. C'est contre le préposé à la conduite des objets saisis, et non contre le propriétaire prétendu, que la citation doit être dirigée. Cass. 28 déc. 1835, Dal. 36, 1, 130.

732. La citation est donnée par le procès-verbal même de saisie, qui est remis au contrevenant s'il y assiste. En cas d'absence du prévenu, la copie est affichée, dans le jour, à la porte du bureau. Loi du 9 flor. an VII, titre IV, art. 6.

733. Est valable la citation donnée dans un procès-verbal, clos à midi, pour le lendemain neuf heures du matin. Cass. 3 juin 1806.

734. Le délai n'est pas augmenté à raison de la distance du domicile élu par la partie saisie à son domicile réel. Merlin, *Rép.* v° *Douanes*.

735. Les jours de fêtes légales ne comptent pas dans ce délai. Ainsi, la citation est valablement donnée le samedi pour le lundi suivant, et l'affirmation peut avoir lieu ce jour seulement. Cass. 3 vent. an X.

736. La citation doit être donnée par acte séparé aux personnes responsables du prévenu; l'affiche du rapport ne tient pas lieu de cette citation. *Lettr. administ.* 25 août 1836.

ARTICLE 2. — *Du jugement.* — *De l'inscription de faux.* — *De l'amende et de la condamnation.*

737. Au jour indiqué pour la comparution, le juge entend la partie, si elle est présente, et est tenu de rendre de suite son jugement (L. 9 floréal, an VII, tit. 4, art. 13), à moins que le préposé ne se présente pour obtenir jugement que quelques jours après celui indiqué pour la comparution, et que la partie assignée n'ait pas demandé défaut-congé.

738. Les rapports rédigés suivant les formes, et affirmés, sont crus jusqu'à inscription de faux.

739. Celui qui voudra s'inscrire en faux contre un rapport sera tenu d'en faire la déclaration par écrit, en personne ou par un fondé de pouvoir spécial passé devant notaire, au plus tard à l'audience indiquée par la sommation de comparaître devant le tribunal qui doit connaître de la contravention. Il devra, dans les trois jours suivants, faire, au greffe dudit tribunal, le dépôt des moyens de faux, et des noms et qualités des témoins qu'il voudra faire entendre; le tout à peine de déchéance de l'inscription de faux.

Cette déclaration sera reçue et signée par le juge et le greffier, dans le cas où le déclarant ne saurait écrire ni signer. Même loi, art. 12.

740. L'inscription de faux est recevable, alors qu'elle est formée à la première audience, encore bien qu'elle ne soit proposée que postérieurement aux moyens du fond, si, d'ailleurs, aucune décision n'est intervenue sur ces moyens. Cass. 15 juin 1841, *Annales de la science des juges de paix*, vol. de 1842, p. 91.

741. Si les moyens de faux sont tels qu'en les supposant prouvés ils établissent l'existence de la fraude, le juge prononce l'admission de l'inscription de faux. Arrêté 4e jour compl., an XI, art. 9.

Si, au contraire, ils ne sont pas pertinents et admissibles, le juge les rejette et statue au fond. *eod.*

742. L'opposition à un jugement par défaut ne relève pas de la déchéance de l'inscription de faux. Cass. 4 et 23 juin 1817, Sir. 17, 297; Ch. civ. 9 mai 1838; Dev. 38, 440. — *Contrà,* Cass. 23 août 1830; Mangin, *Procès-verbaux,* 126, n° 5.

743. Si les circonstances de la saisie nécessitent un délai pour la prononciation du jugement, ce délai ne pourra excéder trois jours; et, dans ce cas, le jugement de renvoi autorisera la vente provisoire des marchandises sujettes à dépérissement, et des chevaux saisis comme ayant servi au transport. Même loi, art. 13.

744. Le jugement prononce sur les actions des redevables ou de la régie, quant aux droits à percevoir et à leur quotité. — En cas de contravention, il ordonne la confiscation des objets prohibés, exportés ou importés en fraude des droits de la régie, ainsi que des moyens de transport. — Il condamne aussi les contrevenants à l'amende fixée par la loi, et, dans certains cas, à la prison. LL. 22 août 1790; 28 avril 1816; 21 avril 1818.

745. La confiscation des marchandises saisies est prononcée contre les préposés à leur conduite, sans que la régie soit tenue de mettre en cause les propriétaires, quand même ils lui seraient indiqués; ces derniers peu-

vent intervenir. Loi du 22 août 1791, tit. XII, art. 1 ; tit. XIII, art. 20.

746. L'amende n'est pas considérée comme une peine, mais comme une réparation du préjudice causé à l'État par la fraude. — Les tribunaux civils peuvent, dans certains cas, la prononcer spécialement contre les pères et mères, civilement responsables du fait de leurs enfants (Cass. 6 juin 1811, 30 mai et 5 septembre 1828, 14 mai 1844; Favard, *Rép.*, v° *Douanes*). — Le cumul des amendes est admis, s'il y a conviction de plusieurs faits emportant différentes condamnations, nonobstant l'art. 365 du Code d'instruction criminelle. Cass. 27 avril 1830, Sir. 30, 182.

747. Les condamnations contre plusieurs personnes, pour un même fait de fraude, sont solidaires tant pour la restitution du prix des marchandises confisquées, dont la remise provisoire a été faite, que pour l'amende et les dépens (L. 22 août 1791, tit. XII, art. 3; 4 germ. an II, tit. VI, art. 22) — excepté en matière de sels. L. 17 décembre 1814, art. 29.

748. La contrainte par corps a lieu pour les condamnations au payement des droits, à celui de la valeur des objets remis provisoirement et confisqués, ou de l'amende, lorsqu'il n'a pas été prononcé de confiscation, ou enfin à la restitution des sommes que la régie a été forcée de payer. — Même contre les cautions pour le prix des choses confisquées. L. 22 août 1791, tit. XII, art. 6.

749. Lorsque la mainlevée des objets saisis pour contravention aux lois dont l'exécution est confiée à

l'administration des douanes sera accordée par jugements contre lesquels il y aurait pourvoi en cassation, la remise n'en sera faite à ceux au profit desquels lesdits jugements auront été rendus, qu'au préalable ils n'aient donné bonne et suffisante caution de leur valeur. La mainlevée ne pourra jamais être accordée pour les marchandises dont l'entrée est prohibée. Loi du 9 floréal an VII, titre IV, art. 15.

750. Lorsque la saisie n'est pas fondée, le propriétaire des marchandises a droit à un intérêt d'indemnité, à raison d'un pour cent par mois de la valeur des objets saisis, depuis l'époque de la retenue jusqu'à celle de la remise ou de l'offre qui lui en aura été faite. Il est expressément défendu aux juges d'excuser les contrevenants sur l'intention. *Eod.* art. 16.

751. Il est expressément défendu de faire aucune remise sur les confiscations et amendes pour contraventions à la loi du 10 brumaire an V, ni pour celles encourues pour introduction de marchandises prohibées ou en fraude des droits; et dans les autres cas, la loi du 23 brumaire an III ne pourra être exécutée, lorsqu'il sera intervenu un jugement définitif. *Eod.* art. 17.

752. Les tribunaux ne sauraient admettre contre les procès-verbaux de contravention d'autres nullités que celles expressément prononcées par la loi; ils ne peuvent autoriser la preuve testimoniale contre leur contenu, ni excuser les contrevenants sur leur ignorance ou leur bonne foi. LL. 6-22 août 1791, tit. X, art. 25; 9 flor. an XI, tit. IV, art. 11; arrêté 4e complém. an XI art. 12; Cass. 22 juin 1842.

753. Ainsi, la contravention résultant de l'introduction de marchandises en France, sans avoir rempli les formalités exigées par les lois de douanes, ne peut être excusée sur le motif que le contrevenant n'avait pas l'intention de frauder. Cass. 19 juillet 1831.

754. Les individus préposés à la conduite de marchandises saisies ne peuvent être excusés sous prétexte de leur bonne foi, tirée de l'impossibilité de vérifier la fraude. Cass. 20 juillet 1831.

755. Il y a lieu d'annuler le jugement qui a ordonné la preuve de faits déjà constatés par un procès-verbal régulier et non argué de faux, ou contraires aux énonciations de ce procès-verbal. Cass. 14 avril 1841 ; 22 juin 1842.

756. Il est défendu aux juges de modérer les droits, confiscations et amendes, à peine d'en répondre personnellement. LL. 6-22 août 1791, tit. XII, art. 4 ; 4 germ. an II, tit. VI, art. 23; 9 flor. an VII, tit. IV, art. 17.

CHAPITRE III. — De l'opposition au jugement et de l'appel.

757. La signification d'un jugement rendu par le juge de paix en matière de douanes est valablement faite par un huissier qui n'est pas celui de la justice de paix : l'art. 6 C. proc. n'a pas dérogé aux lois spéciales à la procédure des douanes. LL. 22 août 1791, tit. XIII, art. 18 ; 14 fruct. an III, art. 6 ; Cass. 1er déc. 1830.

758. La signification des jugements rendus sur saisie, soit par le juge de paix, soit en appel, doit être faite au domicile du contrevenant, s'il en a un réel ou élu

dans le lieu de l'établissement du bureau ; sinon, au maire de la commune. — Les significations adressées à la régie sont faites au préposé local.

759. Quant à l'opposition aux jugements par défaut rendus par les juges de paix en matière de douane, elle est assujettie aux dispositions du Code de procédure sur les jugements par défaut. Articles 19 et suivants du Code.

760. Un jugement par défaut ne peut être attaqué par appel, tant que l'opposition est recevable. Après le délai de trois jours, fixé par la loi pour l'opposition, l'appel peut être relevé. Cass. 1er fruct. an VIII.

761. L'opposition est formée dans le délai et suivant le mode indiqués par l'art. 20 C. proc.

762. L'appel est déféré au trib. civil dans le ressort duquel est situé le trib. de paix. LL. 4 germ. an II, tit. VI, art. 16 ; 14 fruct. an III, art. 6 ; 9 flor. an VII, tit. IV, art. 44.

763. Il doit être notifié dans la huitaine de la signification du jugement (L. 14 fruct. an III, art. 6), sans citation préalable au bureau de conciliation ; après ce délai, il n'est point recevable, et le jugement est exécuté purement et simplement ; peu importe qu'il s'agisse de saisie ou de toute autre affaire (Cass. 23 févr. 1836). Le délai d'appel court du jour où l'opposition n'est plus recevable, si le jugement a été rendu par défaut. Arg. C. proc. 443.

764. La déclaration d'appel contient assignation à trois jours devant le tribunal civil dans le ressort duquel

se trouve le juge de paix qui a rendu le jugement. L. 14 fruct. an III, art. 6.

765. Les trois jours sont francs. Cass. 3 mess. an IX, 3 mess. an X.

Le délai de l'assignation est augmenté d'un jour par deux myriamètres de distance entre la commune où est établi le trib. de paix et celle où siége le trib. civil. L. 9 flor. an VII, tit. IV, art. 14.

766. Si l'appel est signifié à l'administration, il doit l'être à la personne et au domicile du receveur poursuivant; s'il est signifié par l'administration, il l'est au domicile de l'intimé s'il en a un réel ou élu dans le lieu de l'établissement du bureau, sinon au domicile du maire de la commune où se trouve ce bureau. Arg. L. 14 fruct. an III, art. 11.

767. Le jugement doit être rendu dans les huit jours qui suivent la déclaration d'appel. L. 14 fruct. an III, art. 6. Bioche et Goujet, *Dict. de proc. civ.*, v° *Douane.*

CHAPITRE IV. — Des transactions.

768. L'administration des douanes a le droit de transiger sur toutes les infractions aux lois de la matière, c'est-à-dire sur les contraventions, fraudes et contrebandes, et sur tous les procès y relatifs, quels que soient les juges compétents pour en connaître, soit avant, soit après le jugement. Arr. 14 fruct. an X, art. 1er.

769. Dans les affaires résultant de procès-verbaux de saisie ou de contravention, les transactions délibérées en Conseil d'administration sont définitives : 1° par l'approbation du directeur général, lorsque la condam-

nation n'excède pas 3,000 fr.; 2° par l'approbation du ministre, lorsqu'il y a eu dissentiment entre le directeur général et le Conseil d'administration, et, dans tous les cas, lorsque le montant de la condamnation excède 3,000 fr. Ord. 30 janv. 1822, art. 10.

770. Les transactions consenties par l'administration des douanes n'embrassent pas seulement les peines pécuniaires ou les réparations civiles dues à l'État, elles ont aussi pour effet d'arrêter et d'éteindre l'action du ministère public, même pour les peines corporelles encourues par les délinquants. Cass. 30 juin 1820; Pau, 9 déc. 1833; Mangin, *De l'act. pub.* 1, 81.

771. Mais lorsqu'aux faits spéciaux de contravention, de fraude et de contrebande se trouvent joints des délits communs, tels que des faits de rébellion, de violence, de blessures graves ou de meurtre, aucune transaction ne peut être admise, à cet égard, par l'administration; et celles qui auraient eu lieu n'arrêteraient pas les poursuites du ministère public. Circ. 16 avr. 1813.

CHAPITRE V.— De la prescription.

772. L'action de la régie en payement de droit se prescrit par un an, à moins qu'il n'y ait eu auparavant, soit par la régie, soit par les parties, contrainte décernée et signifiée, demande formée en justice, condamnation, ou obligation particulière, relative à l'objet répété. L. 22 août 1791, tit. XIII, art. 25.

773. L'action en restitution de droits et de marchandises, payements de loyers et appointements, se prescrit par deux ans.

774. La régie est déchargée, trois ans après chaque année expirée, de la garde des registres de recette, et autres, de ladite année; elle n'est pas tenue de les représenter, lors même qu'ils seraient nécessaires pour les instances encore subsistantes.

CHAPITRE VI. — Du timbre et de l'enregistrement en matière de douane.

775. Les actes judiciaires dressés par les agents des douanes sont assujettis au timbre ordinaire. Loi du 28 avril 1816, art. 19.

776. Les procès-verbaux en matière de douane sont visés pour timbre. L. 22 frim. an VII; Ordonn. 22 mai 1816.

777. Les contraintes, sommations, assignations, significations, saisies-arrêts et autres actes ayant pour objet le recouvrement des droits dus à la régie, sont enregistrés gratis, lorsque la quotité de ces droits est inférieure à 25 fr. (LL. 22 frim. an VII, art. 70, § 2, 2°; 16 juin 1824, art. 6). — L'enregistrement gratis n'a pas lieu, quelque modique que soit la somme, si elle fait partie d'une somme totale supérieure à 25 fr., ou en est le reliquat (Arg. L. 16 juin 1824, art. 6; Cass. 2 déc. 1806). — Si la somme excède 25 fr., il est dû un droit fixe de 1 fr. L. 22 frim., art. 68, n° 30; Bioche et Goujet, v° *Douane*, n° 222 et suiv.

778. L'acte constatant l'affirmation des préposés est exempt de l'enregistrement. Loi 22 frimaire an VII, art. 7.

779. Les jugements qui ne prononcent ni confiscation, ni amende, sont assujettis aux mêmes droits d'en-

registrement que ceux rendus entre particuliers. Loi du 28 avril 1816, art. 39.

780. Ceux qui prononcent confiscation et amende, sans énoncer la valeur des objets confisqués, sont enregistrés dans les vingt-quatre heures, aux droits réservés.

781. Les préposés sont tenus de faire procéder à l'estimation des marchandises, avant toute transaction avec les redevables, et de remettre aussitôt le résultat de l'évaluation au receveur.

782. Le droit est, dans ce cas, de 50 c. par 100 fr. de la valeur des marchandises et objets saisis, à moins que le jugement ne porte que c'est à titre de dommages-intérêts que la confiscation est prononcée : alors le droit est de 2 pour 100. Instruction 766. Bioche et Goujet, v° *Douane*.

FORMULE 148e. *Procès-verbal de saisie.*

L'an... (*jour, mois, heure*), à la requête de M. le directeur de l'administration des douanes, dont le bureau est à Paris, poursuite et diligence de M. le receveur principal (*nom, prénoms, domicile*), au bureau duquel il fait élection de domicile pour les suites du présent, nous, soussignés... (*noms, prénoms*), préposés au poste de la douane de... certifions que vers... heure du matin (*ou de relevée*) (1), nous avons... (*On expose les faits*

(1) *Si la saisie est faite dans une maison, on met :* Étant accompagnés de M... juge de paix (*ou maire*) de... nous sommes rendus dans la maison du sieur... située... où nous soupçonnions qu'il existait un entrepôt défendu par la loi; déclaration faite de nos qualités et de l'objet

et toutes les circonstances, on désigne le lieu où la saisie a été faite, sa distance de l'étranger. Si le prévenu évitait ou dépassait le premier bureau de la route auquel les déclarations et vérifications doivent être faites, s'il tenait un chemin oblique, si les marchandises étaient transportées par des voitures, chevaux, bateaux ou navires.)

Nous avons déclaré nos qualités au voiturier (*colporteur, batelier, maître ou capitaine de navire*), en l'interpellant de nous dire son nom; ce qu'il conduisait, à qui le chargement appartenait, d'où il venait, quelle était sa destination. (*Mentionner la réponse ou le refus de répondre.*)

Ayant voulu nous assurer du contenu desdites caisses (*ballots ou tonneaux*), nous les avons ouvertes (*ou avons sondé les tonneaux*), et ayant observé que... (*spécifier la contravention*), nous avons sommé ledit sieur... de nous accompagner avec son chargement, sa voiture et ses chevaux (*ou son bateau*) servant au transport, au bureau de la douane, à... (*lieu du bureau*), le plus voisin du lieu de la saisie (1), où nous procéderions à une vérification plus détaillée. Y étant arrivés à... heure de... nous

de notre mission audit sieur... qui se trouvait dans ladite maison, nous l'avons sommé d'être présent à la recherche que nous allions faire chez lui avec M... juge de paix (*ou maire*); nous avons parcouru avec lui l'intérieur de la maison... et, entrés dans... avons trouvé (*détailler les objets*), pour le transport desquels objets ledit sieur... n'a pu, sur notre interpellation, nous représenter aucune expédition...; ayant sommé le prévenu de nous dire, etc.

(1) Énoncer les motifs graves qui empêcheraient le transport des objets saisis au bureau le plus voisin.

avons, conjointement avec le sieur... receveur, et en présence du sieur... (*le conducteur*), immédiatement reconnu que son chargement consistait en... (*déterminer l'espèce, le poids, le nombre des objets saisis, et leurs marques*).

Vu la contravention à l'art... de la loi du... (*citer le texte, ou au moins la partie du texte relative à la contravention*), nous avons déclaré audit sieur... la saisie des... (*nombre*) ballots (*ou caisses,* etc.) de marchandises, suivant le dénombrement et la description mentionnés ci-dessus; desquels le receveur s'est chargé, après que nous avons eu apposé le cachet de l'un de nous sur chacun desdits ballots (*ou* après que nous les avons eu plombés au coin de ce bureau, en invitant ledit sieur... d'y apposer son cachet, lequel a consenti (*ou a refusé*); desquels cachets l'empreinte est en marge du présent);

Avons également déclaré la saisie desdites voitures, chevaux (*bateau ou bâtiment de mer*), comme ayant servi au transport, en vertu de l'art. ... du titre V de la loi du 22 août 1791 (*désigner la couleur du poil des chevaux, leur taille, leur espèce, et approximativement leur âge*; *si la voiture est à deux ou à quatre roues; ce qui est particulier aux bateaux et bâtiments de mer* (1);

Pour procéder aux fins de notre procès-verbal rédigé

(1) *S'il y a lieu à remise des moyens de transport :* Attendu qu'il ne s'agit pas de marchandises prohibées, nous avons, conformément à l'ordonnance... au titre IV de la loi du 9 floréal an VII, offert audit sieur... remise sous caution solvable, ou en consignant la valeur; lequel a en effet consigné entre les mains dudit receveur la valeur des chevaux,

de suite, nous, susdits et soussignés d'autre part, avons assigné ledit sieur... à comparaître et se trouver, le jour de demain à... heure de... devant M. le juge de paix du canton de... en son audience à... pour entendre prononcer la confiscation des objets saisis, et se voir condamner à l'amende de... conformément à l'art... de la loi du.., et aux dépens.

Avons donné lecture audit sieur... du présent procès-verbal, avec sommation de le signer, lequel y a consenti (*ou a refusé, ou déclaré ne savoir signer*).

Fait et clos en ladite douane de... à... heures de... le... et avons signé avec le sieur... receveur, constitué gardien ; et à l'instant donné et notifié copie du présent au sieur... (*Signature des préposés.*)

FORMULE 149e. *Affirmation d'un procès-verbal de saisie.*

L'an... (*mois, jour et heure*) sont comparus devant nous (*noms, prénoms*), juge de paix du canton de... arrondissement de... département de... les sieurs (*noms, prénoms*), préposés de la douane de... saisissant, ainsi qu'il résulte du procès-verbal ci-dessus et d'autre part; lesquels en ont affirmé tout le contenu sincère et véritable, après que lecture leur en a été faite, ainsi que du présent acte, et ont signé avec nous.

(*Signatures des préposés et du juge de paix.*)

Nota. L'affirmation est mise au bas du procès-verbal de saisie.

voitures (bateau ou bâtiment de mer) ci-dessus désignés, estimés de gré à gré à la somme de...

FORMULE 150e. *Remise sous caution.*

Je soussigné (*nom, prénoms et domicile du prévenu*) reconnais que le sieur...(*nom, prénoms du receveur*) m'a remis les chevaux, voitures, bateaux, etc., saisis comme il est mentionné au rapport du... estimés à la somme de... laquelle somme je m'engage et promets solidairement avec le sieur... (*nom, prénoms, qualité et domicile de la caution*), ma caution, de payer entre les mains dudit receveur, aussitôt qu'il en sera ainsi ordonné par jugement, à quelle fin et pour lequel engagement ledit sieur... a signé avec moi.

Fait à... le...

(*Signatures du prévenu et de la caution.*)

FORMULE 151e. *Jugement qui valide la saisie.*

L'an... le...

Audience du... tenue par... assisté de... greffier.

En la cause de M. le conseiller d'Etat directeur général de l'administration des douanes, dont le bureau central est à Paris, rue.... poursuite et diligence du sieur... receveur des douanes à...

Contre le sieur B...

S'est présenté le sieur A... agissant en qualité de receveur des douanes à Béziers, y domicilié, lequel nous a dit qu'il résulte d'un procès-verbal du jour d'hier, dûment affirmé devant nous et enregistré, ledit procès-verbal dressé par... qu'étant en surveillance sur les routes de... à moins de quinze kilomètres de la mer, ils ont abordé, vers huit heures un quart du matin, un individu qui transportait, au moyen d'une charrette attelée de trois chevaux, diverses marchandises, parmi lesquelles se trouvait une certaine quantité de sucre qu'ils ont reconnu peser trois cents kilogrammes; qu'interpellé par les préposés d'exhiber l'expédition des douanes autorisant le transport dudit sucre, le charretier a déclaré ne pas en avoir. Interrogé sur ses nom, prénoms, demeure et profession, il a répondu se nommer B... que le comparant, assisté des susdits préposés, et en présence du sieur B... a de nouveau déclaré saisie, en offrant mainlevée du tout sous caution solvable, ou bien en consignant la valeur des trois bêtes de trait, de la charrette, du sucre et des autres marchandises qu'elle contenait, consistant en... et droits de consommation, estimés à l'amiable à la somme de trois mille francs, ce qui a été accepté par le sieur B... lequel nous a représenté pour caution le sieur N... qui s'est engagé à payer entre les mains du sieur A... receveur de ladite douane, ladite somme de trois mille francs, montant des objets saisis, de plus tous les frais faits et à faire, et toute autre somme que l'administration exigerait pour ladite contravention; qu'à la suite de la rédaction du procès-verbal, ledit B... a été assigné à comparaître à la présente audience pour entendre prononcer la confiscation des objets saisis, se voir en outre condamner à l'amende de... francs, avec le décime en sus, et de plus aux dépens par application de l'art... du décret du... et ce à quoi ledit A... comparant, a conclu à l'audience.

Le sieur B... défendeur, comparant, a dit que les trois cents kilogrammes de sucre avaient été introduits furtivement dans sa voiture, et il a demandé à être relaxé de la demande et de la prévention.

Nous, juge de paix, considérant que le procès-verbal dressé par les préposés a été légalement et régulièrement fait et affirmé; qu'il est constant que trois cents kilogrammes de sucre se trouvaient dans la voiture, sans qu'il fût muni de l'expédition des douanes en autorisant le transport; que les excuses ne sont pas d'ailleurs admises en matière de contravention de douane; que dès lors il y a lieu de faire audit sieur B... l'application de l'art... du susdit décret;

Par ces motifs, jugeant contradictoirement et à charge d'appel, et disant droit aux conclusions du sieur A... receveur des douanes, déclarons bonne et valable la saisie faite le 20 mai courant, au préjudice dudit B... ordonnons la confiscation des objets saisis, et condamnons ledit B... en l'amende... le décime en sus, et aux dépens liquidés à... aux frais d'enregistrement, de timbre, d'expédition et signification du présent jugement.

Ainsi jugé et prononcé...»

Nota. — Toutefois nous croyons devoir faire remarquer que ces jugements s'expédient rarement. La partie condamnée adresse un mémoire à l'administration, et il intervient presque toujours une transaction.

TITRE VI.

COMPÉTENCE DES JUGES DE PAIX EN MATIÈRE DE CHEMINS VICINAUX. — PROCÉDURE. — FORMES.

CHAPITRE Ier. — Compétence des juges de paix et procédure pour la fixation de l'indemnité due aux propriétaires riverains, par suite d'un arrêté portant reconnaissance et fixation de la largeur d'un chemin vicinal.

783. La compétence des juges de paix en matière de chemins vicinaux est réglée par les art. 15, 16 et 17 de la loi sur les chemins vicinaux, du 21 mai 1836, ainsi conçus :

« Les arrêtés du préfet portant reconnaissance et fixa-« tion de la largeur d'un chemin vicinal attribuent « définitivement au chemin le sol compris dans les li-« mites qu'ils déterminent. — Le droit des propriétaires « riverains se résout en une indemnité, qui sera réglée à « l'amiable ou par le juge de paix du canton, sur le rap-« port d'experts nommés conformément à l'art. 17. » Art. 15.

784. « Les travaux d'ouverture et de redressement « des chemins vicinaux seront autorisés par arrêté du « préfet. Lorsque, pour l'exécution du présent article, « il y aura lieu de recourir à l'expropriation, le jury « spécial chargé de régler les indemnités ne sera com-« posé que de quatre jurés. Le tribunal d'arrondisse-« ment, en prononçant l'expropriation, désignera, pour « présider et diriger le jury, l'un de ses membres ou le « juge de paix du canton. Ce magistrat aura voix déli-« bérative en cas de partage. Le tribunal choisira, sur « la liste générale prescrite par l'art. 29 de la loi du « 7 juillet 1833, quatre personnes pour former le jury

« spécial, et trois jurés supplémentaires. L'administra-« tion et la partie intéressée auront respectivement le « droit d'exercer une récusation péremptoire. Le juge « recevra les acquiescements des parties ; — Son procès-« verbal emportera translation définitive de propriété. « Le recours en cassation, soit contre le jugement qui « prononcera l'expropriation, soit contre la déclaration « du jury qui réglera l'indemnité, n'aura lieu que dans « les cas prévus et selon les formes déterminées par la « loi du 7 juillet 1833. » Art. 16.

785. « Les extractions de matériaux, les dépôts ou « enlèvements de terre, les occupations de terrains, se-« ront autorisés par arrêté du préfet, lequel désignera « les lieux ; cet arrêté sera notifié aux parties intéressées, « au moins dix jours avant que son exécution puisse « être commencée. Si l'indemnité ne peut être fixée à « l'amiable, elle sera réglée par le Conseil de préfecture, « sur le rapport d'experts nommés l'un par le sous-« préfet, l'autre par le propriétaire. En cas de discord, « le tiers expert sera nommé par le Conseil de préfec-« ture. » Art. 17.

Le dernier de ces articles ne confère aux juges de paix aucune compétence ; nous ne l'avons transcrit que parce qu'il contient une des trois dispositions sur la propriété ou l'expropriation en matière de chemins vicinaux.

786. Ces trois dispositions se rapportent, comme on l'a vu : 1° aux chemins déjà existants, et dont un arrêté du préfet porte reconnaissance en en fixant la largeur ; 2° aux chemins dont l'ouverture ou le redressement sont autorisés ; 3° aux extractions de matériaux, aux dé-

pôts ou enlèvements de terre, aux occupations temporaires de terrains pour les travaux à opérer sur les chemins vicinaux.

Nous traiterons dans deux chapitres différents de la compétence et de la procédure pour le règlement de l'indemnité : 1° en cas de reconnaissance de chemins vicinaux ; et 2° en cas d'ouverture ou de redressement.

CHAPITRE II. — Compétence des juges de paix et procédure pour le règlement de l'indemnité en cas de reconnaissance de chemins vicinaux déjà existants.

787. Lorsqu'un arrêté du préfet a porté reconnaissance et fixé la largeur d'un chemin vicinal, le règlement des indemnités dues aux propriétaires riverains appartient au juge de paix et aux experts, en vertu de la disposition toute spéciale de l'art. 15, ci-dessus cité, de la loi du 21 mai 1836.

788. Le juge de paix n'a nullement à se préoccuper, en ce cas, des questions de propriété ; il faut, pour qu'il y ait lieu à la fixation de l'indemnité, que le propriétaire dépossédé et l'administration municipale soient d'accord sur le terrain formant l'emplacement du chemin, ou sur les parties destinées à l'agrandissement de sa largeur, ou qu'un jugement ait prononcé.

789. Lorsque la question de propriété a été ainsi écartée, l'indemnité, dit l'art. 15, est réglée « à l'amiable, ou par le juge de paix du canton, sur le rapport « d'experts nommés conformément à l'art. 17. » Or, suivant cet art. 17, rapporté plus haut, l'un des experts doit être nommé par le sous-préfet, l'autre par le

propriétaire, et le tiers expert, en cas de désaccord, par le Conseil de préfecture. Se fondant sur les termes de cet article, M. Victor Dumay, dans son *Commentaire de la loi du 21 mai* 1836, soutient que le tiers expert, dans le cas de l'art. 15, doit être aussi nommé par le Conseil de préfecture ; mais Curasson en attribue avec raison la nomination aux juges de paix, l'art. 15, en ordonnant que les experts seront nommés conformément à l'article 17, n'ayant entendu prescrire autre chose, sinon qu'il serait procédé, dans les cas prévus par les deux articles, de la même manière, c'est-à-dire que le tiers expert serait nommé par le juge chargé de régler l'indemnité.

790. Curasson pose cette autre question : Le juge de paix sera-t-il tenu de s'en rapporter à l'avis des experts? — D'après l'art. 323 C. proc., « les juges ne sont point « astreints à suivre l'avis des experts, si leur conviction « s'y oppose. » Or, dans la mission que lui confère l'art. 15 de la loi sur les chemins vicinaux, le juge de paix *décide* et *prononce;* l'indemnité est *réglée* à l'amiable, dit l'article, ou *par le juge de paix du canton, sur le rapport d'experts* nommés conformément à l'art. 17. Le juge de paix rend donc un véritable *jugement*, il agit comme *juge*, et, dès lors, il ne doit pas être tenu d'entériner, *purement et simplement*, le rapport des experts.

791. L'action en règlement d'indemnité étant dirigée contre une commune, doit être précédée d'un Mémoire au préfet, aux termes des art. 51 et suivants de la loi sur l'administration municipale, du 18 juillet 1837. Ce Mémoire expose les motifs de la réclamation; il interrompt

la prescription et toute déchéance; le préfet en donne récépissé.

792. Citation est ensuite donnée au maire de la commune, devant le juge de paix, avec désignation d'un expert dans la citation, et sommation au maire d'en faire nommer un par le sous-préfet; les experts prêtent serment au jour indiqué par le juge, et se livrent à l'opération, sans qu'il soit besoin que le juge de paix y assiste. — En cas de désaccord, le juge de paix nomme un tiers expert. Le procès-verbal des experts est déposé au greffe de la justice de paix; puis le juge de paix prononce.

793. Les frais de l'expertise sont à la charge de la commune, de même que ceux du jugement, puisque c'est elle qui est débitrice de l'indemnité, et que le mode de règlement en justice est indiqué par la loi; cependant l'art. 40, § 3, de la loi du 7 juillet 1833, sur l'*expropriation pour cause d'utilité publique*, veut que, si l'indemnité est à la fois supérieure à l'offre de l'administration et inférieure à la demande des parties, les dépens soient compensés. Mais pour qu'il en fût ainsi dans le cas prévu par cette loi, il a fallu une disposition particulière qui ne se trouve pas répétée dans la loi sur les chemins vicinaux. Toutefois, si la commune avait fait des offres réelles, si le Conseil municipal avait consenti à ces offres, si le préfet avait ordonné que la somme proposée par la commune fût portée à son budget, et si enfin la commune demandait que ces offres fussent déclarées valables, le demandeur qui n'obtiendrait qu'une somme égale ou inférieure à la somme

offerte, pourrait être condamné aux dépens. Curasson, *loc. cit.* n° 12.

794. Nous avons dit plus haut que la décision du juge de paix prononçant sur le rapport d'experts est un véritable *jugement* : en effet, il a été jugé que ces décisions sont susceptibles d'appel, comme les sentences ordinaires des juges de paix (Cass. 10 décembre 1845 et 27 janvier 1847, *Annales* 1847, p. 240); différentes, en cela, des décisions du jury spécial qui prononce, aux termes de l'article 16 de la loi, sur l'indemnité d'expropriation en cas d'ouverture ou de redressement des chemins vicinaux, lesquelles ne peuvent être attaquées, comme nous le verrons ci-après, que par le recours en cassation.

FORMULE 152e. *Jugement qui règle l'indemnité à payer au propriétaire riverain d'un chemin vicinal.*

Audience du... tenue par... assisté de... greffier.

En la cause de A...

Contre la commune de... représentée par M... maire de ladite commune.

Vu l'arrêté de M. le préfet du département de... en date du... portant reconnaissance et fixation de la largeur du chemin vicinal allant de... à...

Vu le mémoire adressé par le sieur A... au préfet du département de... en date du... et le récépissé du préfet en date du...

Vu l'autorisation donnée à la commune de...

Vu la nomination du sieur C... expert désigné par arrêté de M. le sous-préfet de... en date du... du sieur ... expert désigné par le sieur A... et du sieur K... tiers expert nommé par nous, lesquels ont, suivant procès-verbal en date du... prêté serment en nos mains de remplir fidèlement leur mission;

Vu le rapport en date du... des sieurs C... et D... experts nommés, le premier, par M. le sous-préfet... et le second, par le sieur A... duquel il résulte que ledit sieur C... estime le terrain cédé par A... à raison de deux francs le mètre, et ledit sieur C... à raison de trois francs cinquante centimes le mètre carré;

Vu également le rapport du sieur K... tiers expert nommé par nous... lequel estime les susdits terrains à la somme de deux francs, comme le premier expert;

Vu la lettre de M. le sous-préfet de... qui nous invite à fixer l'indemnité relative au même terrain;

Ensemble toutes les autres pièces du dossier;

Nous, juge de paix, procédant en conformité de l'art. 15 de la loi du 21 mai 1836,

Attendu que le tiers expert, adoptant l'avis d'un des experts, a fixé à deux francs la valeur du mètre carré du terrain cédé;

Attendu que cette estimation est juste et conforme au prix moyen auquel sont vendus dans le pays les terrains de même nature;

Par ces motifs... disons et ordonnons que l'indemnité pour l'abandon du terrain dont il s'agit est et demeure fixée à la somme de deux francs pour chaque mètre carré; ce qui, à raison de cent vingt mètres cinquante centimètres, revient à la somme de deux cent quarante et un francs; condamnons, en conséquence, la commune de... en la personne de M... maire de ladite commune, à payer au sieur A... la somme de deux cent quarante et un francs, avec intérêts du jour de la demande; disons également que les frais d'expertise seront à la charge de ladite commune, ainsi que ceux d'enregistrement, expédition et signification du présent jugement;

Ainsi jugé...

CHAPITRE III.— Compétence et procédure en cas de délégation du juge de paix pour présider et diriger le jury chargé de régler l'indemnité due aux propriétaires du terrain des chemins vicinaux nouvellement ouverts ou redressés.

795. Comme nous l'avons vu ci-dessus, n° 784, les travaux d'ouverture et de redressement des chemins vicinaux sont, aux termes de l'article 16 de la loi du 21 mai 1836, autorisés par arrêté du préfet : « Lorsque, « pour l'exécution de cet article, il y a lieu de recourir « à l'expropriation, le jury spécial chargé de régler les « indemnités n'est composé que de quatre jurés. Le « tribunal d'arrondissement, en prononçant l'expro- « priation, désigne, pour présider et diriger le jury, « l'un de ses membres *ou le juge de paix du canton*. Ce « magistrat a voix délibérative en cas de partage. Le « tribunal choisit, sur la liste générale prescrite par « l'art. 29 de la loi du 7 juillet 1833, quatre personnes « pour former le jury spécial, et trois jurés supplémen- « taires. L'administration et la partie intéressée ont « respectivement le droit d'exercer une récusation pé- « remptoire. Le juge reçoit les acquiescements des par- « ties. — Son procès-verbal emporte translation défi-

« nitive de propriété. Le recours en cassation, soit con-
« tre le jugement qui prononce l'expropriation, soit
« contre la déclaration du jury qui règle l'indemnité,
« n'a lieu que dans les cas prévus et selon les formes
« déterminées par la loi du 7 juillet 1833. » Art. 16.

796. La liste générale, prescrite par l'art. 29 de la loi du 7 juillet 1833, reproduite, avec quelques dispositions additionnelles, par la loi du 3 mai 1841 sur l'expropriation pour cause d'utilité publique, se compose de seize personnes, qui forment le jury spécial chargé de fixer définitivement le montant de l'indemnité, et, en outre, de quatre jurés supplémentaires.

797. La liste des jurés est transmise, par le préfet, au sous-préfet qui, après s'être concerté avec le magistrat directeur du jury, convoque les jurés et les parties, en leur indiquant, au moins huit jours à l'avance, le lieu et le jour de la réunion. La notification aux parties leur fait connaître les noms des jurés. Loi du 7 juillet 1833, art. 31.

798. Tout juré qui, sans motifs légitimes, manque à l'une des séances, ou refuse de prendre part à la délibération, encourt une amende de 100 fr. au moins, et de 300 fr. au plus. L'amende est prononcée par le magistrat directeur du jury. Il statue en dernier ressort sur l'opposition qui serait formée par le juré condamné. Il prononce également sur les causes d'empêchement que les jurés proposent, ainsi que sur les exclusions ou incompatibilités, dont les causes ne seraient survenues ou n'auraient été connues que postérieurement à la désignation faite en vertu de l'art. 30. Même loi, art. 32.

799. Ceux des jurés qui se trouvent rayés de la liste, par suite des empêchements, exclusions ou incompatibilités prévus par l'article précédent, sont immédiatement remplacés par les jurés supplémentaires, que le magistrat directeur du jury appelle dans l'ordre de leur inscription. En cas d'insuffisance, le tribunal de l'arrondissement choisit, sur la liste dressée en vertu de l'art. 29, les personnes nécessaires pour compléter le nombre de seize jurés. Art. 33.

800. Lorsque le jury est constitué, chaque juré prête serment de remplir ses fonctions avec impartialité. Article 36.

801. Le magistrat directeur met sous les yeux du jury : 1° le tableau des offres et demandes notifiées en exécution des art. 23 et 24; 2° les plans parcellaires, et les titres des autres documents produits par les parties à l'appui de leurs offres et demandes; 3° les parties ou leurs fondés de pouvoir peuvent présenter sommairement leurs observations. Le jury pourra entendre toutes les personnes qu'il croira pouvoir l'éclairer. Il pourra également se transporter sur les lieux, ou déléguer à cet effet un ou plusieurs de ses membres. La discussion est publique; elle peut être continuée à une autre séance. Art. 37.

802. La clôture de l'instruction est prononcée par le magistrat directeur du jury. Les jurés se retirent immédiatement dans leur chambre pour délibérer, sans désemparer, sous la présidence de l'un d'eux, qu'ils désignent à l'instant même. La décision du jury fixe le montant de l'indemnité; elle est prise à la majorité des

voix. En cas de partage, la voix du président du jury est prépondérante (1). Art. 38.

803. Le jury prononce des indemnités distinctes en faveur des parties qui les réclament à des titres différents, comme propriétaires, fermiers, locataires, usagers et autres intéressés. Dans le cas d'usufruit, une seule indemnité est fixée par le jury, eu égard à la valeur totale de l'immeuble. Le nu-propriétaire et l'usufruitier exercent leurs droits sur le montant de l'indemnité au lieu de l'exercer sur la chose. L'usufruitier sera tenu de donner caution. Les père et mère ayant l'usufruit légal de leurs enfants en seront seuls dispensés. Lorsqu'il y a litige sur le fond du droit ou la qualité des réclamants, et toutes les fois qu'il s'élève des difficultés étrangères à la fixation du montant de l'indemnité, le jury règle l'indemnité indépendamment de ces difficultés, sur lesquelles les parties sont renvoyées à se pourvoir devant qui de droit. Art. 39.

804. Si l'indemnité réglée par le jury est inférieure ou égale à l'offre faite par l'administration, les parties qui l'auront refusée seront condamnées aux dépens. — Si l'indemnité est égale ou supérieure à la demande des parties, l'administration sera condamnée aux dépens; si l'indemnité est à la fois supérieure à l'offre de l'administration et supérieure à la demande des parties, les dépens seront compensés, de manière à être supportés par les parties et l'administration dans les proportions de leurs offres ou de leurs demandes avec la décision

(1) L'art. 16 de la loi du 21 mai 1836 fait vider le partage par le juge de paix. Voir ci-dessus, n° 795.

du jury. Tout indemnitaire qui ne se trouvera pas dans le cas des art. 25 et 26 sera condamné aux dépens, quelle que soit l'estimation ultérieure du jury, s'il a omis de se conformer aux dispositions de l'art. 24 (1). Art. 40.

805. La décision du jury, signée des membres qui y ont concouru, est remise par le président au magistrat directeur qui la déclare exécutoire, statue sur les dépens et envoie l'administration en possession de la propriété, à la charge par elle de se conformer aux dispositions des art. 53, 54 et suivants (2). Le magistrat taxe les dépens. Un règlement d'administration publique, qui sera publié avec la mise à exécution de la présente loi, déterminera le tarif des dépens. La taxe ne comprendra que ces actes faits postérieurement à l'offre de l'administration; les frais des actes antérieurs demeurent, dans tous les cas, à la charge de l'administration. Article 41.

806. La décision du jury ne peut être attaquée que par la voie du recours en cassation et seulement pour violation du premier paragraphe de l'art. 30 et des art. 31, 35, 36, 37, 38, 39 et 40. — Le délai sera de quinze jours pour ce recours, qui sera d'ailleurs formé, notifié et jugé comme il est dit en l'art. 20 : il courra à partir du jour de la décision. Art. 42.

(1) Art. 24 : « Dans la quinzaine suivante, c'est-à-dire à partir de l'offre pour indemnité faite par l'administration, les propriétaires et autres intéressés seront tenus de déclarer leur acceptation, ou, s'ils n'acceptent pas les offres qui leur sont faites, d'indiquer le montant de leurs prétentions. »

(2) Payement préalable de l'indemnité ou offres réelles et consignation.

807. Lorsqu'une décision du jury aura été cassée, l'affaire sera renvoyée devant un nouveau jury, choisi dans le même arrondissement.—Il sera procédé, à cet effet, conformément à l'art. 30 (Art. 44).

808. Les opérations commencées par un jury, et qui ne sont pas encore terminées au moment du renouvellement annuel de la liste générale mentionnée en l'article 23, sont continuées jusqu'à conclusion définitive par le même jury. Art. 45.

809. Après la clôture des opérations du jury, les minutes de ses décisions et des autres pièces qui se rattachent auxdites opérations sont déposées au greffe du tribunal civil de l'arrondissement. Art. 46.

810. Le jury est juge de la sincérité du titre et de l'effet des actes qui seraient de nature à modifier l'évaluation de l'indemnité. Art. 48.

811. Dans le cas où l'administration contesterait au détenteur exproprié le droit à une indemnité, le jury, sans s'arrêter à la contestation, dont il renvoie le jugement devant qui de droit, fixe l'indemnité comme si elle était due, et le magistrat directeur du jury en ordonne la consignation, pour ladite indemnité rester déposée jusqu'à ce que les parties se soient entendues, ou que le litige soit vidé. Art. 49.

812. Les maisons et bâtiments dont il est nécessaire d'acquérir une portion, pour cause d'utilité publique, seront achetées en entier, si les propriétaires le requièrent par une déclaration formelle adressée au magistrat directeur du jury, dans le délai énoncé en l'art. 24 (1).

(1) Voir, pour ce délai, la note du n° 771 ci-dessus.

Il en sera de même de toute parcelle de terrain qui, par suite de morcellement, se trouvera réduite au quart de la contenance totale, si toutefois le propriétaire ne possède aucun terrain immédiatement contigu, et si la parcelle, ainsi réduite, est inférieure à 10 ares. Art. 50.

813. Si l'exécution des travaux doit procurer une augmentation de valeur immédiate et spéciale au restant de la propriété, cette augmentation pourra être prise en considération dans l'évaluation de l'indemnité. Art. 51.

814. Les constructions, plantations et améliorations ne donneront lieu à aucune indemnité lorsque, à raison de l'époque où elles auront été faites, ou de toute autre circonstance dont l'appréciation lui est abandonnée, le jury acquiert la conviction qu'elles ont été faites dans la vue d'obtenir une indemnité plus élevée. Art. 52.

FORMULE 153e. *Jugement qui déclare exécutoire la décision du jury fixant l'indemnité en cas d'expropriation pour ouverture de chemins vicinaux.*

L'an... et le... à... heure... dans le prétoire de la justice de paix du canton de... en audience publique.

Nous, juge de paix du canton de... assisté de notre greffier, le sieur...

Vu 1° le jugement rendu par le tribunal de première instance de... le... qui a prononcé l'expropriation, pour ouverture du chemin vicinal de grande communication, allant de... à... sur la poursuite de M. le préfet de... représentant le... d'un terrain situé dans le territoire de la commune de... quartier de... appartenant au sieur A... et nous a désigné, aux termes de l'art. 16

de la loi du 21 mai 1836, pour présider et diriger le jury spécial chargé, par le même art. 16, de régler l'indemnité, en cas d'expropriation, par suite d'ouverture et de redressement des chemins vicinaux;

2° Les publications et affiches faites en exécution de ladite loi, ensemble les transcriptions sous la date des... du mois de...

3° La sommation faite le... au sieur A... par exploit de... huissier à... de communiquer les titres de propriété dudit fonds, et de faire connaître les fermiers ou locataires dudit fonds exproprié, ceux qui ont sur le même fonds des droits d'usufruit, d'habitation ou d'usage, tels qu'ils sont réglés par le Code civil, et ceux qui peuvent réclamer des servitudes sur tout ou partie de l'immeuble exproprié;

4° L'expédition du procès-verbal dressé par le tribu al civil de... le... qui a choisi, sur la liste générale, quatre jurés titulaires et trois jurés supplémentaires, pour former le jury spécial chargé de régler l'indemnité due au propriétaire dépossédé du terrain sus-mentionné;

5° Notre ordonnance en date du... qui a indiqué à ces jour, lieu et heure, la réunion des jurés et des parties pour procéder à la fixation des indemnités dues à raison desdites expropriations;

6° L'original de la sommation faite par exploit de... huissier à... le... aux sieurs A... propriétaire, et N... fermier, de déclarer s'ils acceptaient les offres qui leur étaient faites;

7° Les originaux des sommations faites à la requête

de M. le préfet de... (*noms et qualités*), par... huissier, le... du mois de... savoir, aux jurés choisis par le tribunal civil de... qui sont : 1° M. D... propriétaire, demeurant à... rue...; 2° M. E... propriétaire, demeurant à... rue...; 3° M. F... ancien notaire, demeurant à... rue...; 4° M. G... médecin, demeurant à... rue...; 5° M. J... architecte, demeurant à...; 6° M. K... officier retraité, demeurant à...; 7° M. L... négociant, demeurant à... les quatre premiers jurés titulaires, et les trois derniers jurés supplémentaires;

Vu également les originaux des sommations signifiées à la requête de mondit sieur préfet, au propriétaire et au fermier du terrain exproprié le... du mois de... savoir : au sieur A... propriétaire, par exploit de... et au sieur N... fermier, par exploit de... de se trouver à ce jour, lieu et heure devant le jury spécial et devant nous;

Toutes les formalités prescrites par la loi pour la convocation des parties et du jury ayant été régulièrement observées, nous avons déclaré ouverte et commencée l'audience publique des expropriations pour cause d'utilité publique;

Les parties présentes, assistées de leurs conseils, nous leur avons déclaré qu'il allait être procédé à l'appel des noms de MM. les jurés.

Le greffier fait l'appel des noms de MM. les jurés, en suivant l'ordre établi par le procès-verbal de nomination, dressé par le tribunal de... ainsi qu'il suit : *jurés titulaires*, MM.... *jurés supplémentaires*, MM...

A l'appel du nom de M. F... nous avons fait connaître qu'il a constaté par un certificat de médecin qu'il s'es trouvé dans l'impossibilité d'assister à la séance; nous avons, en conséquence, accueilli ses excuses et fait rayer son nom de la liste des jurés.

Les jurés titulaires n'étant plus qu'au nombre de trois, nous y avons fait entrer M. J... premier juré supplémentaire, et la liste définitive s'est ainsi trouvée composée de MM. D, E, G, J, jurés titulaires, et de MM. K et L, jurés supplémentaires.

Nous avons fait de suite appeler l'affaire du sieur A... propriétaire d'un fonds de terre sis au quartier de... et du sieur N... fermier du même fonds.

Nous avons ensuite déclaré aux parties qu'à l'appel du jury, tel qu'il vient d'être constitué, l'administration d'une part, et le propriétaire et le fermier d'autre part, auraient le droit d'exercer chacun une récusation.

Nouvel appel du jury ayant été fait en conséquence par le greffier, aucune récusation n'a été élevée de part ni d'autre.

Puis, MM. D, E, G, J, jurés définitifs, ont, chacun à l'appel de son nom, juré en nos mains de remplir leurs fonctions avec impartialité.

Nous avons aussitôt mis sous les yeux du jury le tableau des offres et demandes de l'administration et des parties, ensemble les plans, titres et pièces produits.

M. X... conseil de l'administration, a soutenu que la demande du sieur A... était exagérée.

M. Z... conseil du sieur A... assisté de sa partie présente à l'audience, a persisté dans la demande qui avait été faite de... et il a développé les motifs qui servent de base à cette demande.

M. T... conseil de N... assisté de sa partie présente à l'audience, persiste dans la demande faite par le sieur N... d'une somme de... ; il fait valoir les motifs d'après lesquels cette demande n'est point exagérée.

Après répliques et explications de part et d'autre, l'affaire étant suffisamment entendue, nous avons fait observer au jury spécial qu'il pouvait, s'il le jugeait nécessaire, se transporter sur les lieux ou y envoyer une Commission prise dans son sein. Sur la déclaration de vouloir s'y transporter, nous avons suspendu l'audience pendant... heures.

Le jury étant rentré en séance et personne n'ayant réclamé la parole, nous avons invité MM. les jurés à se retirer avec nous dans la chambre du Conseil pour y délibérer, sans désemparer, sur les affaires qui viennent de leur être soumises.

La séance est suspendue de nouveau. A... heures... le jury rentre en séance, et nous avons immédiatement donné lecture publique de sa décision, conçue en ces termes, et qui restera annexée au présent procès-verbal :

L'an... et le... à... heures... le jury constitué suivant la loi du 21 mai 1836 pour fixer les indemnités dues à raison des expropriations pour cause d'ouverture du chemin vicinal de grande communication de... et réuni dans la chambre du conseil de la justice de paix du canton de... a fixé, à la majorité des voix, les indemnités dues par l'administration :

1° Au sieur A... propriétaire du fonds de terre situé au quartier de... à la somme de...

2° Au sieur N... fermier dudit fonds, à la somme de...

Et ont MM. les jurés signé, les jour, mois et an que dessus. (*Signatures.*)

En conséquence et en vertu des pouvoirs qui nous sont donnés par la loi, nous, juge de paix, président du jury susdit et soussigné, déclarons exécutoire la décision dont nous venons de donner lecture; envoyons l'administration en possession du fonds de terre désigné ci-dessus, ayant appartenu au sieur A... à la charge par l'administration de se conformer aux art. 53 et 54 de la loi du 3 mai 1841 ; et statuant sur les dépens, condamnons le sieur A... aux trois quarts et l'administration à l'autre quart de ceux qui ont été faits entre eux, lesquels sont liquidés à... et le sieur N... à tous ceux qui ont été faits en vue du règlement de sa demande et dont la liquidation s'élève à...

Après quoi nous avons déclaré la session terminée, levé la séance, et fait et rédigé le présent procès-verbal et jugement que nous avons signé avec notre greffier, les jour, et an que dessus. (*Signatures.*)

(*Si le juge de paix a participé à la délibération, en cas de partage, conformément à l'art.* 16 *de la loi du* 21 *mai* 1836, *on dira :*)

« L'an... et le... à... heures, le jury institué s'étant trouvé partagé pour la fixation des indemnités dues par l'administration, deux de ses membres les ayant évaluées à... pour le propriétaire et à... pour le fermier; les deux autres les ayant portées à... pour le premier et à... pour le second, ce partage a nécessité l'intervention de M. le juge de paix, président et directeur du jury, en vertu de l'art. 16 de la loi précitée. Le juge de paix a adopté l'opinion des deux premiers jurés relativement à la fixation de l'indemnité due au sieur A... et l'opinion des deux mêmes jurés, quant à l'indemnité à allouer au sieur N... en conséquence, et à la majorité des voix, le jury a fixé les indemnités dues par l'administration, 1° au sieur A... etc. »

815. Les frais et dépens sont taxés et liquidés conformément au tarif du 18 septembre 1833, qui se trouve analysé dans notre article *Tarif* du *Répertoire général des Juges de paix*, où est traité à fond tout ce qui se rapporte au tarif des actes de la justice de paix. Nous ne répétons pas ici cet article pour ne pas faire double emploi.

FIN DU PREMIER VOLUME.

TABLE DES MATIÈRES [1]

CONTENUES

DANS LE PREMIER VOLUME.

NOTIONS PRÉLIMINAIRES.

(1) Le deuxième volume contient, outre sa table des matières, une table générale, par ordre alphabétique, des matières contenues dans les deux volumes.

FIN DE LA TABLE DU PREMIER VOLUME.

Typ. HENNUYER, Batignolles.

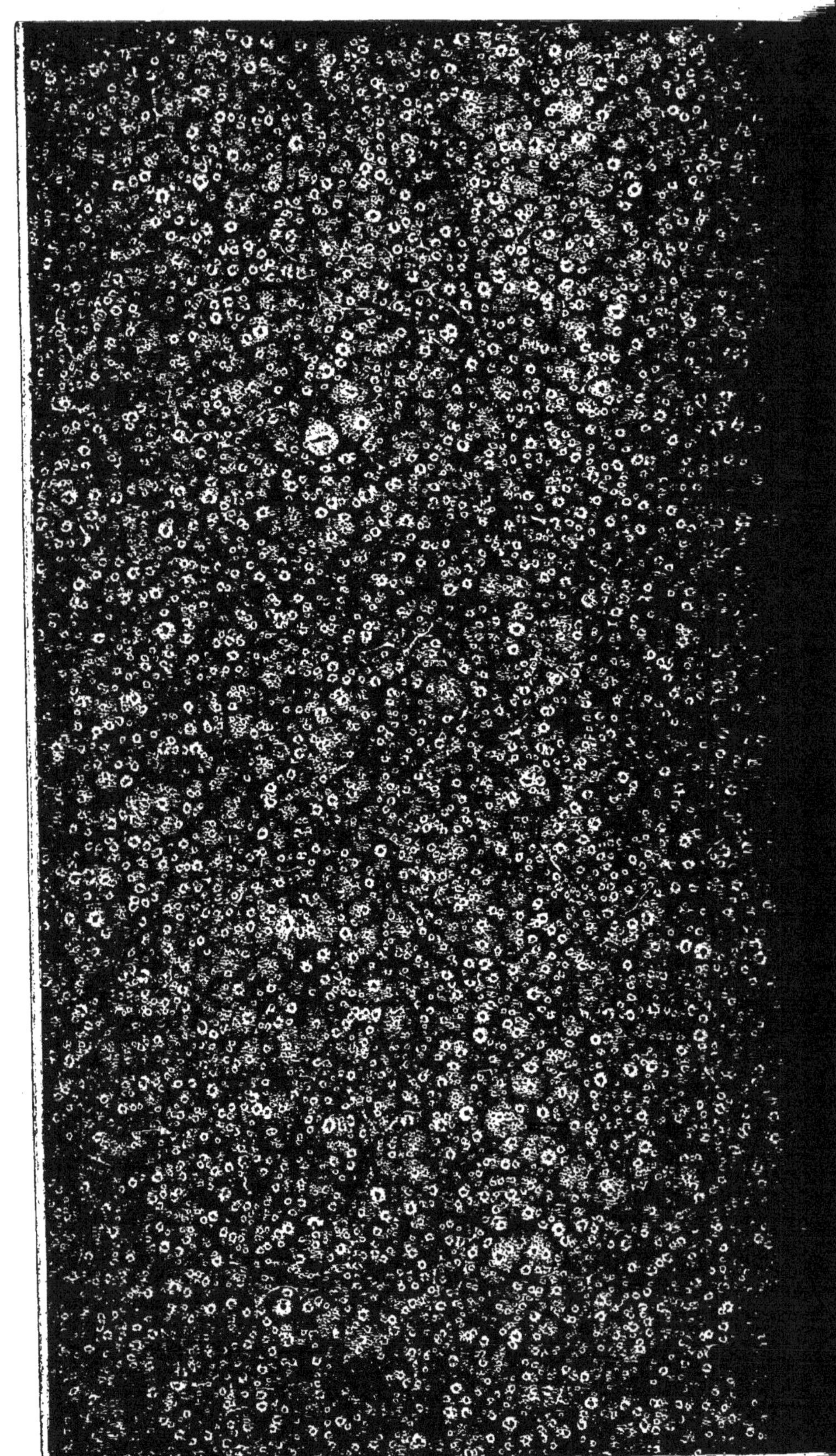

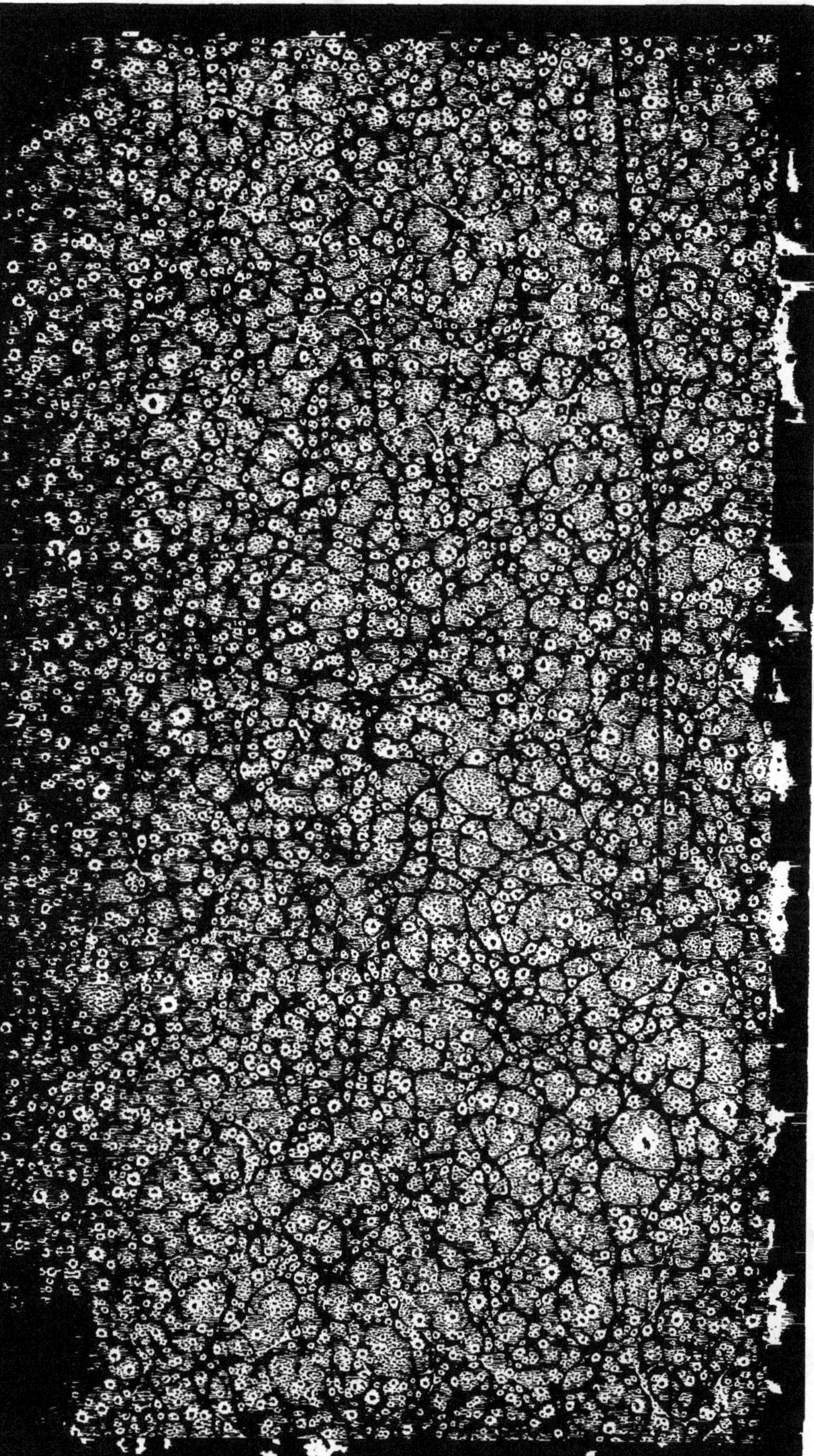

www.ingramcontent.com/pod-product-compliance
Lightning Source LLC
Chambersburg PA
CBHW060946220326
41599CB00023B/3609
* 9 7 8 2 0 1 9 5 5 4 1 4 9 *